古事記の神々

付古事記神名辞典

三浦佑之

角川文庫
22305

目次

はじめに　古事記を読みなおす

今、日本神話研究は変わりつつあるのではないか。

お前がそう思っているだけだという外野の声も聞こえるが、わたしは意識的に神話研究あるいは古事記《こじき》研究の変革を目指している。というのは、従来の研究には根本的な誤りがあったと考えているからである。とうぜんのことだが、本書で論じようとすることも、そうした認識の上に立って古事記を読みなおすという作業の一環であるというふうに理解していただきたい。

とりわけ本書では、古事記に登場する神がみを対象として分析する。それぞれの神はどのような存在であり、古事記神話のなかでどのように位置づけられているかというようなことを取りあげてゆく。そのなかのいくつかについては、通説的な理解とは隔たっている場合もあろうかと思う。あるいは違和感をもたれる方もあるかもしれないが、古事記の流れのなかで考えると、今までの解釈は受け入れがたい部分が多いのである。

具体的には、わたしが古事記を読んでいて気になるところがある神、あるいは従来の解釈について疑問を感じている神を取り上げる。そして、古事記神話の文脈に照らしてどう理解するのがいいかということを考えながら、それぞれの神の素性や性格を明らかにできればと思っている。

ここではまず、神がみに向きあう前に、わたしが古事記をどのように理解しているかという基本的な認識について簡略に述べておきたい。その上で、わたしなりの古事記観に立脚して、今、古事記の神話とそこで活躍する神がみはどのように読めるのかというところに分け入ってゆく。

「記紀」という呪縛

西欧型の近代国家の構築を目指した明治政府は、西欧の法律を導入することで国を治めようとした。その時、国家を安定させ永続させるには、人びとを治めるための制度としての力＝法とともに、国家の精神的な支柱となる幻想が必要だと考えた。その欲求は、いつの時代にも、どこの国でも変わらない。そこで、力としての制度と対《つい》になるかたちで、神話的な幻想とでも言うべき国家の精神的な支柱を模索する。そして、法については西欧近代に依《よ》りながら、古代律令国家の再現を夢見るかのように、天皇制という古色蒼然《そうぜん》たる遺物を掘り起こし、その幻想を保証するバイブルの役割を、「記紀」と併称される古事記と日本書紀《にほんしょき》とに受け持たせたのである。

ちなみに、近代国家における天皇の地位や継承については「大日本帝国憲法」や

「皇室典範」で新たに定められたが、「法」はあくまでも制度であり、精神的な支柱にはならない。「大日本帝国ハ万世一系ノ天皇之ヲ統治ス」（大日本帝国憲法第一条）と規定される「法」を国民が納得して受け入れ、天皇を精神的支柱として仰ぐことができる根拠は、由緒正しい起源と歴史とを記述した「記紀」にあるのであって、それに支えられないかぎり制度としての帝国憲法第一条は真の効力を発揮しない。

一九四五年八月まで、この構造は揺るぎなく続いた。「記紀」という新たに創《つく》られた呼称は定着し、史学や国文学の学者たちがそれを補強した。そこでは、古事記と日本書紀との違いは問題にされず、混淆《こんこう》され一体化された神話（歴史）として受容することが前提となった。そうでなければ、近代国家を支える神話的な幻想を創出しえなかったからである。

たとえば、ヤマトタケルを考えてみよう。

日本武尊と表記される日本書紀のヤマトタケルの記事を読んでも、もっぱら天皇に忠誠を尽くして戦う皇子でしかなく、心に響くいささかのおもしろさも持っていない。一方、倭建命と表記される古事記のヤマトタケル伝承を読むと、父である天皇に疎《うと》んぜられてさすらう翳《かげ》りのある少年英雄の、死を約束された悲劇的な冒険物語が展開する。だれが読んでも、物語のおもしろさは古事記のほうにあって、少年英雄ヤマトタケルに心を寄せてしまう。しかし、古事記に描かれている天皇像や天皇と御子《みこ》との対立的な関係を強調し過ぎると、統治者としての天皇や制度としての天皇制が傷つきかねない内容をもっているように読めてしまう。

そこで近代国家がえらんだ方法は、「記紀」というかたちで、歴史（天皇の「紀」）としての味気ない日本書紀と、情緒的な語りで人びとを魅了する古事記とを融合することであった。その結果、神話的な幻想をふくらませる悲劇的な英雄像と、国家と天皇のために戦う戦士像とがうまい具合にミックスされた理想の英雄ヤマトタケルを、近代国家のための物語として創出したのである。そのあたりの具体的なありようについては、国定教科書における神話教材の分析によって、その一端を窺《うかが》うことができる（三浦「国定教科書と神話」）。なお、「記紀」という略称がいつから用いられることになったかは明らかではない。書名として検索できるもっとも古い事例は幕末期の嘉永《かえい》七年（一八五四）に書かれたという『記紀神詠講録』（詳細は不明）だが、書名や論文のタイトルとして「記紀」が一般化するのは、一九二〇年代以降でしかない。

古事記と日本書紀とに対するこうした処遇は、戦後になっても変化することなく継続された。今考えると、「記紀」という併称は単なる略称ではなく、恣意的《しいてき》にどちらかを見せたり隠したりする時に、たいそう都合よく使える呼称だった。古事記と日本書紀と、この別個の二作品を「記紀」と一括し、そのどちらかの性格を両方の作品に担わせたり、両方を混ぜ合わせて一つの作品のようにみせかけたりすることができたからである。

研究者のあいだでは、以前から古事記と日本書紀とは別の作品であるという論調はみられた。しかしそこで行われる議論の多くは、テキストの個別性というようなところに主眼があって、両書の存立を揺るがしかねない本質的な検証には進まない。その原因は、別個の作品だと言いながら「記紀」という呪縛《じゅばく》（マインド・コントロール）から完全に解き放たれていないせいである。

そうした「記紀」による呪縛という観点から戦後の研究を眺めてみると、もっとも大きな弊害は二つの方面に顕著にあらわれている。その一つは歴史書の成立に対する認識の誤りであり、もう一つは出雲《いずも》神話に対する不当な処遇である。そしてこれらは、古事記が浮かび上がらせようとする真実を都合よく覆い隠す役割を果たした。

背反した二つの歴史

古代律令国家を支える両輪として、「法」の策定とともに、史書の編纂《へんさん》は重要な課題であった。そして求められたのは、紀・志・伝から成る「日本書」であった。本格的に編纂事業が動き出したのは、日本書紀、天武《てんむ》十年（六八一）三月条に記された天武天皇の詔《みことのり》である。それが紆《う》余《よ》曲折を経て、「『日本書』紀」として奏上されたのは養老《ようろう》四年（七二〇）五月のことであった（『続日本紀《しょくにほんぎ》』での書名は「日本紀」である。

また「紀三十巻」と同時に奏上された「系図一巻」は「紀」の一部をなす付録とみてよい)。その「紀」と並行して「志」や「伝(列伝)」も構想されていたはずだが、いつの頃にか頓挫《とんざ》して完成しなかった。そして、以降の正史は『続日本紀』以下、「紀」だけが編まれることになったというのが、以前からくり返し論じているわたしの史書成立史である(三浦『神話と歴史叙述』、同『風土記の世界』その他)。

このように考えると、古事記という作品の成立はいかなるところにあったのかという点が、神話研究はいうに及ばず、歴史学においても文学研究においても、きわめて大きな課題として残されてしまう。ところが、「記紀」という呪縛が強固なために、古事記もまた日本書紀と同じく、天武天皇の意志によってもくろまれた「国家の歴史」に違いないという、ほんとうなら疑ってよい認識を無批判に受け入れてしまうのである。つまり、古事記「序」の記載を鵜呑《うの》みにして、最初に古事記の編纂をもくろんだのは天武天皇であり、数十年後に元明《げんめい》天皇の命令を受けた太朝臣安万侶《おおのあそみやすまろ》が、稗田《ひえだの》阿礼《あれ》の誦習《しょうしゅう》する「勅語の旧辞」を文字化したという記述を事実とみなし、その先の思考を停止する。

もし、古事記「序」の記述が正しいとすれば、なぜ天武は、律令国家の神話的な幻想を支える史書編纂の開始を、大極殿《だいごくでん》に居並ぶ皇子や臣下たちに高らかに宣言しておきながら、一方で、側近として仕える舎人《とねり》の阿礼をこっそりと召して、自分が正しいと考える歴史を「誦習」させる必要があったのか。こうした振る舞いは、壬申《じんしん》の乱《らん》という王権簒奪《さんだつ》のクーデターを経て天皇となった天武にとって、我が身を危うくしかねない背信行為になりはしないのか。

ごく常識的に考えれば、日本書紀の記述か古事記「序」の説明か、そのどちらかが嘘をついているということになる。そこでわたしは、日本書紀の天武十年条に依拠して創作されたと思われる天武による「削偽定実」と阿礼の「誦習」とによって編纂の経緯を説明する古事記「序」は、後世の偽作であるとみなすのである。なぜなら、そう考えるのが七、八世紀における史書成立史を踏まえた時、もっとも論理的な説明を可能にするからだ（三浦『古事記のひみつ』、同『風土記の世界』）。

この単純でわかりやすい史書成立史批判の受け入れを阻んでいるのもまた、「記紀」という併称である。古事記と日本書紀とを、まるで八歳違いの双子でもあるかのように認識させてしまう呪力が、「記紀」という呼称には埋め込まれており、その結果、どちらも律令国家が必要とした歴史書だという、どう考えても矛盾だらけの論理を生き延びさせたのである。そして、それが近代国家にとってはまことに好都合であった。

古事記と日本書紀とを、ともに律令国家の内部で編まれた史書として位置づけるという、近代国家が企図した作為から古事記を解放してみる。すると、さまざまなことが見えてくるはずだ。古事記と日本書紀とでは、おなじ神話や伝承をとり上げながら、なぜあれほどに違う内容になってしまうのか。それをたとえば、古事記の倭建命と日本書紀の日本武尊との違いも、律令国家が要請した遠征する皇子像と、国家の外縁で求められたさすらう御子像との違いとして把握すれば、矛盾する二人のヤマトタケルが並び立つことが、かえって当然のこととして説明できるのである。

日本書紀が削除した出雲神話

「記紀の出雲神話」という発言を、神話関係の論文を読んでいるとしばしば目にする。そして、それが不自然ではないと考えている人が今もいるなら、日本書紀の神話をよく読んでほしい。

日本書紀によれば、スサノヲは高天《たかま》の原《はら》を追放されて出雲に降り、ヲロチを退治したのと引き換えにクシナダヒメを手に入れて結婚しオホナムヂを生む。それに続けて「根の国に就《い》でます」と記すとすぐに、第八段正伝（第一巻「神代上」）は閉じられる（そのあとに「一書」は続く）。そして第二巻「神代下」の冒頭に置かれた第九段正伝では、いわゆる国譲《くにゆず》り神話が展開するのだが、国譲りを迫ろうにも、それに見合うだけの強大な相手が葦原《あしはら》の中《なか》つ国に存在したという記述が日本書紀には見当たらない。そのために、高天の原から地上への遠征軍の派遣は、「葦原の中つ国の邪悪《あしきもの》を撥《はら》ひ平《む》けしめむ」というふうに、未開の荒野への遠征として宣言される。

古事記上巻に収められた神話のなかで、オホクニヌシ（別名オホナムヂ・ヤチホコなど）をはじめ出雲に出自をもつ神がみが活躍する神話は、分量的にも内容的にも主要な位置を占めている。大雑把《おおざっぱ》な計算だが、分量だけをみれば古事記上巻の三分の一をいわゆる出雲神話が占めていることになり、稲羽《いなば》のシロウサギ、兄の八十《やそ》神《がみ》たちとの闘争と葛藤《かっとう》、根《ね》の堅州《かたす》の国訪問におけるスサノヲによる試練と克服、帰還後の地上統一、ヤチホコの神語りなどの神話群と、神話のあいだにはさまれるスサノヲ・オホクニヌシ・オホトシを筆頭とする出雲の神がみの神統譜とによって構成されている（その内容については二〇頁の「神話構成対照表」参照）。そして、その出雲神話に続く国譲り神話（対照表では⑥「制圧されるオホクニヌシ」という章題を付けている）を加えれば、出雲の地を舞台として出雲の神がみが登場する場面は古事記神話全体の四割を超えるほどである。

それに対して、国譲りの場面は存在しながら、いわゆる出雲神話と称される出雲の神がみの神話や系譜を、日本書紀はほとんど載せていない。それはなぜか。

古事記と日本書紀という二つの歴史書をどのように理解し、出雲という世界をどのように位置づけるかという、日本列島の古代を考える上でもっとも重要な、そしてもっとも興味深い課題が、古事記の出雲神話の前には横たわっているのである。それなのに、出雲神話が存在しない日本書紀まで含めて「記紀の出雲神話」と呼んで平然としているようでは、神話を改竄《かいざん》したと批判されてもしかたがない。

いささかの説明が必要だが、日本書紀の一書（第八段、第六の一書）には、ほんの一部分だけ、古事記と共通する出雲神話はとり上げられている。そしてそこから言えることは、もともと日本書紀正伝のようなかたちで神話があり、あとから古事記にある出雲神話が追加されたという論理、いわゆる「紀前記後」説は成り立たないということである。あくまでも古事記に語られているような、高天の原の神がみが国譲りを迫る以前に、地上には出雲を中心とした繁栄する世界があったという神話が語られていなければ、国譲りも天孫降臨も、流れとしては不自然なものになってしまう（実態か虚構かは別にして）。

そこから考えれば、日本書紀の神話叙述は、出雲神話を排除したほうが律令国家の歴史を語るにはふさわしいという、きわめて政治的な作為がはたらいた結果であるとみなければならない。

では、なぜ古事記は出雲の神がみの活躍や系譜を、大きな分量をもって語る必要があったのか。出雲の神がみの系譜や神話をすべて排除しても、天皇家の歴史を叙述するのに大きな支障がないことは、日本書紀を読めばわかる（いささか不自然な印象は残るが）。そのことを踏まえて考えれば、律令国家の歴史認識とは隔たったところで、古事記の出雲神話に描かれた世界は求められたのだということになりはしないか。

日本列島を一元的に「ヤマト」に集約する必要はない。というより、近年の考古学の発掘成果や諸分野の研究成果を導入して考えれば、日本列島がヤマトに統一される以前の姿がさまざまなかたちで認められるのである。たとえば、日本海域にはヤマトを中心とした文化圏とは別の「日本海文化圏」とでも呼ぶべき領域が存在し、大きな力を持っていたことが明らかになって久しい（藤田富士夫『古代の日本海文化』など）。

稲羽のシロウサギ神話にしろ、ヤチホコのヌナガハヒメ求婚にしろ、出雲神話の舞台の多くは日本海沿岸である。ことに高志《こし》（現在の北陸地方を指す呼称。越とも）との関係は、出雲国風土記における「国引き詞章」からも明らかなように緊密である。古事記のヲロチ退治神話では、ヲロチの名が「高志《こし》の八俣《やまた》の遠呂知《をろち》」と記されるのだが、そこに「高志」とあるのは、この怪物が出雲と高志との関係を背後に潜ませているからであり、ヤマト（倭／大和）との関係とは切断されたところで、イヅモとコシとがつながっていたことを明かしている。一方、日本書紀のヲロチ退治神話には、正伝にも一書にも、「高志」という表示はもちろん高志を窺わせる描写もいっさい現れない。そのためもあって、ヤマト朝廷で作られた神話のようにみなされるヲロチ退治神話だが、古事記の神話に限定して言えば、日本海文化圏を背後に潜ませて存在したことを窺わせるのである。それに対して、日本書紀の論理では「高志」は無意味なもの、排除すべきものであったがゆえに削除された（三浦『古事記講義』）。

同様のありかたは国譲り神話にも見いだせる。三度目の正直ともいえるタケミカヅチが高天の原から派遣され、オホクニヌシの長男コトシロヌシが服属を誓ったあとに、タケミナカタが登場する。力自慢のタケミナカタは、タケミカヅチに力競《ちからくら》べを挑むがあえなく敗退して州羽《すわ》（諏訪）に逃げ、服属を誓う。このタケミナカタ神話は、日本書紀に存在しないことや古事記の神統譜にタケミナカタの名が見えないことなどを理由に、後に付け加えられたとする見解が有力である。しかし、それはあまりにも単純な論理で従えない。

タケミナカタは、『先代旧事本紀《せんだいくじほんぎ》』ではオホナムヂ（オホクニヌシ）とヌナガハヒメとのあいだに生まれた子と伝えられており、出雲から州羽への逃走は、日本海を経て奴奈《ぬな》川（現在の姫《ひめ》川）を溯《さかのぼ》って科野《しなの》に至るという、縄文《じょうもん》時代以来のルートが存在したことを証明している。おそらく古事記では、日本書紀が排除した出雲と高志とをつなぐ日本海文化圏の存在を裏付ける古層のタケミナカタ神話が、シーラカンスのように生き延びたのに違いない。

古事記神話の古層性

古事記と日本書紀とでは、なにが違うか。それは、大きな枠組みとしていえば、律令国家が自らの根拠を主張しようとするために求めた日本書紀と、それに抗《あらが》うかのように古層の語りを主張し続ける古事記との違いであるとみなすことができる。出雲神話が上巻の三分の一もの分量を占めるというのは、それによって古層の神話を語ろうとする意志が、古事記には明瞭《めいりよう》なかたちで存在するからである。そして、その古層性を支えているのは、漢字・漢文を用いて叙述するという律令的な史書編纂への志向とは別の、音声の論理によって支配される「語り」の世界ではないかと考えられる。もちろん、「語り」が生きられないからこそ古事記は書かれたのだが、その三巻から成る書物を通して見いだせるのは、古層に潜む「語り」の論理なのである。

神話や伝承を語り伝える集団「ほかひびと（乞食者）」がいたという痕跡《こんせき》は、ヤチホコの神語りをはじめ、中巻や下巻の歌謡や伝承にもさまざまなかたちで認めることができる。そうした研究史の流れを、現今の神話研究や古事記研究は無視し過ぎているのではないかと、わたしのように時代の波に乗り遅れてしまった者には思われてならない。そして、「語り」の論理から隔たれば隔たるほど、古事記は読めなくなってしまうということを、わたしは危惧《きぐ》する。

まずは、怪しげな「序」を、三巻から成る本文から切り離してみる。そうすれば古事記は、「記紀」と併称される日本書紀とはまったく異質な、独自な作品であり、律令国家が生み出した歴史書などではないということがはっきりと見えてくる。そうなったら次には、そこのところを拠《よ》りどころとして、古事記という作品の表現を読み直してゆく。それにはさまざまな困難や妨害が立ちふさがるだろうが、それに立ち向かいながら地道な作業を重ねてゆく。そうした作業の積み重ねによって、はじめて古事記の真相は見いだせるのだということを、オウムのように、わたしの決意表明としてくり返しておく。

『古事記』と『日本書紀』　神話構成対照表（作成＝三浦佑之）

古事記 章／内容	日本書紀 正伝	 一書	おもな 舞台
①イザナキとイザナミ			
1．天地初発、オノゴロ島	○	○	天＆地
2．イザナキ・イザナミの島生み、神生み	○	○	地上
3．イザナミの死とイザナキの黄泉国往還	×	○	黄泉
4．イザナキの禊ぎ	×	○	地上
②アマテラスとスサノヲ			
1．三貴子誕生とイザナキの統治命令	△	○	地上
2．スサノヲの昇天とアマテラスの武装	○	○	高天原
3．ウケヒによる子生み	○	○	〃
4．スサノヲの乱暴	○	○	〃
5．アマテラスの石屋ごもりと祭儀	△	○	〃
③出雲に降りたスサノヲ			
1．オホゲツヒメ殺害と五穀の起源	×	△	?
2．スサノヲのヲロチ退治	○	○	出雲
3．スサノヲとクシナダヒメの結婚	○	△	〃
4．スサノヲの系譜	×	△	〃
④オホナムヂの冒険			
1．オホナムヂと稲羽のシロウサギ	×	×	稲羽
2．オホナムヂと八十神たち	×	×	伯伎
3．オホナムヂの根の堅州の国訪問	×	×	根国
4．オホクニヌシの地上統一	×	×	出雲
⑤ヤチホコと女神、オホクニヌシの国作り			
1．ヤチホコのヌナガハヒメ求婚	×	×	高志
2．スセリビメの嫉妬と大団円	×	×	出雲
3．オホクニヌシの系譜	×	×	〃
4．オホクニヌシとスクナビコナ	×	○	〃
5．依り来る神ー御諸山に坐す神	×	○	〃
6．オホトシの系譜	×	×	〃
⑥制圧されるオホクニヌシ			
1．アマテラスの地上征服宣言	△	×	高天原
2．アメノホヒの失敗	○	×	出雲
3．アメノワカヒコの失敗	○	○	〃
4．アヂ・スキタカヒコネの怒り	○	○	〃
5．タケミカヅチの遠征	○	△	高天原
6．ヤヘコトシロヌシの服従	△	△	出雲
7．タケミナカタの州羽への逃走	×	×	州羽
8．オホクニヌシの服属と饗応	△	△	出雲
⑦地上に降りた天つ神			
1．ニニギの誕生と天孫降臨	○	○	高天原
2．猨女君とサルタビコ	×	○	伊勢
3．コノハナノサクヤビメとイハナガヒメ	×	○	日向
4．コノハナノサクヤビメの火中出産	○	○	〃
5．ウミサチビコとヤマサチビコ	○	○	〃
6．ワタツミの宮訪問とホデリの服従	○	○	海の宮
7．トヨタマビメの出産	○	○	日向
8．ウガヤフキアヘズの結婚	○	△	〃

＊日本書紀の欄に付した○は古事記とほぼ一致する場合、△はおおよそ一致する場合、×は対応する記事がないことを示す。一書は、古事記にもっとも近似するもの一本を対象として判断した。

第一章　謎の太陽神

アマテラスと伊勢神宮

古事記の神について述べてゆくのなら、まずはアマテラス（天照大御神《あまてらすおおみかみ》）に敬意を表してと思うのは、奥深い山里ではあるが伊勢《いせ》の国の生まれだからである。わたしが育った村には伊勢講《こう》という組織があって、お金を積み立てて定期的に伊勢参りに行くことになっていた（もうひとつ、山上ケ嶽《さんじょうがたけ》（大峰山《おおみねさん》）の山駈《やまが》けをする大峰講も盛んだった）。そのために、幼い頃から参宮には連れていかれたので、杉の巨木が立ち並び鬱蒼《うっそう》とした杜《もり》のなかの薄暗くて長い砂利道を歩いた印象が、今も目に浮かぶ。よく思い出すのだが、伊勢湾台風（一九五九年九月）が襲来する以前と以後とでは、伊勢神宮のイメージはすっかり変わってしまった。巨木のほとんどがなぎ倒されたあとの内宮《ないくう》の参道は、歩きながら青空が見えるようになったのだから。

今考えると、あの台風の襲来とともに皇室の近代化ははじまったような気がする。というのは、わたしのなかでは、伊勢湾台風とミッチー・ブームとがほとんど重なった出来事として刻印されているからかもしれない。若い人に説明しなければならないが、ミッチー・ブームというのは、一九五九年四月に行われた皇太子の結婚にいたる前年から続く婚約報道によって生じた社会現象をいうが、それは皇室の近代化を象徴する事件であった。だから、わたしにとっては、おなじ年に襲来した伊勢湾台風による伊勢神宮の変貌《へんぼう》が重なってくるのだと思う。

この書き出しから話題としては飛躍するが、皇室の祖先神はアマテラスであり、そのアマテラスを祀《まつ》るのが伊勢神宮内宮であるというところから本題に入ろうと思ったのである。また、二〇一三年には式年遷宮《しきねんせんぐう》が挙行され、ま新しい神殿には参拝者が溢《あふ》れ、祭日のおかげ横丁は雑踏なみに賑《にぎ》わっていた。ところが、古事記を読んでいる教室で、アマテラスという神はどこに祀られているかと聞いても、多くの学生は答えられない。伊勢神宮はよく知っていても、そこに祀られているのがアマテラスという神だとは知らないのである。

現代的な感覚でいえば、アマテラスは、いま一つ迫力に欠け、目立つところのない神のようにみえる。

古事記のアマテラス

アマテラスは、古事記の神話において、大きく分ければ三つの場面に登場する。その一つは、イザナキ（伊耶那岐命）の禊《みそ》ぎによって左の目から誕生し、高天《たかま》の原《はら》を統治するように命じられたあとの、いわゆる高天の原神話である。父イザナキから追放されたスサノヲ（須佐之男命）が挨拶《あいさつ》にきたのを武装して待ち受け、ウケヒ（誓約）による子生みを行い、スサノヲの乱暴に恐れて天《あめ》の石屋《いわや》に閉じこもる。しかし、知恵の神オモヒカネ（思金神）の策略にかかって石屋から引き出されるというのが、高天の原神話におけるアマテラスの行動である。

高天の原の主宰神はアマテラスであり、高天の原神話の中心にアマテラスは位置するが、弟スサノヲのバイタリティに圧倒され、高天の原の神がみの策略にもまんまとだまされてしまう。鏡も知らない空《うつ》け者というのがアマテラスのイメージである。

アマテラスの登場する第二の場面は、いわゆる国譲《くにゆず》り神話。地上は、オホクニヌシの国作りによって繁栄するのだが、それを高天の原から眺めたアマテラスは、唐突に、自分の子孫が支配する国だと言って我が子オシホミミ（忍穂耳命）を降ろそうとする。しかし地上はまだ騒がしいというので、アメノホヒ（天之菩卑命）、アメノワカヒコ（天若日子）を遣わして平定しようとするが失敗し、最後にタケミカヅチ（建御雷神）とアメノトリフネ（天鳥船神）とを派遣して、やっとオホクニヌシを屈伏させる。

近代になって名付けられた「国譲り」などという柔らかなことばとは裏腹に、天つ神一族の力による地上制圧の物語が語られる場面である。ではそこで、アマテラスは有能な指揮官の役割を果たしているかというと、そうでもない。何度も失敗する指揮官であり、タカミムスヒ（高御産巣日神）という参謀がいつもそばにおり、場面によっては、タカミムスヒのほうが上位に置かれている印象を与えてしまう。しかもそのタカミムスヒは、途中から唐突に、タカギ（高木神）という名前に変わる。別名だという注記はあるが、なんとも不自然な名前の変更ではある。

その国譲り神話に続く第三の場面は、天孫降臨と呼ばれるアマテラスの孫ニニギ（迩々藝能命）の地上への降下と、子孫たちの地上（日向《ひゅうが》）での繁栄を語る場面である。その最初の場面で、ニニギの降臨とお伴《とも》の神たちの選定、三種の神器の付与などを取りしきる神としてアマテラスは登場する。ただし、タカギと一対のかたちで語られ、単独では出てこない。その延長線上に位置づけられる、中巻冒頭に語られるカムヤマトイハレビコ（神倭伊波礼毘古命）による「神武《じんむ》東征《とうせい》」譚《たん》における熊野《くまの》での苦難に際しても、アマテラスは刀剣を降ろし遣わす援助者となるが、そこでもタカギが寄り添っている。

以上、三つの場面に登場するアマテラスだが、天皇家の祖先神として考えれば、国譲りを迫る冒頭の場面で、「豊葦原の千秋長五百秋《ちあきのながいほあき》の水穂《みずほ》の国は、我が御子、正勝吾《まさかつあ》勝勝速日《かつかちはやひ》天《あめ》の忍穂《おしほ》耳《みみ》命の知らす国ぞ」と、まことに唐突に宣言する以外は、あまり目立った活躍をすることがない。後半ではとくに、タカミムスヒ＝タカギと並立しており、場合によってはタカギの下に位置づけられているようにも読めてしまう。これでは主体性を主張することなどできない。また高天の原神話でも、肝心の場面でスサノヲの乱暴を咎《とが》めもせずに受け入れ、挙げ句のはてには石屋に籠《こ》もってしまうなど、積極的に行動しているとは言いにくい。

その名前、アマテラスからみて、天空を明るく照り輝かす太陽の女神であることは、間違いないし、日本書紀では、日神《ひのかみ》、大日孁貴《おおひるめのむち》などの呼称が用いられており、太陽を神格化した神であるというのは異存がないし、その神が女神であるというのも異をさしはさむ余地はない。

伊勢神宮の起源

アマテラスが、伊勢の地に祀られているのは、学生たちは知らなくても常識に属することがらだろう。しかし、神話をみると、その鎮座にかかわる起源は、古事記と日本書紀とでは語られかたが大きく違っている。もちろん、人口に膾炙《かいしゃ》しているのは正史・日本書紀の伝えである。

その書紀によれば、アマテラスの孫ニニギが高天の原から降りてきてからずっと、鏡は天つ神の子孫である天皇（大王《おおきみ》）とともに祀られていた。ところが、ミマキイリヒコ（第十代崇神天皇《すじんてんのう》）の六年、「天照大神と倭大国魂《やまとのおおくにのみたま》二神を、並びに天皇の大殿の内」に祀っていると、「神の勢ひ」が強すぎて安住できないので、アマテラスをミマキイリヒコの女《むすめ》トヨスキイリビメ（豊鍬入姫）に託して、「倭《やまと》の笠縫邑《かさぬいのむら》」に移して祀ることにした。ところがアマテラスは、「倭大国魂」や三輪山に坐す「大物主命」など近隣の神がみと、穏やかな関係を築けなかったらしい。

そうした状態は、次のイクメイリビコ（第十一代垂仁《すいにん》天皇）の時代にもおよび、その二十五年、トヨスキイリビメからアマテラス（鏡）を離し、イクメイリビコの女《むすめ》ヤマトヒメ（倭姫命）に託される。するとヤマトヒメは、アマテラスを奉祭しながら、菟田《うだ》の筱幡《ささはた》から近江国《おうみのくに》に入り、美濃《みの》を通って伊勢国に到り、「磯《いそ》の宮」と呼ぶ斎宮《いつきのみや》を五十鈴川《いすずがわ》のほとりに建てて祀ることになった、と日本書紀は伝える。ただし、選ばれた「磯の宮」の地について書紀は、「すなわち天照大神の始めて天より降ります処なり」とも記している。いささか気になる一文だが、それは古事記の伝承を想起させる。

一方、古事記には、倭からの遍歴はいっさい伝えられておらず、アマテラスは最初から伊勢の地に祀られていたとする。具体的にみると、孫ニニギが地上に降りるにあたってアマテラスは、お伴の神がみを選び与え、三種の神器である鏡・珠・剣を授けながら、次のように言う。

　此の鏡は、専《もは》ら我が御魂《みたま》として、吾が前を拝《をろが》むが如く、いつき奉《まつ》れ。次に、思金《おもひかね》の神は、前《さき》の事を取り持ちて、政《まつりごと》をせよ。

そこで、「此の二柱の神は、さくくしろ伊須受能宮《いすずのみや》に拝み祭る」ことになったというのが、古事記が伝える伊勢神宮の創祀の由来である。

ところで、ここに記された「二柱の神」の解釈は古来難解とされるところで定説をみない。その紹介をしていたのではいくら紙幅があっても足りないので、わたしなりの解釈を示しておく。

アマテラスは、高天の原における己れに代わりうるものとして「鏡」をニニギに授与し、高天の原で自分を祀っていたのと同じように、地上において祀れと命じる。そして、ずっと鏡を護《まも》ってきたオモヒカネに対して、今まで通りに祀りごとを取りおこなうように指示するのである。そこから考えると、だれを指すかという点で議論の多い「此の二柱の神」は、鏡＝アマテラスとオモヒカネとの二柱であるとみなすほかはないということになる。

つまり、鏡とオモヒカネとの関係は、神と神を祀る者という関係にあり、その両者がともに神として祀られるというのは、しばしば見いだされる神の祀りかたである。古事記の場合は、高天の原から降りてきた時からずっと、鏡＝アマテラスは伊勢の地に祀られていたとする。一方、倭から伊勢への鏡の遍歴を語る日本書紀も、ヤマトヒメが鏡を祀ることになった伊勢の「磯の宮」は「天照大神の始めて天より降ります処」とあって、こちらもアマテラスは伊勢に降りたという神話を伝えていたことを窺わせる。

ここから考えると、いつの頃かを判断することはできないが、はじめ、アマテラスは「鏡」を依《よ》り代《しろ》として伊勢に祀られているという伝承があったということを暗示する。ところが、次の段階になって、それは日本書紀の歴史認識に従えばミマキイリヒコの時代ということになろうが、祭祀《さいし》にかかわる混乱が起こり、天つ神の子孫である天皇（大王家）と天つ神の「御魂」である鏡とのあいだを、より緊密に主張する必要が生じることになった。そのために、鏡＝アマテラスの、倭から伊勢への移動をともなう遍歴譚《たん》が語られることになったのではなかったか。

もともとの、伊勢に祀られているという伝えだけでは主張しえない何かを、ヤマト王権は語らなければならなくなったということである。

ちなみに、遍歴譚というのは、あとになって、ある地点とある地点とを結びつけるために語られる神話の様式である。

伊勢との結びつきはいつ？

東に広がる海のかなたから太陽が昇る伊勢の地には、もともと土着的な太陽神が祀られていたとみるのは納得しやすい。しかし、その太陽神が天皇家の祖先神であるアマテラスのこととされるようになったのは、それほど古いことではないらしい。天孫降臨に際して、鏡とオモヒカネとが伊勢の伊須受能宮に祀られることになったという神話のあと、古事記に伊勢はほとんど出てこないのである。

たとえば、カムヤマトイハレビコ（初代神武天皇）の日向から倭の白檮原《かしはら》の地への長途の旅を語りながら、しかも、熊野の地での、タカクラジ（高倉下）を介しての、高天の原にいますアマテラスとタカギの神（元の名はタカミムスヒ）の援助を語りながら、そこから目と鼻の先に祀られているはずの、アマテラスが鎮座する伊勢のことにはまったくふれようとしない。このような語り口をみると、少なくとも「神武東征」譚が成立するころには、アマテラスと伊勢との結びつきは薄かったとみたほうがよさそうである。

伊勢神宮のことが古事記に出てくるのは、よく知られたヤマトタケル（倭建命）の東への遠征に際してである。父オホタラシヒコ（第十二代景行《けいこう》天皇）から、席の暖まる暇もなく東方の討伐を命じられたヤマトタケルは「伊勢の大御神の宮」に赴き、「伊勢大神の宮を拝み祭」っていた叔母《おば》ヤマトヒメにまみえる。そこでタケルが、天皇は自分のことを死ねと思っているのだと言いながら涙を流したと語られる場面に、伊勢神宮は登場する。

ヤマトヒメと伊勢との関係は、先に紹介した日本書紀の「磯の宮」の記事にもみられる通り、アマテラスを介して親密につながっており、その点は、古事記と日本書紀との両方に共通する伝承が伝えられているところからも推測することができる。そしてそれは、歴史的な時間に当てはめてみると、四、五世紀頃のことになるだろうか。

　歴史学の通説にしたがえば、天皇家が伊勢の太陽神信仰とかかわりをもち、祖先神アマテラスを伊勢の地に祭祀することになったのは壬申《じんしん》の乱《らん》以降のことであり、七世紀後半の天武《てんむ》・持統《じとう》朝ではないかとされているのは、わたしも承知している。そして、ヤマト王権と伊勢の神との関係が、天武・持統朝において緊密になるのは、日本書紀や万葉集《まんようしゅう》の記述を追ってみればよくわかる。大来皇女《おおくのひめみこ》による伊勢斎宮の奉仕もそうだし、持統の伊勢行幸もそうした関係性の濃密化を象徴する出来事に違いない。

　ただ、天皇家と伊勢とのつながりは、それよりもかなり古い時代から存在したはずである。もちろん、その過程にはさまざまな段階があり、最初から、天皇家の祖先神である天照大御神（天照大神）と呼ばれる神が伊勢の地に祀られていたという伝えであったかどうかは定かではない。そもそも、アマテラスというような透明な神名が、それほど古い来歴を持つとは考えにくい。

　伊勢との関係だけではないが、アマテラスという神は、よく知られているわりには謎が多い。その点については、タカミムスヒ（タカギ）との関係を含め、次節においてあらためて考察したい。

アマテラスと三種の神器

アマテラス（天照大御神）の御神体である「鏡」は、古事記によればニニギ（迩々藝能命）とともに地上に降りる際に、オモヒカネ（思金神）に託されて伊勢の地に祀られることになった。注目したいのは、日本書紀にイクメイリビコ（第十一代垂仁天皇）の時代の出来事として伝えられているような遍歴譚を、古事記はもっていないということだ。それは、ヤマトからの遍歴が語り出される以前の段階で、古事記と伊勢との関係は成長を停止しているからかもしれない。もちろん、伝承というのはいくつものバリエーションがあり、どの伝えが正しいとか由緒が古いということを、固定的に考えないほうがいい。

たとえば、古事記では神鏡の遍歴を語らないが、伊勢にはヤマトヒメ（倭比売）がいてヤマトタケル（倭建命）に草那藝《くさなぎ》の剣を授けているところから想像すれば、どこかにアマテラス＝神鏡の遍歴譚は潜められているとみなければならない。そもそも三種の神器《じんき》と呼ばれる天皇家のレガリア（王であることを保証する宝物）のうちの二つまでもが、伊勢神宮に由縁をもつというのは、注目してよいことではないか。

三種の神器とは

古事記の天孫降臨神話では、ニニギはアマテラスから授けられた「八尺勾玉《やさかのまがたま》・鏡及草那藝剣」の三つの品を携えて高天の原から降りてくるが、日本書紀の第九段正伝（本文）にはそのことが記されていない。また八本が並べられた日本書紀第九段の一書のなかでも、「三種《みくさ》の宝物《たからのもの》」と呼ぶ「八坂瓊曲玉《やさかにのまがたま》及八咫鏡《やたのかがみ》・草薙剣《くさなぎのつるぎ》」を授けられたとある第一の一書が古事記の伝えに近似するほかは、第二の一書に「宝鏡」が出てくるだけである。つまり、天孫降臨において、三種の神器とともに降りてくるという伝えは、きわめてマイナーな伝承だと言ってよいのである。ちなみに、『古語拾遺《こごしゅうい》』のニニギは、八咫鏡と草薙剣の「二種の神宝」をもって降りてくる。

そもそも、われわれが当たり前に用いている「三種の神器」という呼称が定着したのは十四世紀頃ではないかとされており（稲田智宏『三種の神器』）、歴史的にみればずいぶん新しい。おそらく、中世の神道家たちによる古事記や日本書紀に対する解釈がさまざまに加わったのちに、三種の神器という呼称が定着していったのであろう。もちろん、それ以前に王権を象徴するレガリアは存在したはずだが、三つに限定される必要はなく、当初の伝えにはいくつものバリエーションがあり、古事記や日本書紀の段階においては確定していなかった。

鏡と剣と玉という組み合わせは、三という数とともに、それほど安定しているとは言えそうもない。青銅製あるいは鉄製の鏡と剣はセットになり、弥生《やよい》時代以降の力を象徴する品である。それに対して、玉は硬玉翡翠《ひすい》に代表される石玉で、縄文時代の大《たい》珠《しゅ》にはじまり、長く尊重された呪物《じゅぶつ》だが、古墳時代以降には王権の祭具からは消えてしまう品物であって、鏡や剣と並べると古くさい感じのする呪宝だったと思われる。

附記すれば、古代ヤマト王権の玉を、古代中国における「玉《ぎょく》」の尊重という思想に影響されているとみなす考え方が根強くあると思うのだが、中国の「玉」は同じく翡翠と呼ばれてはいても軟玉翡翠であり、日本列島で縄文時代から珍重される硬玉翡翠に対する信仰的な崇拝とは別のものと考えたほうがいいのではないかと思う。

また、中国的な三という奇数尊重よりも、偶数を重んじる観念のほうが古いと考えれば、神器はもともと二種であったというのは説得力をもつ。とすれば、その組み合わせとしては、鏡と剣、鏡と玉、剣と玉、の三組が考えられるが、神話やその後の扱われ方からみると剣と玉というのはありそうもなく、「鏡と剣」か「鏡と玉」か、そのどちらかのペアだったと想定できる。ただし、これは神器のあらわれ方による想定でしかなく、アマテラスとスサノヲ(須佐之男命)との高天の原でのウケヒ神話をみると、「剣と玉」が対のかたちで引き出されている。

とすると、三組の組み合わせはいずれも可能性があるということになる。そして、もし鏡と剣が神器だったとすると、古事記のヤマトタケル伝承に従えば、その両方が伊勢神宮に由来するということになる。つまり、剣（草薙剣）はヤマトタケルによって伊勢から熱田《あつた》に運ばれるわけで、もとは伊勢に置かれていたと考えるべきだからである。しかし、いつ、どのように神器である剣が伊勢にもたらされたのかということを、古事記も日本書紀も何も語らない。唯一『古語拾遺』に、ミマキイリヒコ（第十代崇神天皇）の時代に鏡とともに剣も笠縫邑《かさぬいのむら》に移したとあるが、これは後付けの説明にみえてしまう。

しかし、『古語拾遺』のように解釈しない限り、古事記や日本書紀において、叔母ヤマトヒメからヤマトタケルに剣が授けられ、それが最後は尾張《おわり》の国の熱田の社に鎮まるという神剣の鎮座由来は説明できない。ということは逆に、ヤマトタケル伝承が現在伝えられるかたちになった段階で、草薙の剣は伊勢神宮にあったという伝えが出現したのではなかったか。そして、伊勢から熱田に運ばれたという神剣遍歴譚が語られるなかで、ヲロチの尾から出たという剣が天皇家のレガリアに加えられたのかもしれない。そもそも、ヲロチの尾から出現したという剣と、ヤマトタケルが草を薙《な》ぎ払ったという剣とが同一の剣であるとされるのは、スサノヲがヲロチの尾から出た剣をアマテラスに献上したことによってつながっている。その、取ってつけたような説明がなければ、両者は同一の剣にはならなかったのである。

断定的な物言いになってしまうが、天皇家のレガリアとしては、もとは鏡と玉の二種であった。玉である硬玉翡翠は、縄文的な日本海文化を象徴する品、一方の鏡は、ヤマト（邪馬台）国のヒミコ（卑弥呼）に重ねられる弥生的な世界を象徴する品として存した。その鏡が、アマテラスの御神体とされたのは、太陽神であったから鏡にというだけではなく、天皇家の祖神であるアマテラスだからこそ鏡に寄りつかねばならなかったということになるのだと思う。

アマテラスの相棒

古事記のアマテラスが、高天の原神話、国譲り神話、天孫降臨神話の三つの場面に登場することは先に紹介した。そして、いずれの場面でも、あまり主体的に積極的にはたらきかけることはなく、主体となる神の脇にいるという印象が強い。高天の原神話の場合は、スサノヲという強烈なキャラクターをもつ弟神が主役になるのは致し方がないとして、国譲り神話以降においてもアマテラスの存在感は薄い。

国譲りの冒頭において、「豊葦原の千秋長五百秋《ちあきのながいほあき》の水穂の国は、我が御子、正勝吾《まさかつあ》勝勝速日《かつかちはやひ》天《あめ》の忍穂《おしほ》耳《みみ》命の知らす国ぞ」と言挙げする部分だけは、「天照大御神の命もちて」とあって単独で姿を見せるが、それ以降の場面では、かならずタカミムスヒ（高御産巣日神）と並んでしか出てこない。しかもそのタカミムスヒが途中でタカギ

（高木神）という名前に変わるので、解釈はたいそうややこしくなってしまう。

順番に見てゆくと、地上に降ろそうとした我が子オシホミミ（忍穂耳命）がもどってきたので、高天の原の安《やす》の河原に神がみを集めて相談する。ところがその会議は、「高御産巣日神・天照大御神の命もちて」行われ、タカミムスヒが主導的な立場にいる。そして、相談の末に派遣されたアメノホヒ（天菩比神）が失敗すると、「高御産巣日神・天照大御神」は、また神がみに諮《はか》る。ところが次に派遣したアメノワカヒコ（天若日子）も返事を寄《よ》こさず、「天照大御神・高御産巣日神」は、アメノワカヒコに様子を聞きに行かせる使者をだれにしようかと諸神たちに相談するという具合である。

そして、使いに派遣したキジの鳴女《なきめ》を射殺した矢が高天の原に飛びきて、「天照大御神・高木神の御所《みもと》」に届くと、アメノワカヒコの邪心を疑って矢を投げ返すのだが、その判断と行為はタカギが単独で行っている。しかも、ここで突如アマテラスの相棒はタカミムスヒからタカギに転換し、本文の途中に割り込むかたちで、「この高木神は高御産巣日神の別名なり」という注記が入る。

別名をもつ神は多いから、それだけなら不審はない。しかし、話の途中で唐突に名前が変わるというのはいかにも不自然である。たとえば、オホナムヂ（大穴牟遅神）がオホクニヌシ（大国主神）に転換するのは神話のなかでも説明されていて必然性があるし、ヤチホコ（八千矛神）という名に変わるのは、まったく別の場面であり、語られる神話の内容とも見合っているので違和感はない。ところが、この場面でタカミムスヒが突如タカギに変わるというのは、いかにも唐突すぎる。最初からどちらかに統一すればいいだけなのに、なぜそれをしないのか。別にあった二つの神話が接合されたのに違いないのだが、そう説明しただけでは納得しがたい不自然さが残る。

その後、真打ちとしてタケミカヅチ（建御雷神）が派遣され、その冒頭には、「ここに、天照大御神詔《の》らさく」とあって単独で行動しているようにみえるが、直後に、タケミカヅチがオホクニヌシに、「天照大御神・高木神の命もちて、問ひに使はせり」と言っており、両神の並立は変わらない。この「天照大御神・高木神」の関係は、その後に語られる天孫降臨においても不動である。

最後に二神が登場する中巻の、カムヤマトイハレビコ（神倭伊波礼毘古）東征譚において、熊野のタカクラジ（高倉下）が見た夢の話をする場面で、「天照大神・高木神、二柱の神の命もちて」と語られており、アマテラスの表記から「御」が脱落しているのが気になるところだが、関係は変わらない。ところがその後、目覚めたイハレビコを覚《さと》し、ヤタガラスを遣わす場面では、「故、高木大神の命もちて」と記される。タカギが単独で出てくるのも「大神」とあるのも異例だが、これは、原本に「高木神天照大神」とあった中の三文字が脱落して、「高木大神」になったと判断した。これ以降、二神が登場する場面はない。

アマテラスとタカミムスヒ

さて、いささか面倒な紹介を試みてきたが、そこからどういうことが言えるか。また、アマテラスとはいかなる存在であろうか。

はっきり言えることとは、高天の原神話におけるアマテラスと国譲り神話以降のアマテラスとでは性格が大きく違うのではないかという点である。高天の原神話におけるアマテラスは、イザナキ（伊耶那岐命）の禊ぎによって、月の神ツクヨミ（月読命）と対になって生みなされる場面や、スサノヲの乱暴に耐えかねて天《あめ》の石屋《いわや》に籠もり、オモヒカネの仕組んだ神がみの一芝居にだまされて引き出される場面からわかるように、太陽神としての性格がはっきりと示されている。

それに対して、国譲り神話以降のアマテラスは、その神名の意味を考えなければ、太陽神である必要などどこにもない。

ということは、高天の原神話と、国譲り神話・天孫降臨神話とは、本来、別個の神話として伝えられていたのではないかという想定さえ可能にする。その両者を、アマテラスという神名を用いて接合したのではなかったか。そう考えると、タカミムスヒ（タカギ）がアマテラスと並んで登場する意味も説明しやすい。

この「接合」という概念は、西條勉《さいじょうつとむ》氏の論文「アマテラス大神と皇祖神の誕生」

から借りてきた。ただし、西條氏のいう接合は、天孫降臨神話における古事記の構造と描写について述べているもので、高天の原神話と国譲りおよび天孫降臨神話との両者が接合したということを述べているわけではない。

西條氏は、古事記・日本書紀の所伝を比較し、天孫降臨の指令神について、タカミムスヒとする神話（書紀、第九段正伝および一書第六と第四）、アマテラスとする神話（書紀、第九段一書第二と第一）、タカギ（タカミムスヒ）とアマテラスとの接合によって語る神話（古事記）と、三つの語り方があることを指摘する。そして、その三つのタイプには、「真床覆衾《まどこおふふすま》」が出てくるか否か、降臨地の呼称、随伴神の違い、神宝の有無など明瞭《めいりょう》な違いがあることを表を用いて明示した上で、「石屋戸神話と没交渉のタカミムスヒ系と、石屋戸神話と連続するアマテラス系にはっきりと区別できる」とする。

その上で、「アマテラス系のもともとの母胎は石屋戸神話であって、それがタカミムスヒ系で成り立っていた降臨神話の文脈に割り込んでくるように膨張」してきたのではないかと述べる。そして、「古事記の降臨神話はアマテラス系とタカミムスヒ系の統合」によって成立したとみなすのである。

この西條氏の卓見に大きな狂いはないだろう。ただ、割り込んでくるという説明には、タカミムスヒ系の天孫降臨神話のほうが古いという認識があるのだが、はたしてそう言いきってよいかどうかは判断に迷うところである。語られる神話の、いくつものバリエーションの並列をどのように解釈するかということが焦点になるだろう。そして、それを考えるためには、タカミムスヒとはいかなる神であったかというところに話題を転じなければならないのだが、その前に高天の原神話におけるアマテラスの語られ方についてふれておく。話題がすこし硬くなりすぎたので箸休《はし》めのつもりで。

笑われるアマテラス、援助するネズミ

今ではそうではなくなったが、昔話というのは、多くの人にとって生まれて最初に体験する物語（フィクション）の世界であった。幼児がことばをおぼえ、まわりとのつながりを知りはじめた時、生きるための意思を伝える手段とは違う、現実ではない世界を舞台として紡がれたことば、それが昔話だと言ってよい。そこには当然、人びとに囲まれて生きていくための知恵や教えも埋め込まれているが、何よりも、日常を超える冒険や未知との出会いに満ちあふれていた。上の世代から下の世代へ、親から

子へとお話を語り継いでたのしむ、そのような時代が、わたしたちの社会や家族のなかで長いあいだ続いてきたというのはすばらしいことであった。

わたしは日本神話や古代文学を研究対象にしているが、遺《のこ》されている文献は限られており、研究の幅を広げようとして昔話についても考えはじめた。そして気づいたのは、神話と昔話とのつながりの深さと長さだ。もちろん、違いを言い出せばきりはないが、両者は自在に往き来している。いかめしくおごそかなのが神話だと考えるのは僻目《ひがめ》であり、昔話とおなじく、まず神話に求められるのは話のおもしろさだと言ってよい。

アマテラスは鏡を知らなかった

古事記でもっとも有名な「天《あめ》の石屋《いわや》」神話は、弟スサノヲの乱暴なふるまいに耐えかねた姉アマテラスが石屋に籠もってしまったために、世界が真っ暗闇になったというところから始まる。その主人公、籠もってしまったアマテラス（天照大御神）を石屋から引き出す中心になった神はオモヒカネ（思金神）という知恵の神で、高天《たかま》の原《はら》の神々と相談しながら、アマテラスを石屋から引き出すための計略を練る。つまり、アマテラスをだまして、石屋から引っ張りだしてしまおうというわけだ。

そこで思いついたのは、お祭りの真似をしてみせることだったのである。鏡や玉を造らせて祭りの準備をし、石屋の戸の脇にアメノタヂカラヲ（天手力男神）という力持ちの神を隠し立て、伏せた桶《おけ》を戸の前に据え、その上で、妖艶《ようえん》な女神アメノウズメ（天宇受売命）に舞わせる。すると、神がかりしエロチックなさまで舞うウズメに、高天の原の神々は大喜びしてしまうわけだが、じつは、それらはすべてオモヒカネの脚本どおりに演じられた大芝居だったのである。そして、一人だけ蚊帳《かや》の外にいて何も知らないアマテラスは、脚本家オモヒカネの予想通りの反応を示す。以下、古事記の本文を口語訳で紹介すると次のように語られている。

さあ、外のさわぎを聞きつけたアマテラスは、あやしいことだとお思いになって、天《あめ》の石屋の戸を細めに開けて、内から声をかけた。

「われが籠もりますによりて、天《あま》の原はおのずからに暗く、また葦原《あしはら》の中つ国もみな暗いだろうと思うていたのに、いかなるわけか、アメノウズメは遊びをなし、また八百万《やおよろず》の神がみは喜びの声をあげているのか」と。

すると、アメノウズメが答えることには、「あなた様にも益して貴き神のいますゆえに、喜びえらき（満ち足りた喜びの声をあげて）遊んでいるのです」と、そう言うた。

そして、ウズメが答えている隙《すき》に、アメノコヤネ（天児屋命）とフトダマ（布刀玉命）とが、根こじのマサカキ（根の付いたまま引きぬいた立派な榊《さかき》）の枝に取り掛けて捧げ持っていた鏡をすっと差し出してアマテラスにお見せすると、いよいよあやしいことだとお思いになり、いま少し戸のうちから歩み出て、鏡の前に近づきなさったが、その時に、戸のわきに隠れていたアメノタヂカラヲが、その アマテラスの御手《みて》をさっと握って外に引き出したかと思う間もなく、フトダマが、アマテラスの後ろに尻《しり》くめ縄（しめ縄）を張り渡し、「ここから内にはお帰りになれませんぞ」と申し上げた。

すると、アマテラスがお出ましになるとともに、高天の原も葦原の中つ国も、おのずからに照り輝いて、みな明るい光に包まれた。

世界は元にもまして明るい光に包まれて大団円というわけだが、よく考えてみると奇妙な話である。鏡を御神体として祀られる太陽神アマテラスが鏡の機能を知らないのを利用しているからである。

「あなた様にも益《ま》して貴き神（原文「益汝命而貴神」）」がいるとウズメに言われ、アメノコヤネとフトダマという祭祀をつかさどる二神が差し出した鏡に映った自分のすがたを見たアマテラスは、「いよいよあやしい（原文「逾思奇而」）」と思い一歩前に踏み出すのである。こうするのは、アマテラスが鏡を知らなかったためだと考えるほかに、解釈のしようがない。そのことを知っていたオモヒカネがそれをうまく利用して、自尊心の強そうなアマテラスをまんまと騙《だま》しておびき出してしまったわけである。

　このように、鏡を知らない者を笑うという話は、世界中に分布している。日本では、落語の「松山鏡」とか昔話の「尼裁判」とか呼ばれる話型で知られている。簡略に紹介すると、田舎に住む男が町に行き、みやげに鏡を買って帰ると、それを見た女房は町から女を連れてきたと言って怒り出し、仲裁に入った婆さんは、こんなしわくちゃなら怒ることもなかろうと言った、というような落ちをもつ笑い話になっている。『日本昔話事典』によれば、この系統の話はトルコやインドにあり、中国では九世紀の文献に載せられていて、日本には朝鮮半島を経由して入ってきたらしく、十四世紀の説話集に登場すると解説されている。しかし、日本ではもっと古い時代から語られていた話だとわたしは考えている。

　だれも指摘していないのだが、アマテラスの石屋神話には笑い話「松山鏡」のモチーフが使われており、そうだとすると、遅くとも七世紀の日本列島には、鏡を知らない者を笑う話が、昔話のようなかたちで語られていたと考えられるのである。あるいは、鏡がこの列島に伝えられたのといっしょに入ってきた古い話かもしれないと思う。

　神話はおごそかで、鏡は神聖な祭具、しかも天皇家の祖先神アマテラスの無知を笑う話など語られるわけはないと考えてしまう常識が、この神話に埋め込まれた「笑い」を読み出せなくしているのではないか。古事記や風土記の神話や民間伝承を読んでいると、この場面だけではなく、くすりと笑いたくなる話がほかにも語られており、今も語られる昔話と共通する話型がいくつも存在する（三浦「笑われる者たち――古代民間伝承の笑話性」『改訂版　神話と歴史叙述』所収）。

原型をたずねると、神話は、共同体の祭りや王の即位式などの場で、語り部と呼ばれる職能集団が特別な音声や抑揚をもって語り伝え、昔話は、日常的な場で人びとによって語られていたと考えていいのではないかと思う。しかし、その神話と昔話とは、まったく交流することもなく無関係に存在していたというのではなく、ましてや、神話が零落して昔話になったというわけでもない。両者はいつの時代にも併存し、交流しつづけていたと考えるべきなのである。それゆえに、神聖なはずの神話に、鏡を知らないアマテラスが顔を出してしまうのだとみればとてもわかりやすい。

少年の成長物語と援助する動物

少年がさまざまな苦難を乗り越えながら立派な若者になっていくという成長物語は、神話ではもっとも重要な話型の一つである。スサノヲ（須佐之男命）の遠呂知《をろち》退治も、ヤマトタケル（倭建命）のクマソタケル（熊曾建）討伐も、異界に出かけた少年の活躍と成長を語る物語だとみれば同じ構造をもつ。この系統の話は昔話にもさまざまなかたちで登場し、世界的な広がりをもっているのは周知の通り。

ほかにも、スサノヲの子孫にあたるオホナムヂ（大穴牟遅神）を主人公とする成長物語が古事記には語られている。冒険ののちに地上の王者オホクニヌシ（大国主神）となって葦原の中つ国を支配するのだが、それは、兄神たちによるいじめや、根《ね》の堅《かた》州《す》の国での試練を克服することによって果たされる。そして、課されるいじめや試練は、みずからの知恵や勇気はもちろんだが、母や動物や恋人たちの援助によって克服される。これも昔話と同じ展開だとみていい。

オホナムヂの冒険物語のなかでもっともよく知られている神話は、教科書や絵本にも取りあげられる「稲羽《いなば》のシロウサギ（原文「稲羽素菟」）」であろう。ワニ（フカ・サメをいう古語）をだまして対岸に渡ろうとして失敗し、皮を剝《は》がれて苦しむウサギに出会った兄神たちは、海の水を浴びさせてウサギを前よりひどい目に遭わせ、あとから来たオホナムヂが、傷だらけのウサギに治療法（真水で洗ってガマの花［蒲黄《ほおう》］の上に寝る）を教える。その結果、傷の癒《い》えたウサギに祝福され、ヤガミヒメ（八上比売）という美しい女神を妻にすることができたと古事記は語る。このウサギは、世界中の神話や昔話に登場するトリックスター（滑稽《こっけい》で知恵のあるいたずら者）としてのウサギと同じだ。そして、その子孫にあたるのが昔話「カチカチ山」のウサギだとみればいい。

稲羽のシロウサギ神話は、いじ悪な兄とやさしい弟という昔話の典型的な様式をもっているようにみえるが、この神話では、やさしさよりは、巫医《ふい》＝メディカル・シャーマンとしての知恵（治療法を知っている）が語られているとみなければならない。それによって、王の資格をそなえたオホナムヂの力量を、神話的に語ることができるのである。ただ、その構造や語りかたは昔話そのものだといえるのである。

ウサギのほかに、オホナムヂの冒険神話には、ネズミも援助者として登場する。兄神たちの執拗《しつよう》ないじめを避けるために、木の国に住むオホヤビコ（大屋毘古神）に教えられ、木の俣《また》から木の根を通って根の堅州の国に逃げたオホナムヂは、その国の主として君臨するスサノヲのむすめスセリビメ（須勢理毘売）と恋に堕《お》ち、スサノヲからさまざまな試練を受ける。

花嫁の父から試練を課せられるというのは、昔話にもしばしばみられるモチーフだが、ここでの試練は、ヘビのいる室《むろ》に寝かされ、次の晩にはハチやムカデのいる室に寝かされる。そして、そのヘビやムカデ・ハチは、援助者となる妻スセリビメから渡された比礼《ひれ》（スカーフのような首にかける布）を振って追い払う。すると次には、野のなかに射込まれた矢を探してこいと命じられる。そこでオホナムヂが矢を探しに野中に入ると、スサノヲはまわりから火をつけてオホナムヂを焼き殺そうとする。この試練にはスセリビメも手助けすることができず、死んだと思って葬式の道具を準備して野に出るのだが、オホナムヂは矢を手にしてもどってくる。その火責めを受ける場面は、次のように語られている。

またスサノヲは、鳴り鏑《かぶら》を大きな野の中に射入れて、その矢を探し採らせようとした。そこで、オホナムヂがその野に分け入るとみるや、すぐさま、まわりから火をつけ、その野を焼きめぐらした。さあ、逃げ出るところがわからず困っていると、ネズミが来て言う。

内《うち》はホラホラ（内者富良富良）
外《と》はスブスブ（外者須夫須夫）

こう聞こえるので、その足元を踏んだところ、落ちて隠れているあいだに、火は焼け過ぎていった。そこへ、そのネズミがその鏑矢《かぶらや》をくわえ持って出てきて奉った。その矢の羽根は、皆そのネズミの子らが喰ってしまっていた。

この話を読むと、神話と昔話との違いを考えようとするのは無謀だということがわかるのではなかろうか。しいてあげれば、地上にもどると王になったと語るところに、ネズミにも祝福されるオホナムヂの神話的な性格はみとめられるかもしれない。しかし、ネズミに祝福されるというだけなら、昔話「ねずみ浄土」の善良なじさ（爺《じい》さん）と、さして違うわけではない。ただ、じさの場合は、良いことをしたから祝福されたと語っているのに対して、オホナムヂは、ネズミに何かをしたから祝福されたわけではない。はじめから祝福される者として存在する、別の言い方をすれば、ネズミのことばを理解する力を持っているというところに、神話的な性格が窺えるというふうにいえるだろう。

それにしても、引用した部分で言うと、最後のところに、矢羽根は子ネズミたちに齧《かじ》られていたというエピソードを、そっと添えているところが、語られる神話の真骨頂だと言ってよいのではないかと思う。そうだったのか、といってくすりと笑えるところがよいのだ。それとともに、そのようにして野の中に棲むネズミにさえも助けられるという点で、自然を味方にする力をもつオホナムヂの力が示されているということになる。これは、前の、稲羽のシロウサギを助けるのと同じものだといえよう。

ネズミのことなど

ネズミということばの語源を「根棲《ねす》み」とみなす説がある。「根」は大地のことをいう語で、そこの住人がネズミだというわけだ。冗談のようだが、当たっているのではないかと思う。そして、大地に棲むものに祝福されることが、地に足を着けて生きる者たちには必要だったのだと考えれば、オホナムヂも、おにぎりをネズミの穴にころがし落としたじさも、ネズミと仲よくしなければ生きていくことなどできなかったという意味で同じ存在とみてよい。

ネズミが出てくる昔話といえば、「ねずみ浄土」のほかに「ねずみのすもう」という話を思いだす。採集例が少なく、わたしが知っているのは、水沢謙一《みずさわけんいち》『おばばの昔ばなし』という昔話集に載せられた、池田チセさんの語った新潟県長岡市《ながおかし》あたりの昔話である。池田さんの語る昔話には、ほかではほとんど聞いたことのないめずらしい話がいくつも含まれており、登場する動物たちも、いじ悪なじさとばさも、池田さんはあたたかな語りで包み込んで語ってくれる。

「ねずみのすもう」に出てくるじさとばさの、自分の家のやせたネズミばかりか、庄《しょう》屋《や》さんの家の太ったネズミにも餅《もち》を持っていってやろうとする、その心根のやさしさとおおらかさが昔話を支えていると言っていい。そうでなければ、ネズミに祝福されることなどありえないはずだ。

　生まれながらに祝福される資格をもつオホナムヂとは違い、ふつうの人間たちにとって、どうすれば祝福されるかというのはとても大事なことだ。だからこそ昔話では、やさしさとかいじ悪とかの「心」がクローズアップされる。ただ、「ねずみのすもう」に語られるじさとばさのように底抜けにやさしくなるのはむずかしいもので、ふつうの人は庄屋さんの家のネズミには心をかけない。だから、善良なじさとばさの家の隣にはかならず、現実はこちらだという顔をして、いじ悪なじさとばさが住んでいなければならないのである。

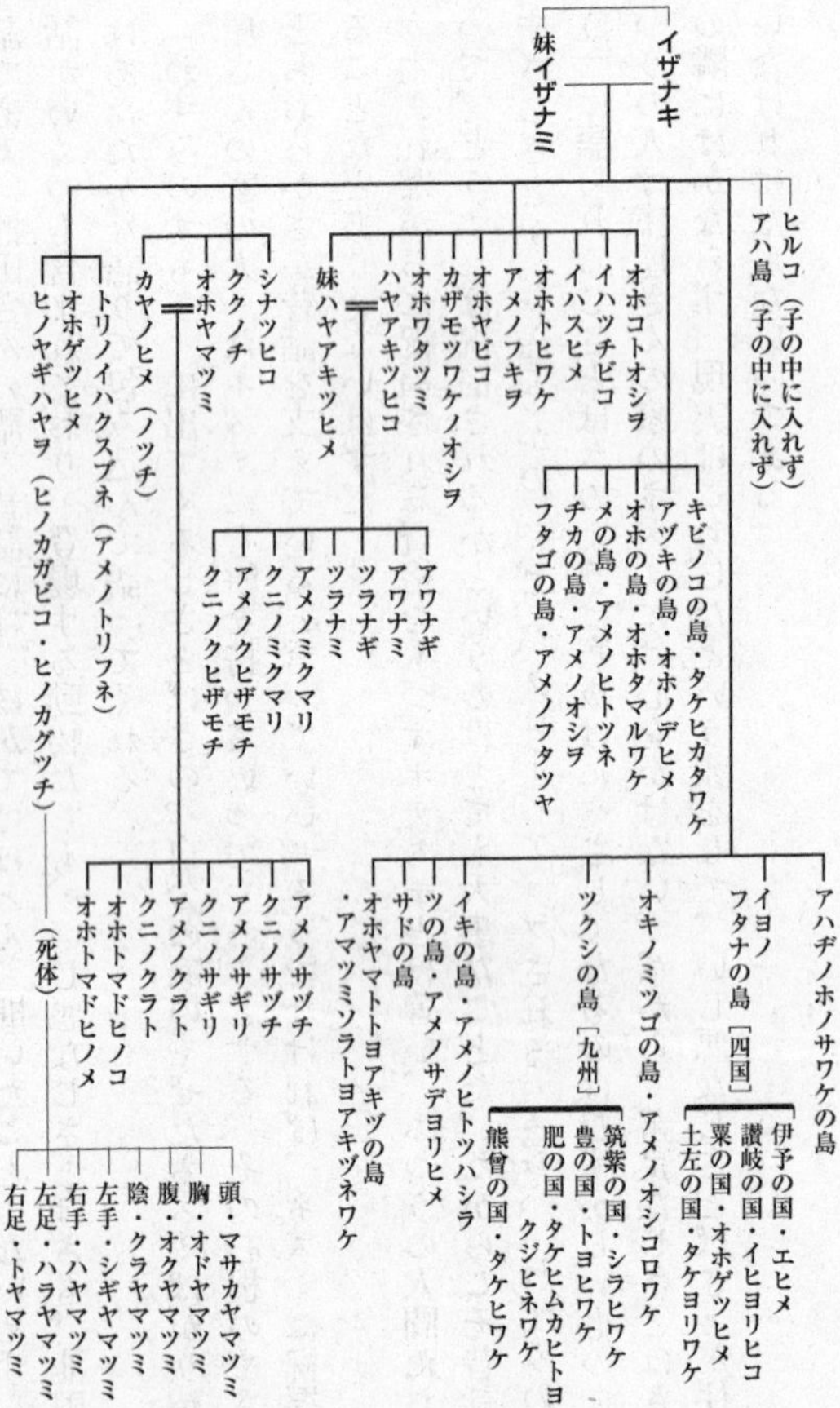

イザナキ・イザナミの子生み

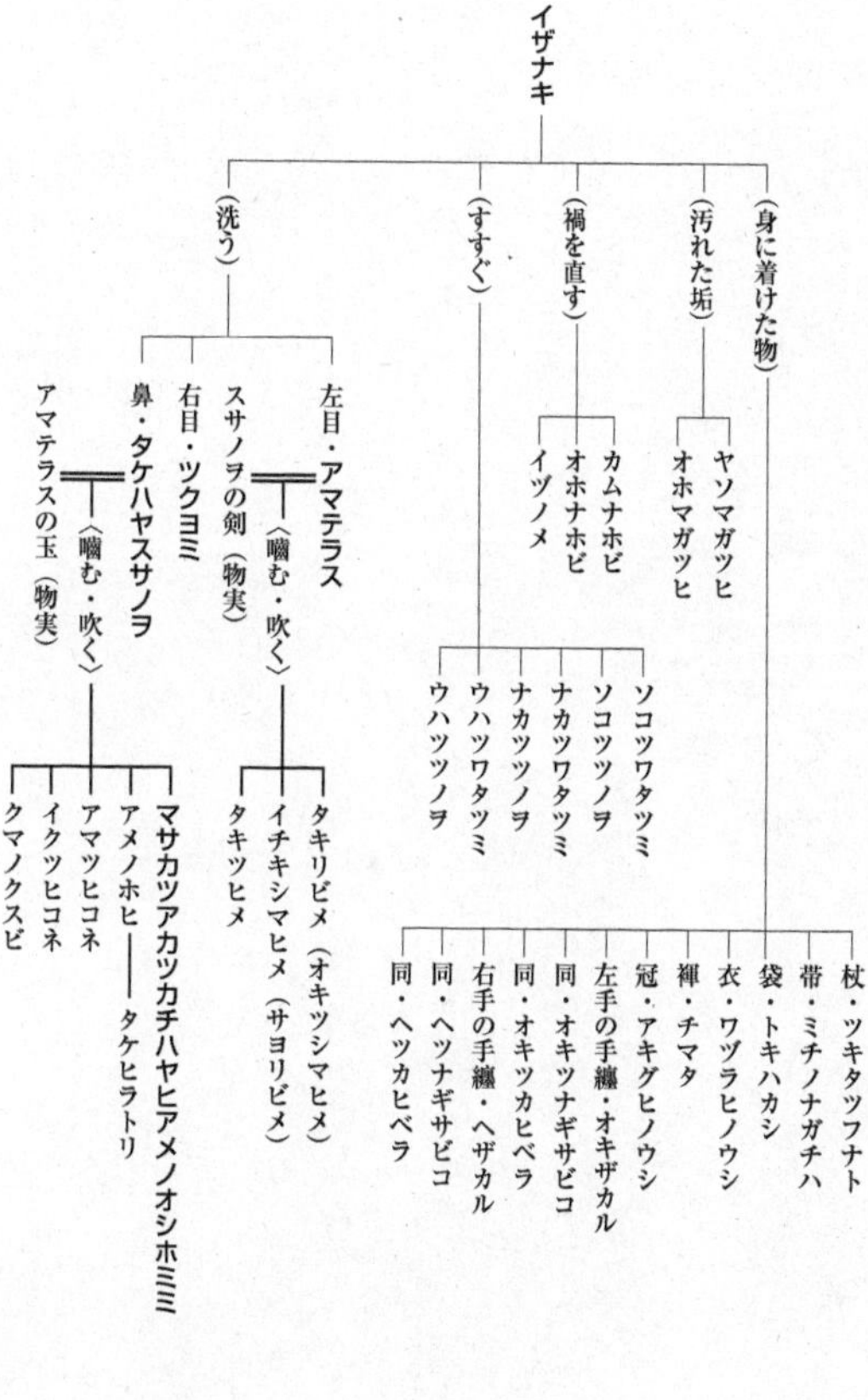

イザナキの禊ぎと高天の原でのウケヒ

第二章　造化の神

タカミムスヒの正体

ツクヨミ（月読命）とともに、イザナキ（伊耶那岐命）の禊《みそ》ぎによってアマテラス（天照大御神）とスサノヲ（須佐之男命）が成りでたあと、高天の原における二神のウケヒから天《あめ》の石屋《いわや》籠《ご》もりへと展開する神話を高天の原神話と呼ぶ。この神話と、アマテラスが地上の支配を思い立ち、孫のニニギ（迩々藝能命）を地上に降ろすまでの、いわゆる国譲りと天孫降臨と呼ばれる神話とでは、主体となる神が違っているということは、前章の「アマテラスと三種の神器」において、西條勉氏の見解（「アマテラス大神と皇祖神の誕生」）を踏まえて述べた。

高天の原神話の主人公はアマテラスだが、国譲り神話以降はタカミムスヒ（高御産巣日神）が、アマテラスを凌《しの》いで中心を占めているようにみえる。しかも、そのタカミムスヒは、途中で名前が唐突にタカギ（高木神）へと変わってしまう。この、不透明な部分の目立つタカミムスヒについて、あらためて考察を加えたい。

農耕神か古い最高神か

古事記の天孫降臨神話は、アマテラス系の神話とタカミムスヒ系の神話とが統合されたところに成立したという西條勉氏の見解については、すでに賛意を表した通りである。そのタカミムスヒという神をどのように考えればよいかという点について、西條氏は、「アマテラス系の神話は、天皇家の神話にほかならない。これに対してタカミムスヒ系の神話は、おそらく朝廷を構成する諸氏族に奉祭されてきた共同の農耕守護神にかかわる神話であったと考えられる」とみなし、タカミムスヒを農耕守護神と認識する。

しかし、タカミムスヒという神の行動のなかに農耕守護といえるような性格が見られるかというと、どこにもその根拠を見いだすことはできない。ムスヒという神名に農耕的な生産のイメージを付与することは可能だとしてもである。そもそも、タカミムスヒには「ムスヒ」という性格がまったく窺《うかが》えないのだから。

タカミムスヒ系を古い神話とみなす西條氏は、いちばんの特徴は降臨する神が「真《ま》床覆衾《どこおふふすま》」に包まれて降りてくるところにあるとして、「アマテラス系では降臨神の交替によって誕生のモチーフが表現されるために、真床覆衾という小道具は不要になった」という。

しかし、おのれの血が混じったニニギを降ろしたいタカミムスヒ系の神話では、最初から、自らの女《むすめ》トヨハタチヂヒメがオシホミミと結婚して生んだ孫のニニギを降ろすことしか考えていなかったので真床覆衾が求められただけかもしれず、その有無によって成立の前後関係を証明することなどできない。ちなみに、古事記ではアマテラスははじめ、わが子オシホミミ（天忍穂耳命）を降ろそうとしたが、天《あめ》の浮橋まで行ってもどってきたと語られている。一方、日本書紀のタカミムスヒは、最初から、自分と血がつながるニニギを地上に降ろすことしか考えていないはずだ。

また、西條氏の説を受け継ぎながら、タカミムスヒとアマテラスについての考察を重ねた溝口睦子《みぞぐちむつこ》氏は、タカミムスヒが、「アマテラス以前に最高神の地位にあったことは、現在日本神話を研究対象とする研究者の間ではほぼ周知のことである」と断定し、タカミムスヒ系が「本来的な古い天孫降臨神話」であり、「アマテラス系はそれを一部改変してつくった新しい神話だ」と主張する（『王権神話の二元構造』一一五頁）。そして、そこから展開させた『アマテラスの誕生』では、「現在タカミムスヒ系の降臨神話のほうが古い伝承であることについて、反対する人はほとんどなく、いまやこの点についてはまったく問題がない」と述べる。

しかし、ちょっと立ち止まってみたいのだが、「古い伝承」とはどういうことか。そもそも、「伝承」は無文字社会のなかで語り伝えられてきたのであり、さまざまに伝えられているバリエーションの新古を、時間軸の上に並べられるものなのかどうか、あるいは並べていいのかどうか。

溝口氏の発言が間違っていると判断できる根拠や論理をもっているわけではないが、反対する人はほとんどいないとか、まったく問題がないとか言われると、悪い性分であるが、つい反対してみたくなるし、疑ってみたい気持ちが湧いてくる。

アマテラスとスサノヲとが対決する高天の原神話と、天つ神の地上侵略を語る国譲りおよび天孫降臨の神話とでは、アマテラスの立場が違っており、両者はもともと一連の神話ではなかったかもしれないという分析は、わたしにも理解しやすく納得できる考え方である。しかしそこから、「だからアマテラスは新しく、もとはタカミムスヒを主神とする古い伝承があった」という方向へ議論を展開させるのは、早計に過ぎるのではないか。もちろん、溝口氏は、そうした展開を可能にするために、綿密な考証を行っているわけだが、それでも「まったく問題がない」と言われてしまうと、問題だらけではないかと言い返したくなってしまうのだ。

何が問題だらけかというと、タカミムスヒの名前が気になるし、その働きが引っかかる。また、タカギという名前に転換する、その唐突さが不自然である。

タカミムスヒの名義と能力

古事記上巻冒頭の、いわゆる「造化三神」と呼びならわされる神のなかに、タカミムスヒは姿をみせる。

天地《あめつち》初めて発《ひら》けし時、高天の原に成れる神の名は、天之御中主神《あめのみなかぬしのかみ》。次に高御産巣《たかみむす》日神《ひのかみ》。次に神産巣日神《かむむすひのかみ》。

これ以降まったく登場しないアメノミナカヌシは除外すると、タカミムスヒとカムムスヒはきちんとした対のかたちで並んでおり、その関係は古くて揺るぎなくみえる。二神の名の、タカ・ミ・カム（カミ）はほめ言葉、共通する「ムスヒ」のムスは「生《む》ス」の意の動詞、ヒは神格をあらわす接尾辞である。とすれば、この二神はどちらも生成や生産をつかさどる神であるはずで、たしかにカムムスヒは、生成・生産にかかわる神としての能力を十分に発揮して名は体を表している。ところが一方のタカミムスヒは、「ムスヒ」の能力を発揮する場面が一度もない。名と実とがこれほど離反した神は、ほかに見あたらないほどである。

しかも、タカミムスヒとカムムスヒは何度も姿を見せるのだが、右に引いた冒頭部分を除くと、二神がおなじ場面に並び立つことはない。カムムスヒについては次節「カムムスヒはどこに」において詳しく論じるが、予告的にいえば、タカミムスヒとカムムスヒは、元来、まったく別個に伝えられた神であると考えるほかに妙案は浮かばない。それが、先に引いた冒頭の場面でのみ、二神はまるで配偶神のように対なる神として並べられているのではないか。

では、ムスヒの能力を発揮しないタカミムスヒとはいかなる神か。

この神は、いつも相棒になる神がおり、以降の場面においては、つねに天皇家の祖先神アマテラスと並んで姿を見せる。しかも、その登場は、国譲り神話と天孫降臨神話、中巻冒頭のカムヤマトイハレビコ（初代神武天皇）の東征の場面に限られる。

なお、タカミムスヒ自身は出てこないが、高天の原神話で大活躍するオモヒカネ（思金神）は、「高御産巣日神の子」とされている。しかも、オモヒカネは高天の原神話に限らず、国譲りや天孫降臨神話でも重要な役どころを与えられている。そして降臨に際して、「天照大御神、高木神」は、「此れの鏡は、専《もは》ら我が御魂《みたま》として、吾が前を拝《いつ》くが如、いつきまつれ」とことばを寄せ、次に思金の神に「前の事を取り持ちて、政《まつりごと》せよ」と命じたので、鏡とオモヒカネの二神は、「佐久久斯侶《さくくしろ》、伊須受能《いすずの》宮」に祀《まつ》られることになったと語られている。

タカミムスヒの子オモヒカネは、最初から最後まで神を祀る者としての役割が明《めい》瞭《りょう》で、その神名オモヒカネ（思いを兼ね備えた神）には、祭祀《さいし》者としての性格や能力を示す「思慮＝知恵」が反映されているとみなすことができる。その点で、この神を、「政治《まつりごと》＝祭事《まつりごと》＝奉仕《まつり》事《ごと》という構造において、政治を中心に行う者を象徴した神格」ととらえる古橋信孝《ふるはしのぶよし》氏の見解は魅力的である（「思兼神―虚構意識の発生の問題―」）。

そこからタカミムスヒを考えると、この神はつねに天皇家の最高神アマテラスと並んで現れており、タカミムスヒの役割もまた、神を祀る者（政治を行う者）だったのではないかという推測を可能にする。少なくとも、ムスヒという体を表さない名に基づいて生産神と考えるよりは、祭祀者とみたほうが実態に即しているのは間違いなかろう。別名をタカギとするのも、神を寄せるのが高い木であり、神を祀る役割をもっているとみれば納得できる。

太陽神タカミムスヒ説の可否

ムスヒを、通説の「ムス（生成）＋ヒ（霊力）」ととらずに、「万物を生成する日」の意であるとし、ヒを「日（太陽）」の意味とみるのが溝口睦子説の眼目である。「高木を立てて太陽を祭る習俗は、古代以来連綿と現在にいたるまで、北方民族をはじめとして中国南部の少数民族、東南アジア一帯にも広く分布し」ており（『アマテラスの誕生』）、そこから考えて、タカミムスヒの別名タカギは太陽神であり、それゆえにタカミムスヒは太陽神であるというのが溝口氏の論法である。

しかしこれは、いかにも乱暴な三段論法だ。タカギが高い木の神格化であり、それが太陽信仰につながるとしても、別名のタカミムスヒを太陽神であるとみなす根拠はない。そもそもムスヒを、「日」という漢字が使われているから太陽神であり、「万物を生成する日」と解釈するなら、カムムスヒはもちろん、両神とともに神祇官《じんぎかん》八神（宮中において女性神官「御巫《みかんなぎ》」によって祭られる八柱の神）のうちの、タマルムスヒ

（玉積産日神）もイクムスヒ（生産日神）・タルムスヒ（足産日神）も、みな太陽神でなければならないということになってしまう。とすると、神祇官八神のうち五柱がすべて太陽神ということになるが、それでいいのか。古代中国には、むかし七つの太陽が天空には輝いていたという神話はあるけれど。

しかも、タカミムスヒの出てくる神話のどこをみても、太陽神としての能力を発揮する場面がない。どの場面をみても、政治的、軍事的な性格だけが前面に出ており、タカミムスヒという神は、支配者あるいは支配者を補佐する祭祀者の役割を担っているとしか考えられない。そのために、西條氏の主張する農耕の守護神という解釈も積極的には支持できないのである。

つまり、タカミムスヒはアマテラスの参謀として高天の原の指揮官として存在するとみるのがわかりやすく、太陽神を祭る神という立場が似合っているようにみえる。それゆえに、タカミムスヒの子オモヒカネ（思金神）も、父神の役割を受け継いでアマテラスの宿る鏡を奉祭して「佐久久斯侶、伊須受能宮」に祭られるのである（第一章の「アマテラスと伊勢神宮」、参照）。神と神を祀る者とが同時に祀られるという事例は多い。

祭祀者タカミムスヒ

タカミムスヒ系の神話は古いとする前提も磐石《ばんじゃく》ではないが、そこからタカミムスヒを天皇家の古い太陽神であったとみなす溝口氏の仮説は、どう考えても成り立たない。もしそうであったなら、高天の原神話にも古い太陽神の痕跡《こんせき》があってもいいはずなのに何も出てこない。そこでわたしは、先行研究の難点を克服するために次のような仮説を提起したい。

タカミムスヒが国譲りと天孫降臨とにおける指令神として神話の前面に出てくるのは、天皇家の祖先神である太陽神アマテラスを至高神として護《まも》るために、祭祀者としてのタカミムスヒが、政治性を強めて参謀的な役割を担ったからではないか、と。

タカミムスヒ系の筆頭にあげられる日本書紀の正伝（第九段）の性格を考えれば、その伝えは律令国家の立場をもっとも強く体現していると考えるべきで、そこに古い神話が残存しているとはみなしにくい。むしろ、律令国家のために、新たに組みなおされた神話と考えるべきではないか。

そのように考えれば、日本書紀の第九段正伝が伝えるアマテラスとタカミムスヒとの関係は、天皇家と藤原《ふじわら》（中臣《なかとみ》）氏との関係、あるいは推古《すいこ》天皇と聖徳太子《しょうとくたいし》との関係に比定したほうが、タカミムスヒを天皇家の古い祖先神とみなすより格段に説得力があるのではないかと、へそ曲がりのわたしは想像するのである。

そしてもう一つ、タカミムスヒという名前について述べれば、そのタカミムスヒという名は、カムムスヒと対にするために新たに名付けられた神名ではなかったか。そして、その、元の名はタカギだったのだと思う。つまり、神を宿す高い木を神体とするシャーマン的な神である。しかし、そのことを考えるには、カムムスヒに対する考察が欠かせない。

カムムスヒはどこに

古事記冒頭の神話で高天の原において成り出たと語られる造化三神のうちの一柱カムムスヒ（神産巣日神）は、タカミムスヒ（高御産巣日神）と対をなす。その神名に共通するムスヒは「生《む》ス＋ヒ（霊力）」の意で生成力や生産力を表し、カム（カミ）とタカミは称辞である。こうした生成力を体現する神が、始源の時に出現するのはとてもふさわしい。

ところがすでに述べたように、タカミムスヒという神は、生成とか生産といった、その神名からみて当然もっているはずの力を発揮する場面が一切なく、いずれの場面でもアマテラス（天照大御神）と並んで政治的な役割ばかりが目立つのである。その意味では、名は体を表さない神の代表といってもよい。しかも、タカミとカミという称辞が対になっている例はほかになく、名前は似ていながら、カムムスヒとタカミムスヒとが並んでいることに疑惑が生じるのである。あるいは、ある段階に意図的に並べられたもので、本来的なあり方ではないかもしれないというふうに。

また、この両神はこれ以降何度も姿をみせるのに、同じ場面に登場することは二度とないのである。加えて、タカミムスヒとは違い、カムムスヒは生成力・生産力という神名そのものの力を大いに発揮する神として、母神的な側面を濃厚にもっている。冒頭部分には性をもたない「独神《ひとりがみ》」として位置づけながら、個別に登場する二神は明らかに性をもち、タカミムスヒは男性神、カムムスヒは女性神という側面が強いのである。そこからみても、冒頭部分の描写は何らかの意図をもって、のちに置かれた可能性が大きい。

アメノミナカヌシ（天之御中主神）に続いて現れ、タカミムスヒと並列されているところが目くらましになっているのではないかと思うのだが、錚々《そうそう》たる古事記研究者がタカミムスヒとカムムスヒとを区別することなく、どちらの神もヤマト王権にかかわる、国家神話の構造のなかで解釈しようとしてきた。それに対する批判とわたしの見解については、論文「カムムスヒ考——出雲の祖神」で論じたが、その旧稿を踏まえながら、改めてカムムスヒの性格と役割について考察する。

稲をもたらす女神

冒頭部分を別にすると、古事記のカムムスヒは四つの場面に姿をみせる。そして、そのいずれもが出雲の神がみにかかわっているという点に、注目しなければならない。最初にカムムスヒが現れるのは、高天の原を追いやられて地上に降りることになったスサノヲ（須佐之男命）が、いずれとも知れぬ場所で、オホゲツヒメ（大気都比売神）に食べ物を乞《こ》う場面である。

高天の原から地上に降りる途中で出会ったオホゲツヒメに食《じき》を乞うと、食《け》の女神は、鼻や口や尻《しり》からさまざまな品を取り出してスサノヲをもてなす。ところが、「その態《わざ》を立ち伺ひ、穢汚《けが》して奉進《たてまつ》る」と思ったスサノヲは、その女神を切り殺してしまった。すると、「殺さえし神の身に生《な》れる物は、頭に蚕《こ》生り、二つの目に稲種《いなだね》生り、二つの耳に粟《あは》生り、鼻に小豆生り、陰《ほと》に麦生り、尻に大豆《まめ》生りき。故《かれ》、ここに神産《かむむ》巣《す》日《ひ》の御《み》祖《おや》の命、これを取らしめて、種と成しき」と語られている。

殺されるオホゲツヒメの居所が高天の原にあるとは思えず、スサノヲがすでに地上に降りているとは考えられない。とすれば、高天の原から地上へと至る、その途中のどこかで、スサノヲは道草でもしていたのか。ありとあらゆる「味物《ためつもの》」を取り出したとあるから、それは山の幸や海の幸が溢《あふ》れ出るように存在する、農耕以前の豊穣《ほうじよう》で混沌《こんとん》たる世界、あるいは地上に豊穣をもたらす原郷的な世界、そうしたところにスサノヲはまぎれ込んでしまったらしい。そして、その豊穣の女神オホゲツヒメを切り殺す。

まさに大地母神といってよいオホゲツヒメは殺され、その死体から五穀の種が成りいでる。ところが、死体から萌《も》え出た稲（五穀）は、そのままでは栽培に適した種にはならないと、この神話は語っている。そして、そこに登場するのがカムムスヒである。ただし、この場面の文章は簡潔すぎて意味がとりにくい。その原文は、「故、是、神産巣日御祖命、令取茲成種」とあり、さきほどは一般的な訓読にしたがい、「故、ここに神産巣日の御祖の命、これを取らしめて、種と成しき」と訓《よ》んだが、「この成れる種を取らしめき」（新編全集）という訓みもある。

前者の訓読を支持すると、スサノヲがオホゲツヒメを殺したために生えてきた稲・粟・小豆《あずき》・麦・大豆を見たカムムスヒは、それをスサノヲに取らせて、（自分のところに持ってこさせ）「種」にしたということになる。そしてその種を持って、スサノヲは出雲の地に降りてゆく。

一方、後者の訓を支持すると、殺されたオホゲツヒメの体から稲や粟や麦が生えてきたのを見つけたカムムスヒは、スサノヲに命じてその植物の種を収穫させたということになる。その種を持ってスサノヲが地上に降りることになったというのは、どちらの解釈でも変わらない。

稲作の起源神話

カムムスヒの役割が、種を収穫させただけか、女神殺しによって血塗られた種を「浄化された種」に変える力を発揮するところまではたらいているか、その解釈はカムムスヒをどのような存在として位置づけるかによって違ってくる。農耕を自然の侵しと考えるならば（アードルフ・E・イェンゼン、大林太良ほか訳『殺された女神』）、穢《けが》れた種は浄化される必要があり、その役割を生成の女神カムムスヒが受け持ったと解釈するほうがいい。そして、スサノヲによって地上にもたらされた五穀の種は、遠呂《をろ》知《ち》を退治した後の、クシナダヒメ（櫛名田比売、「クシ（霊妙な）＋イナダ（稲田）＋ヒメ（女神）」）との結婚によって、地上に定着することになったのである。

そのように考えると、出雲すなわち地上世界に生産をもたらすカムムスヒという神は、「ムスヒ」の神格をもつ神でなければならない理由がよくわかる。そして、そのカムムスヒは、「御祖」とあることからわかるように母神（祖神）的な存在でもあった。

付け加えれば、古事記のオホゲツヒメ殺しの神話は、右に述べたような理由で出雲神話の冒頭部分に置かれるべき神話である。したがって、オホゲツヒメ神話を、もとはスサノヲとはかかわりがなく、のちに挿入されたとみるような解釈は決定的に間違っている。

　オホゲツヒメ殺しを語る、スサノヲとカムムスヒによる五穀の起源神話は、農耕の起源が語られているという点で、出雲神話のなかで重要な意味をもつ（三浦「イケニヘ譚の発生」『神話と歴史叙述』所収）。たとえば、国家神話として語られる農耕（とくに稲作）の起源神話といえば、古事記には出てこないが、天孫降臨の際に、アマテラスが、「吾が高天の原に御《きこ》しめす斎庭《ゆには》の穂《いなほ》を以ちて、また吾が児《みこ》に御《まか》せまつるべし」と言い、わが子アメノオシホミミ（天忍穂耳尊）に稲穂を授けるという日本書紀の神話がよく知られている（第九段一書第二）。ただし、実際はそのあとに生まれた子ニニギ（瓊瓊杵尊）に交替するので、稲穂はニニギが地上にもたらしたということになるが、この神話が、近代天皇制における天皇の役割を根拠づけていると言っても過言ではない。しかし、それはヤマト側の神話であって、イヅモの起源神話とは違うのである。

　ところが、この日本書紀の伝えが強調されるために、稲作の起源は天皇家の祖先神である天つ神に独占されているようにみえるが、民間神話にはさまざまなかたちで稲の始まりは語られる。たとえば、鶴や白鳥によって稲穂が落とされたり、穀霊が運ば

アメノホヒが創建したものと伝えられ、現在はイザナミを祀る神魂神社。中世以前の祭神は明らかではない（島根県松江市）

れてきたり、唐《から》（天竺《てんじく》、南の島など）に行った弘法大師《こうぼうだいし》がはじめて見た稲穂を盗み隠して持ち帰ったりと、その語り方は多様であり、伝来のルートや語りだされた時代もさまざまであった。当然のことだが、稲作は天皇家が独占的に所有していたわけではない。

そうしたなかで、出雲系の伝承には、遠呂知退治神話と結ばれた稲作起源の神話があったとみればいい。それに対して、天皇家の神話では、同じパターンの女神殺しによって穀物が誕生する神話が、ツクヨミ（月夜見尊）によるウケモチ（保食神）殺しとして語られる。そして、そこで生まれた種は高天の原の「斎庭《ゆには》」でアマテラスによって育てられ（日本書紀、第五段一書第十一）、のちに、アマテラスから子孫に託されて地上に下されたということになる。

属性としての高天の原、そして御祖

カムムスヒの属性を確認すると、二つの点が強調されている。その一点はカムムスヒの在所は高天の原にあるということ。もう一つの属性は、カムムスヒが御祖という立場に置かれているということである。

まず前者の在所だが、冒頭部分において高天の原に成り出たと語られているのだから、高天の原にいるというのは当然ということになる。たとえば、少年オホナムヂ（大穴牟遅神）がたくさんの兄弟神（八十神）に殺されそうになる場面、オホナムヂはイノシシの形をした赤く焼いた「大石に焼き著《つ》かえて死」んでしまう。すると、オホナムヂの「御祖の命、哭《な》き患《うれ》へて、天《あめ》に参上《まゐのぼ》り、神産巣日之命」に助けを求めたと語られる。この「天」は、古事記の文脈から考えると高天の原のことであろうが、助けを求められたカムムスヒは、キサカヒヒメ（蚶貝比売）とウムカヒヒメ（蛤貝比売）とを派遣してオホナムヂを救助する。なぜ、貝の女神が高天の原＝「天」にいるのかという疑問に立ち向かうのは後にして、とりあえずここでは、カムムスヒが「天」にいるということだけを確認しておく。

キサカヒヒメとウムカヒヒメがオホナムヂを助ける場面を描いた
青木繁の「大穴牟知命」（アーティゾン美術館所蔵）

もう一つ、カムムスヒの名が古事記に出てくる最後の場面、オオクニヌシ（大国主神）が高天の原から降りてきたタケミカヅチ（建御雷神）に屈伏し服属を誓う、その誓約のことばのなかに、「この我が燧《き》れる火は、高天の原には、神産巣日の御祖《みおや》の命《みこと》の、登陀流《とだる》天《あめ》の新巣《にひす》の凝烟《すす》の、八拳垂《やつかた》るまで焼《た》き挙げ、地《つち》の下は、……」とあって、カムムスヒの住まいは高天の原であることが示される。

以上の点からみて、誰もが、カムムスヒの在所は高天の原にあると思い込んでしまう。しかし、それは古事記の伝えの一部においてはそう読めるということであって、垂直的な世界観のなかに位置づけられた高天の原という空間に、カムムスヒという神が当初からいたのかというと、それに関しては疑惑を払拭《ふっしょく》しえない。

たとえば、さきほど読んだオホゲツヒメ殺しの場面をみても、スサノヲに種をとらせたカムムスヒがどこにいるかは明示されていないのである。また、スクナビコナ（少名毘古那神）が海のかなたから小さい船に乗って寄りついた時、カムムスヒの子だということが判明して問い合わせる場面でも、「神産巣日の御祖の命に白《まを》し上げ」とあるのみで、高天の原に聞きに行ったとは語られていない。しかもこの神話では、御祖の指のあいだからこぼれ落ちたスクナビコナは海の彼方《かなた》から舟に乗ってやってきたわけで、高天の原から降りてきたわけではない。

このように個別に確認すると、カムムスヒは高天の原にいる神であるという前提は、それほど強固なものとして共有されているわけではないということがわかる。しかも、海にかかわる貝の女神や小さ子《ちいさこ》神がカムムスヒと結ばれているというのは、たいそう気になるところである。

もう一点の「御祖」だが、カムムスヒは、五穀の起源神話やスクナビコナ神話、オホナムヂが服属を誓う場面では、いずれも「神産巣日御祖命」と呼称されており、「御祖」であるところに、本源的な意味があるとみなければならない。

古事記における「御祖」の用例をみると、そのほとんどが「母」の意味で用いられている。「御祖」とは別に、「祖」が単独で用いられる「△△之祖」という例は多く、氏族の始祖あるいはそれに準ずる者に対する呼称として使われており、それらはほとんどの場合が男とみなせる。それに対して、古事記に十七例を数える「御祖」の例は、カムムスヒに用いられた三例を除く十四例のうち、性別の判明しない「土之御祖神《つちのみおやのかみ》」(大年神の神統譜)以外の十三例は、いずれも「母」をさしていることが確認できる。

そこからみると、カムムスヒを母神とみなすことに異議を挟むのはむずかしい。もちろん、母神とはいっても、生みの母に限定されるのではなく、母的な存在ということである。ちなみに、ただ一例だけ性別が不明なツチノミオヤも、「田地の母である神」(新編全集古事記)と解釈されるように、母神的な存在であるとみなしてよいのではないかと思う。

カムムスヒの属性としての、高天の原と御祖(母神的存在)と、この二点をどのように解釈すればいいかというところに、古事記に語られたカムムスヒの理解はかかっているのである。

海の彼方のカムムスヒ

高天の原に成り出た造化三神のうちの一柱であるカムムスヒ（神産巣日神）は、高天の原に戸籍があり、いつも高天の原にいます神だと解釈されている。ところが、この神の登場する場面を子細に検証した上で、高天の原を本拠とみなそうとすると、気になるところがいくつも見つかる。

オオナムヂ（大穴牟遅神）が焼け石を抱きとって死んだ時、オオナムヂの母（御祖）はカムムスヒに助けを求めるが、そこには「天《あめ》に参上《まゐのぼ》り（参上于天）」とあるだけで、行き先を高天の原と明記しているわけではない。また、高天の原を追われて地上に降りる途中でスサノヲ（須佐之男命）が殺したオホゲツヒメの体に成り出た「種」を、カムムスヒがスサノヲに取らせた場面でも、カムムスヒが高天の原にいるとは描かれていない。読み手がそのように解釈しようとしているに過ぎないのだが、よく考えるとカムムスヒが高天の原にいたのでは、スサノヲが追いやられるという神話の流れからみて不自然ではないかと思われる。

「高天原」という固有名がはっきり出てくるのは、タカミムスヒ（高御産巣日神）と並んで登場する冒頭部分と、前節で紹介したオホクニヌシ（大国主神）がタケミカヅチ（建御雷神）に服属を誓う場面と、その二か所だけである。しかも、そのうちの服属の詞章は、出雲の側から「葦原中国」という語を用いる唯一の場面だというのは注目に値する。

以前、「出雲と出雲神話―葦原中国、天之御舎、神魂命」と題する論文で論じたことがあるのだが、「葦原中国」という呼称は高天の原の側が地上を指す呼び名であって、出雲の神がみがみずから用いることはない。しかし、オホクニヌシが服属する場面になると、天つ神の用いる呼称「葦原中国」を屈辱的に使わされている。その同じ場面に、「この我が燧《き》れる火は、高天の原には、神産巣日の御祖の命の、登陀流《とだる》天の新巣《にひす》の凝烟《すす》の、八拳垂《やつかた》るまで焼《や》き挙げ、地の下は、……」というふうに、「高天原」ということばは出てくる。ということは、「葦原中国」がそうであったように「高天原」という名も、オホクニヌシからすれば屈辱的なかたちで用いさせられているのではないか。

造化三神の出現とタケミカヅチへの服属の誓い、その二か所でカムムスヒが高天の原と結ばれている。そこから、登場するすべての場面で、カムムスヒは高天の原を本拠にしていると決めつけてしまうが、それは短慮に過ぎるというものである。

海の向こうから寄りくる神

出雲神話には、動物たちや滑稽《こっけい》な神などトリックスターの役割をする楽しきものたちが登場するのだが、その中に、オホクニヌシが地上を治めることになった後のこと、国作りを手伝ってくれる小さ子神がいる。その現れ方はというと、「大国主の神、出雲の御大《みほ》の御前《みさき》に坐《いま》す時、波の穂より天の羅摩《かがみ》船に乗りて鵝《ひむし》の皮を内剝《うつは》ぎに剝ぎて衣服《きもの》」にしてやってくる。ガガイモ（マメ科の植物）の莢《さや》を舟にして、ヒムシ（蛾）の皮をぬいぐるみのように着てやってきたというのだから、お椀《わん》の舟と箸《はし》の櫂《かい》で都に上る一寸法師とまるで同じ、小さな小さな神の出現である。

ところが、オホクニヌシの周りにいる神がみは、その神の素性を誰も知らない。ようやく物知りのタニグク（ヒキガエル）が、クエビコ（カカシのこと）なら知っているはずだと言うので、クエビコを召しだして問うと、「こは神産巣日《かむむすひ》の神の御子、少名《すくな》毘古那《びこな》の神ぞ」と言う。そこで、「神産巣日の御祖《みおや》の命に白し上げ」ると、「こは実《まこと》に我が子なり。子の中に、我が手俣《たなまた》より久岐斯《くきし》子なり。故《かれ》、汝《いまし》、葦原の色許男《しこを》の命と兄《あに》弟《おと》と為りて、その国を作り堅めよ」と仰せになる。

カムムスヒの御子スクナビコナは、豆の莢を舟にして水平線の彼方から漕《こ》ぎ渡ってきた神として語られている。そして、国作りを手伝ったのちは、「常世《とこよ》の国に度《わた》りましき」とあって、水平線の彼方にあるとされる異界に去ってゆくのである。

ちなみに、出雲神話をほとんど伝えない日本書紀でも、例外的にスクナビコナの逸話を載せているのだが（第八段一書第六）、古事記と同じようにガガイモの莢を舟にしてミソサザイ（小鳥）の羽を衣にしてやってきたとあり、国作りを終えたのちには、「熊野の御碕に行き至りて、遂に常世の郷《くに》に適《ゆ》きます」とある。また、「淡島に至りて、粟の茎に縁《のぼ》りしかば、弾かれ渡りまして、常世の郷に至ります」という異伝も伝えているが、いずれにしても、海を渡ってきた小さ子神は、海の彼方の島へと戻ってゆく。ただし、日本書紀一書では、スクナビコナをカムムスヒの子だとは伝えていない。

この神話を読むと、動物が出てくるなど、おとぎ話のような楽しさをもち、そこに出雲神話らしい語り口が見いだせる。また、すでに述べたように、古事記では「御祖」は母をさすのだが、出雲の神がみはカムムスヒのことを「御祖」と呼んでおり、この神話は、出雲的な母神＝御祖の性格を濃厚にもつということができるのではないかと思う。そして、それが、水平線上の世界として語られていることに注目したい。

貝の女神の御祖

神話の並び順としては前後することになるが、オホナムヂ神話の冒頭に稲羽のシロウサギ（素兎）の話があり、それに続いて語られる、たくさんの兄弟たちに殺されそうになる場面にも、カムムスヒは救いの神として現れる。

かれ、しかして八十《やそ》神《かみ》忿《いか》りて、大穴牟遅の神を殺さむと欲《おも》ひ、共に議《はか》りて、伯伎《ははき》の国の手間《てま》の山本に至りて云ひしく、「赤き猪《ゐ》、この山に在り。故、われ共に追ひ下さば、汝《なれ》待ち取れ。もし待ち取らずは、必ず汝を殺さむ」と云ひて、火を以ちて猪に似たる大石を焼きて、転《まろ》ばし落しき。

この計略にまんまとはまったオホナムヂは、焼け石を抱き留めて死んでしまう。「しかして、その御祖の命《みこと》、哭《な》き患《うれ》へて、天に参上《まゐのぼ》り、神産巣日の命に請はしし時、すなはち蚶貝《きさかひ》比売と蛤貝《うむかひ》比売」を派遣する。すると派遣された二柱の女神は、キサカヒヒメが「きさげ集め」、ウムカヒヒメが受け取って「母《おも》の乳汁《ちしる》」として塗ったところ、「麗しき壮夫《をとこ》」として生き返る。

ここには、オホナムヂの母神（御祖の命）とカムムスヒと、ふたりの御祖＝母神が登場する。そこに二柱の貝の女神が加わってなされる再生は、母の呪力《じゆりよく》を最大限に発揮した医療行為であった。この「母の乳汁」という火傷《やけど》の治療薬は、貝の女神が作った塗り薬であるとともに、それはまた母の「乳《ち》」の力であり、カムムスヒという御祖に象徴されるムスヒ（生成力・生命力）の具体的な発現でもある。それゆえに、ここに語られているのは、出雲という世界におけるムスヒの力を象徴しているとみることができるのである。

そのこととかかわって、もう一点注目したいのは、キサカヒヒメとウムカヒヒメという貝の女神の出自である。もし、カムムスヒが高天の原にいるとすれば、貝の女神が天空世界から遣わされることになり、その展開は、とても奇妙なものになってしまう。おそらく、ここには何らかのねじれがあるのではないかと考えたほうがいい。そして、そのことを考えるうえで貴重な伝えが出雲国風土記に遺《のこ》されている。

出雲国風土記では、カムムスヒは「神魂命」と表記され、その名前は何度か現れるのだが、そのうちの次の二例は、古事記の神話を解釈するための、重要なヒントを秘めている。

「加賀の郷（略）佐田の大神、生れまししなり。御《み》祖神魂《おやかむむすひ》の命の御子、支佐加比売《きさかひめ》の命、『闇き岩屋なるかも』と詔りたまひて、金弓《かねゆみ》もて射給ふ時に、光かかやきぬ。故、加加《かか》と云ふ」

「法吉《ほほき》の郷（略）神魂の命の御子、宇武加比売《うむかひめ》の命、法吉鳥《ほほきどり》と化りて飛び度《わた》り、ここに静まり坐しき。故、法吉といふ」（ともに嶋根郡条）

佐太大神の生誕地と伝えられる加賀の潜戸（島根県松江市）

音仮名表記されたキサカヒメとウムカヒメが、古事記のキサカヒヒメ（𧏛貝比売）とウムカヒヒメ（蛤貝比売）に対応しているとみるのは異論がない。連続する音節「ヒ」をどのように発音し、それをどう表記するかという、その違いがあるに過ぎない。それを確認した上でいうと、二柱の貝の女神は、カムムスヒのむすめ（生《む》す＋女《め》）だったのである。

古事記がその情報を伝えていないのはなぜか、理由はわからない。語りがある情報を脱落させるというのはよくあることで、語られていないから古事記では親子と認識していないとは言えない。おそらく、もともとの伝承においては、カムムスヒの子神としてキサカヒヒメとウムカヒヒメは伝えられていたのである。

そこからみても、二柱の女神が天から降りてくるという古事記の展開は不自然だ。そして、そもそも貝の女神の母カムムスヒが高天の原を本拠にしているという設定は納得しがたいと言わざるをえない。

付記すれば、古代の人が「天」を、水平線の彼方の海と空とが一つになる場所に想像していたとすれば、こうした語り方も納得できる。ちなみに、丹後《たんご》国風土記逸文に遺る「浦島子伝《うらしまこのでん》」では、蓬莱山《ほうらいざん》を海と空とが一つになった場所として描いている。

潜戸にいます女神キサカヒメ

サダノオホカミを祭る佐太神社（島根県松江市）

わたしが一番に勧める島根県の観光スポットは、加賀《かか》の潜戸《くけど》である。今は松江《まつえ》市に編入された潜戸は、日本海に面した島根半島の北海岸にある海蝕《かいしょく》洞穴だが、小型観光船で洞窟《どうくつ》に入っていくのはスリル満点である。その神秘的な景観については、ラフカディオ・ハーンが見事な紀行文を遺している（『新編　日本の面影』）。

その潜戸に祀られているのが、先に引いた「加賀の郷」の記事に登場する、カムムスヒのむすめキサカヒメである。そして、その洞窟のなかでキサカヒメによって生みなされた佐太大神の誕生譚《たん》が、出雲国風土記島根郡条には伝えられている。

「加賀の神埼　すなはち窟あり。（略）謂はゆる佐太の大神の産生《あ》れませる処なり。産生れまさむ時に臨みて、弓箭《ゆみや》亡《う》せましき。その時、御祖神魂の命の御子、枳佐加比《きさかひ》売《め》の命、願《ね》ぎたまひしく、『吾が御子、麻須羅《ますら》神《がみ》の御子にまさば、亡せし弓箭出で来《こ》』」と。すると洞窟の奥から角製の矢尻（鏃《やじり》）の弓矢が流れてきたが、キサカヒメはこれは違うといって投げ捨てる。すると次には鉄製の鏃の弓矢が流れてきたので、それを待ち受けて手にとり、「暗《くら》鬱き窟《いはや》なるかも」と言って射通した。この洞窟にはキサカヒメの社が祀られており、今の人が、その窟のあたりを通過する時には、必ず声を轟《とどろ》かして行かなければ船が転覆するという。

古事記の出雲神話と、出雲国風土記に伝えられている出雲の神がみの神話との間には隔たりがあり、出雲国風土記では古事記の出雲神話をなぜ語らないのかという点がしばしば問題になる。そこから、古事記の出雲神話はヤマトの側で作られた神話で出雲とは関係がないと考えてしまう人も多い。しかし、はたしてそのように考えていいのだろうか。

伝承には、語り手によっていくつものバリエーションがあるのはつねのことで、地域ごと、氏族ごとに語られる神話は違っている。そういう点からみれば、古事記と出雲国風土記との関係を短絡的に分断してしまうのは早計である。

ここで取り上げたカムムスヒと貝の女神の神話についても、古事記と出雲国風土記とでは違うと言って切り捨ててしまうこともできるが、共通する要素はさまざまに見いだせる。それらをていねいに分析し比較しながら考察する姿勢が必要だと思う。この点に関しては、拙著『風土記の世界』を参照願いたい。

カムムスヒとはいかなる神か

さて、このようにみてきて、カムムスヒとはいかなる神か。タカミムスヒとの関係をどう考えるべきか。

出雲国風土記に出てくるカムムスヒにかかわる伝えについては、拙稿「カムムスヒ考」（前掲）を参照していただきたいが、伝承のほとんどは島根半島の沿岸部に伝えられている。潜戸の伝承もそうだった。そこから考えると、出雲の地におけるカムムスヒのおおよその伝承圏は推定できる。そして、そこには、海の要素が濃厚に認められるのである。

そのあり方を、古事記のカムムスヒ神話に重ねてみると、もともとこの神は、高天の原というよりは、水平線の彼方にいます神だったのではないか。というより、海の彼方にある神の世界を本源として、こちらに住む人びとに生命力や生成力をもたらしてくれるのがカムムスヒだったのではなかったかと思う。

北方的な要素をもつ垂直的な世界観のなかに位置づけられるタカミムスヒに対して、カムムスヒは南方的な要素をもつ水平的な世界観のなかで育《はぐく》まれた神であった。したがって、本来的な関係として言えば、両神は、縁もゆかりもないまったく異質な存在なのである。ところが、古事記冒頭において、海の彼方にいたカムムスヒが天空の高天の原に引き上げられ、タカミムスヒと対偶神のように並べられるという不自然なことが生じてしまった。その時、カムムスヒに引かれてタカミムスヒという神名は出現した。というのは、タカミムスヒは、元はタカギ（高木神）という名前だったものが、カムムスヒのムスヒに引かれてタカミムスヒと呼ばれるようになり、対の関係を生じたのである。そして、そのようにして整えられた冒頭部分における二神の結合が、カムムスヒの正体を見抜くのに大きな障礙《しょうがい》となって今に至るのではないかというのが、現時点でわたしが辿《たど》りついたカムムスヒ論の結論である。

【附記】カムムスヒという神に注目し、興味深い論を提起していたのは、倉塚曄子《くらつかあきこ》である。倉塚は、「出雲神話圏問題―カミムスビノ神をめぐって―」と「出雲神話圏とカミムスビの神」という二本の論文を発表しているが、そのなかで、この神が出雲系の神であることを強調し、島根半島一帯にその本拠を見いだすことができると述べている。そして、この神に、「生産力の神格化の特殊性をさぐることが」できるとし、「世界に普遍的な生成力の根源たる大地母神が、わが国の神話に極めて不明瞭な姿でしか現われないのはなぜかという問いに関連してくる」と述べて、大地母神的な性格をカムムスヒに見いだしている。また、近年の成果を紹介すると、森陽香《もりようこ》が「カムムスヒの資性」という論文を発表し、古事記や出雲国風土記・先代旧事本紀「国造本紀」のカムムスヒを分析した上で、この神が「海とかかわる神」であることを指摘し、そこにこの神の本来的な「資性」があることを論じている。

奈良盆地の三人❶太安万侶

近鉄《きんてつ》奈良駅から下水間《しもみま》あるいは北野《きたの》行の奈良交通の路線バスに乗り、東へおよそ三〇分、田原横田《たわらよこた》というバス停で降りて二〇分ほど歩くと、目指す場所にたどり着く。急ぎの人はレンタカーを借りるのもいいだろう。目的地のすぐ下に駐車スペースがあるので、ちょっと置かせてもらい、案内板に従って急傾斜の細い道を登る。両側は茶畑、途中で休憩して後ろを振りかえると、谷の向こうにも茶畑が広がっている。

昭和五十四年（一九七九）一月、奈良市此瀬町《このせちょう》の茶畑で奈良時代の墓が見つかった。それだけなら大きな騒ぎにはならなかっただろうが、墓の中に置かれた銅板が人びとを驚かせた。そこには、「左京四条四坊従四位下勲五等太朝臣安萬侶以癸亥年七月六日卒之　養老七年十二月十五日乙巳」という四十一文字が二行に分けて彫られていた。平城京《へいじょうきょう》の左京四条四坊《さきょうしじょうしぼう》に住んでいた太朝臣安万侶《おおのあそみやすまろ》という貴族が、養老七年（七二三）七月六日に死去し、同年十二月十五日に埋葬したというのである。

この人物は、奈良時代の歴史書『続日本紀』によれば、民部卿《みんぶきょう》（戸籍や租税を担当する民部省の長官）という高い地位に就いたという記事もある。しかしそれよりも何よりも、天武天皇が稗田阿礼《ひえだのあれ》という舎人《とねり》に覚えさせていた伝えを、数十年後に、元明天皇の命を受けて古事記として撰録《せんろく》した人であった。そのことは古事記「序」に書かれているのだが、完成して天皇に奏上したのは、和銅《わどう》五年（七一二）正月二十八日のことだった。

太安万侶が住んでいた「左京四条四坊」というのは、宮殿から朱雀大路《すざくおおじ》を南に下り、四条大路を東に折れて二キロほど、現在のJR奈良駅のすぐ西のあたり、奈良市三《さん》条大宮町《じょうおおみやちょう》から大森西町《おおもりにしまち》の近辺、奈良時代の復元地図によると、現在、私立の奈良女子高等学校があるあたりである（新創社編『奈良時代MAP平城京編』）。もちろんその屋敷は、和銅三年（七一〇）に平城京が営まれたあとに建てられた邸宅で、安万侶の本拠地は、奈良市からずっと南に行った、磯城《しき》郡田原本町《たわらもとちょう》のあたりと考えられる。現在、田原本町多《おお》の地に、多神社が鎮座するが、そのあたりが太（多）氏一族の本拠地である（「太」は平安時代以降は「多」と表記）。

近鉄橿原《かしはら》線「笠縫《かさぬい》」駅の西南方向に直線で約一キロ、歩くと二〇分ほどの飛鳥《あすか》川のほとりに、多神社はひっそりとたたずんでいる。その北数キロのところには、弥生時代を中心とした唐古《からこ》・鍵《かぎ》遺跡（田原本町）があり、鏡作《かがみつくり》神社などの古社も遺る。おそらく、奈良盆地のなかでも、もっとも早く開けた土地のひとつだったのではないか。そのなかに太氏の本拠地はあり、彼らは、祭祀や芸能にかかわる一族であったらしい。芸能は、祭祀そのものあるいは祭祀の一部として必要だった。

1979年に発見された太安万侶の墓（奈良市）

古事記が和銅五年に太安万侶によって撰録されたという「序」の記述をわたしは疑っている。古事記の本文自体はもっと古い時代に書かれており、「序」は九世紀になってから付け加えられた可能性が強いからである。そして、その「序」を加えたのは、安万侶の子孫と思われる多人《おおのひと》長《なが》という人物ではないかと推測している。その人長は、日本書紀の講書を担当する当時の博士の一人で、その講書の場で古事記「序」の一部を引用しながら日本書紀を講じていた。おそらく人長は、古い祭祀にかかわる一族であった太氏およびその周辺に伝えられていた古い記録に「序」を書き加え、権威付けようとした、それが現存する古事記だったのではないか。

そのように「序」を偽作と考えるにしても、「序」に書かれている通りに古事記の成立を考えるにしても、この現存最古の書物には、太氏が強く関与していたのは間違いないと考えられる。

古事記の神話や伝承は、演劇的な性格が濃厚で、韻律をもって歌われる歌謡も数多く伝えられている。文字ではなく、身体性をともなう音声表現によって伝えられていたのが、古事記の元になった伝承だったとみなすことができるのである。古事記に語られている神話や伝承が、共通する話を伝える日本書紀に比べて断然おもしろいのは、そうした身体性や演劇性の残像が強いからである。その理由のひとつに、芸能にかかわる太氏一族がかかわっていたという事情があるのではないか、わたしはそのようなことを考えている。

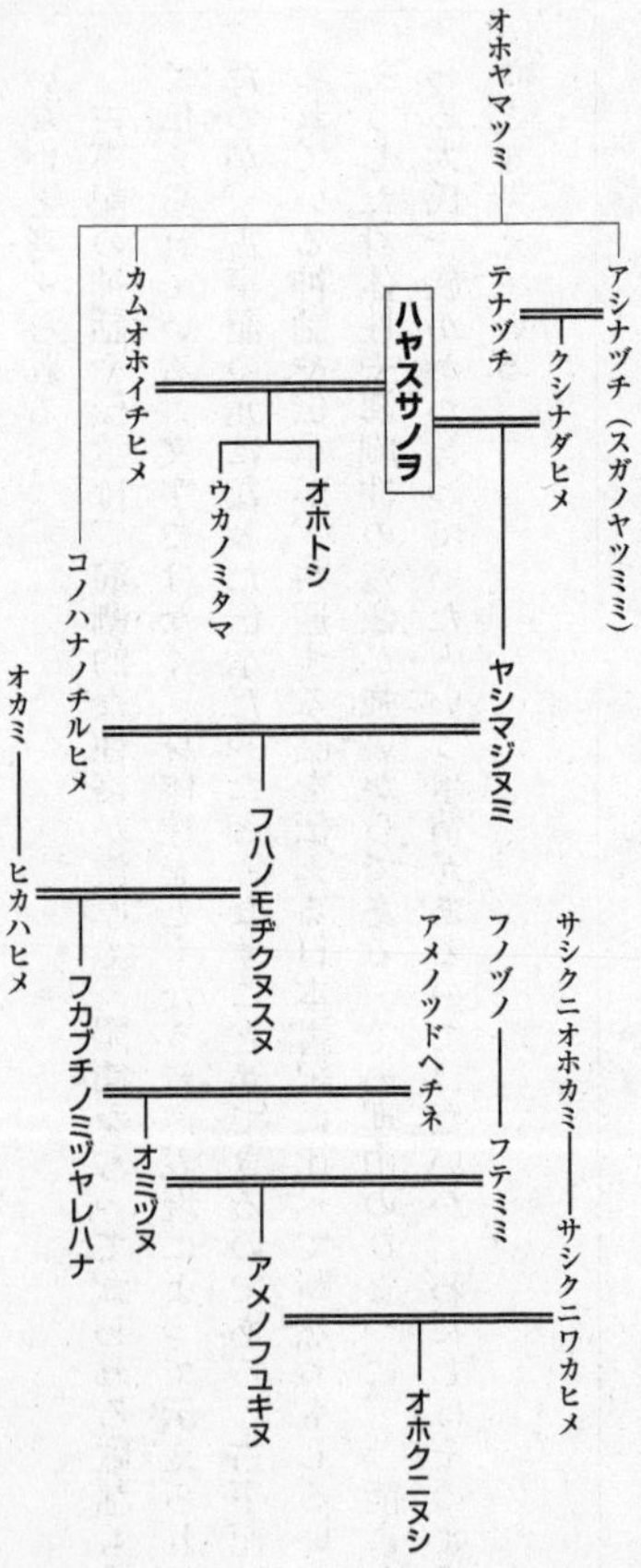
オホヤマツミ
アシナヅチ（スガノヤツミミ）
テナヅチ
クシナダヒメ
ハヤスサノヲ
カムオホイチヒメ
オホトシ
ウカノミタマ
コノハナノチルヒメ
ヤシマジヌミ
オカミ
ヒカハヒメ
フハノモヂクヌスヌ
フカブチノミヅヤレハナ
サシクニオホカミ
フノヅノ
アメノツドヘチネ
フテミミ
オミヅヌ
サシクニワカヒメ
アメノフユキヌ
オホクニヌシ

スサノヲの系図

第三章

産み、作る神

神がみの出産

今では、そんなことを言って子どもを叱る親はほとんどいないようだが、わたしが子どもの頃は、母親がわが子を叱る時に発する決め台詞《ぜりふ》は、「お前なんか橋の下で拾ってきた子だよ」であった。つい何年か前までは言われたことがあるという学生も多かったが、子どもはこのことばを耳にするや震え上がり、しゅんとなってしまったものだ。なにせ、出口がどこにあるかは知らなくても、自分はお母さんのお腹の中にいたのだという強い確信があったのに、その自己存在の証拠ともいえる母胎から締め出されてしまうと、幼い子どものアイデンティティはもろくも崩れ去ってしまうのだ。これほど怖いことはない。

橋の下で拾ってきたというのは乞食《こじき》の子を意味しているのだが、神話を勉強するようになって、なんだ神の子かと気づいてうれしくなったのを思い出す。桃太郎や一寸法師、瓜子《うりこ》姫《ひめ》など、神の子と呼ばれる主人公は、人間の子ではないことの証《あか》しとして、川を流れてきた桃や瓜から誕生したり、お椀《わん》の舟に乗って川を溯《さかのぼ》ってきた小さ子であったりする。柳田國男《やなぎたくにお》が指摘したとおり（『桃太郎の誕生』など）、異常誕生というのは神の子が人の前に姿を見せる時の常套《じょうとう》的な語り口である。
というところから先走って言うと、ここで述べようとする結論は見えていて、神話に描かれる神がみの出産は、どれもこれも異常で不思議なものばかり、ふつうに男と女とが交わって、ふつうの子が生まれるという話など存在しない。

ミトノマグハヒ

まるで水面に浮かぶ海月《くらげ》かお椀のなかの肉《しし》の脂身のように海のなかを漂う土塊《つちくれ》があり、それを固めよと命じられたイザナキ（伊耶那岐命）と妹イザナミ（伊耶那美命）は、神がみが住まう天空の世界から天の浮橋という名の、天と地との中継地に降りる。そして、そこから泥んこの地上に天の沼矛《ぬぼこ》を差し下ろし、「塩こをろこをろ」にかき鳴らしながら攪拌《かくはん》して引き上げると、矛の先から滴り落ちた塩が固まり積もって島ができた。それが地上にできた最初の固い土地で、自《おの》ずから固まった島だというのでオノゴロ島と名付けられた。

この行為を出産と呼んでいいかどうかは判断に苦しむが、男と女という性をもった男女神による、矛だとか、さす（刺す）だとか、掻《か》き廻《まわ》すだとか、矛の先から滴る塩だとかいうあからさまな隠喩《いんゆ》をみれば、出現したオノゴロ島は男女の交わりとその結果と考える以外に説明のしようがない。そののち、オノゴロ島に降りた二神は本格的

に子生みを開始するのだが、それに先立って、

「お前の体はいかにできているのか」

「わたしの体は、成り成りて、成り合わないところがひとところあります」

「わが身は、成り成りて、成り余っているところがひとところある。そこで、このわが身の成り余っているところを、お前の成り合わないところに刺しふさいで、国土《くにつち》を生み成そうと思う。生むこと、いかに」

「それは、とても楽しそう」という、なかなか洒落《しゃれ》た会話を交わすと、イザナキが、

「それならば、われとお前と、この天の御柱《みはしら》を行きめぐり、逢《あ》ったところで、ミトノマグハヒをなそうぞ」と言う。

そのようにして二神は柱を巡り、出逢ったところで結ばれる。ところが生まれたのは、骨のない水蛭子《ひるこ》であり、泡のようにはかない淡島《あわしま》(胞衣《えな》のこと)であった。失敗の理由を知ろうとして高天《たかま》の原《はら》に昇った二神は、柱を廻って出逢ったところではじめに声を掛けたのが女神であったのがよくないという天つ神の判断により、改めて地上に降りてやり直し、淡路島《あわじしま》からはじまる本格的な国生みがなされる。それに続いて、大地に存在するあらゆる神がみ、岩石や樹木や風や海などを生みなしてゆく。そして、その最後に燃え盛る火の神ヒノカグツチを生んだことによって産道を焼かれたイザナミは、苦しみののちに黄泉《よみ》の国へと旅立ってしまう。

ここに語られるイザナキとイザナミとの交わりは、古事記では「美斗能麻具波比《みとのまぐはひ》」と呼ばれている。ミトは「御処＝すばらしいところ」あるいは「御門＝すばらしい入り口」の意、そのミトを交わらせる（マグハヒ）のが性交だということになる。とても美しいことばだと思うが、そのミトノマグハヒによって、四国（伊予の二名《ふたな》の島）や九州（筑紫の島）や本州（大倭豊秋津島《おおやまととよあきづ》）を、母胎から生み出すイザナミの姿を想い浮かべてみると、グロテスクな像しか浮かばないし、燃えさかる火を生みながら死んでしまうイザナミには凄惨《せいさん》なイメージがつきまとう。そうでありながら、生むことの神秘性や産褥《さんじょく》の恐れ、生命への驚嘆などはしっかりと語られてゆく。

ミトノマグハヒと呼ばれる二神の性交は、人と同じ行為ではないかと思われるかもしれない。しかし、この二神は兄と妹という関係にあり、人の世界では許されない兄妹婚の禁忌を犯しているがゆえに、異常なる性交であり、ふつうの交わりではない。そして、こうした兄妹の結婚を語る神話は、人類のはじまりを語る神話として世界的に分布する。

生めない神から生める神へ

また、神の誕生は男女神の性的な交わりだけで語られるのではない。神はさまざまな生まれ方をする。イザナキは、死んで黄泉の国に行ってしまったイザナミを迎えに行くが、見るなと言われた約束を破ったために連れ戻せないまま黄泉の国から逃げ出し、追手との攻防を繰り返しながらほうほうのていで地上へ逃げ帰り、穢《けが》れた体を禊《みそ》ぎによって洗い清めようとする。その折に、身につけた持ち物や着物からさまざまな神が生まれ落ち、最後に、左目を洗うとアマテラス（天照大御神、日の神）、右目を洗うとツクヨミ（月読命、月の神）、鼻を洗うと暴風の化身のようなスサノヲ（須佐之男命）が誕生する。

黄泉の国という異界からもどったイザナキは、本来なら生めない性をもつ神でありながら生む力を身につけ、単性生殖のかたちで神がみを生む。そして、その果てに生みなされたアマテラスとスサノヲもまた、不思議な方法で子を生んでみせる。

イザナキから託されて高天の原を治める姉アマテラスのもとに、父イザナキによって追放された弟スサノヲが挨拶《あいさつ》にと言って昇ってくる。そのあまりの凶暴さを目の当たりにしたアマテラスは、弟が高天の原を奪いに来たのだと思いこみ、武装して待ち受ける。そこでスサノヲは、自らの心の清明さを証明するために、ウケヒによって子を生もうと提案する。ウケヒというのは一種の占いであるが、まずアマテラスが、スサノヲの所持していた剣を三つに折って聖なる泉（天《あめ》の真《ま》名井《ない》）で洗いすすぐと口に入れ、嚙《か》みに嚙んで粉々にしたものを、まるで息吹の狭霧《さぎり》のように吹き出して三柱の女神を生みなす。するとスサノヲは、アマテラスが髪や腕などに付けた珠《たま》を受け取り、同じように嚙みに嚙んで吹き出し、五柱の男神を次々に吹き出した。

スサノヲの剣を嚙む女神アマテラス、一方、アマテラスの珠を嚙む弟スサノヲ、この姉と弟の行為には性的なイメージが濃厚に漂っているが、二神は、イザナキとイザナミのように兄妹によるミトノマグハヒをするわけではない。イザナキの単性生殖による出産にしろ、この場面の吹き出される神がみにしろ、ふつうではない方法で出現するところに神としての力は示される、そう古代の人びとは考えていたらしい（余談になるが、生まれ出た子の帰属が、吹き出した神の側にあるのか、剣や珠を所有していた神の側にあるのかが大きな問題になるというのは、現代における認知騒動をみているようで興味深い）。

火の中で生む

古事記の冒頭から順を追って神話を読んでいると、まっとうなかたちで夫婦になって子を生むのは、高天の原から追放されたスサノヲが地上に降り、遠呂知《をろち》退治をしたのちに、助けたクシナダヒメ（櫛名田比売）と結ばれる場面まで待たねばならない。そして、そのあとに続く神がみの結婚と出産をみると、しだいに人に近いかたちで交わり、子を生んでいるようにみえる。それだけ神は人に近づいてきたということなのかもしれない。そして、それに呼応しているのかどうか、一夜かぎりの交わりで子を孕《はら》んだ女神コノハナノサクヤビメ（木花之佐久夜毘売）に対して、ほかの男神とのあいだの子ではないかと疑う、人間の男とほとんど変わらない心根をもつ男神ニニギ（迩々藝能命）も登場する。

しかし、さすがというべきか、疑われた女神は疑惑を晴らすために、出入り口のない産屋《うぶや》を作り、その中に入ると火をつけ、燃えさかる火の中で三柱の男神を生んでみせる。これが、海幸彦《うみさちびこ》（ホデリ）と山幸彦《やまさちびこ》（ホヲリ）の誕生である。そのホヲリ（火遠理命）がワタツミ（海神）の宮に釣り針を探しに行った話はよく知られているが、地上にもどったあと、ワタツミの宮で懇《ねんご》ろになったワタツミの女《むすめ》トヨタマビメ（豊玉毘売）が地上を訪れ、ホヲリの子を出産する場面は、教育的によろしくないこともあって絵本などではカットされてしまうので、釣り針を探す話ほどには知られていないのではないか。

トヨタマビメが、地上を訪れるとすぐに陣痛がはじまり、ホヲリはあわてて産屋を建てる。ところが、産屋の完成まで待てないトヨタマビメは、生む姿を見ないでほしいと言って作りかけの産屋のなかに入る。見るなと言われたら見るというのが話のお決まりで、ホヲリは建物の隙間から覗《のぞ》き見るのだが、トヨタマビメは大きなワニ（フカ・サメの類）に姿を変え、のたうち廻りながら子を生んでいた。驚き恐れたホヲリを尻目《しりめ》に、見られたのを怒ったトヨタマビメは、子を生み置いたままワタツミの宮に帰ってしまう。

このように並べてみると、どこまでいっても神の出産はまともではない。それは、はじめにふれたように、人とは違うというところに神であることの証しがあり、なかでも出産は、その象徴として語られるからだと思われる。

オホヤビコと木の国

オホヤビコ（大屋毘古神）という神がいる。ビッグ・ネームが多い古事記の神がみのなかでは知名度は低く、どちらかといえばマイナーな存在である。しかも、たった一回ちらりと姿を見せただけで消えてしまうから（系譜を除く）、よほどの古事記好きでなければ、登場場面を思い出せないかもしれない。

さて、そのオホヤビコが登場する場面というのは、出雲神話におけるオホナムヂ（大穴牟遅神）の成長物語の途中である。稲羽のシロウサギ（素兎）の傷を治療したことによってヤガミヒメ（八上比売）は、オホナムヂとの結婚を宣言するが、それを知った兄弟神ヤソガミ（八十神）に命を狙われる。最初は、まっ赤に焼けたイノシシの形の大石を抱きとめて死に、次には木の割れ目に楔《くさび》を打ち込んで作った隙間に入れられて圧死する。

　そのたびに、母神や祖神カムムスヒの援助を受けて生き返るが、このまま地上にいてはいつか殺されるというので、母は、オホナムヂを出雲から逃がそうとする。そして、「汝《いまし》、ここに有らば、遂に八十神のために滅ぼさえなむ」と言って、すぐさま「木の国の大屋毘古の神の御所《みもと》に違《たが》へ遣りき」とある。

　こうして唐突なかたちで、木《き》の国（現在の和歌山県）にいますオホヤビコは登場する。ところがヤソガミたちは木の国までオホナムヂを追いかけ、矢をつがえてオホナムヂを差し出せと、オホヤビコに迫る。するとオホヤビコは、「木の俣より漏《く》き逃《の》がして云《の》りたまひしく、『須佐能男《すさのを》の命《みこと》の坐します根の堅州《かたす》の国に参ゐ向かふべし。必ずその大神、議《はか》りたまひなむ』」とオホナムヂに教える。古事記におけるオホヤビコの出番はそれだけである。

オホヤビコの出自

古事記によれば、イザナキ（伊耶那岐命）とイザナミ（伊耶那美命）との結婚によって生みなされた神の一柱にオホヤビコの名が見える。

すでに国を生み竟《おは》りて、さらに神を生みき。かれ、生める神の名は、大事忍男《おほことおしを》の神。次に石土毘古《いはつちびこ》の神を生み、次に石巣比売《いはすひめ》の神を生み、次に大戸日別《おほとひわけ》の神を生み、次に天之吹男《あめのふきを》の神を生み、次に大屋毘古の神を生み、次に風木津別之忍男《かざもつわけのおしを》の神を生み、次に海の神、名は大綿津見《おほわたつみ》の神を生み、次に水戸《みなと》の神、名は速秋津日《はやあきつひ》子《こ》の神、次に妹速秋津比売の神を生みき。

イザナキ・イザナミの二神が、大八島《おおやしま》を初《はじ》めとした島々を生み成したのに続いて、地上のさまざまな神を生み成してゆく、その最初に生まれる神がみのなかにオホヤビコがいる。その順番にどのような意味が込められているのかを解明することはできないが、倉野憲司《くらのけんじ》は、イハツチビコからカザモツワケノオシヲまでの並べ方について、竪穴《たてあな》住居の床面および壁面（イハツチビコ・イハスヒメ）、住居の出入り口（オホトヒワケ）、住居の屋根葺《やねふ》き（アメノフキヲ）、住居の屋根の完成（オホヤビコ）、住居の屋根の風に対する補強（カザモツワケノオシヲ）という性格をもち、「古代の竪穴住居に関する神々」とみなしている（『古事記全註釈』第二巻）。

大地を生み成し、そこにまず家を建てるという展開は性急な感じがしないでもないが、オホヤビコが建物あるいは建材となる樹木の神であろうことは想像にかたくない。そうすれば、オホヤビコが、木の国と名付けられた樹木の繁茂する土地にいるというのは納得しやすい。ただし、オホナムヂ神話に重ねてみると、オホナムヂの祖神

（母）が、木の国にいるオホヤビコの許《もと》へオホナムヂを逃がす必然性は何も見つからない。そもそも、イザナキ・イザナミが生んだオホヤビコと、オホナムヂの母神がわが子を向かわせた木の国のオホヤビコとを同一神とみなしていいかどうかも定かではない。

一方、日本書紀の伝えによれば、オホヤビコという神名は出てこない。しかし、オホヤビコではないかと思われる神が、イザナキ・イザナミの子としてではなく、スサノヲ（素戔嗚尊）の子として登場する。その名をイタケル（五十猛神、イソタケルとも訓《よ》める）という。オホヤビコとイタケルとでは名前がまったく別なので、もとは別個の神であったとみたほうがよいのかもしれないが、古事記のオホナムヂ神話におけるオホヤビコの素性を説明しやすくなるのは確かだ。

木を植えるイタケル

日本書紀の一書によれば、スサノヲと子神イタケルの神話は次のように伝えられている（第八段一書第四）。

高天の原を追放されたスサノヲは、「その子、五十《い》猛《たける》の神を帥《ひき》ゐ、新羅《しらき》の国に降《くだ》り到り、曾尸茂梨《そしもり》の処に居《ま》す」が、ここには住みたくないと言って、「埴土《はに》を以《もち》て舟に作り、乗りて東に渡り、出雲の国の簸《ひ》の川上に在《あ》る、鳥上《とりかみ》の峰」に来ると、そこに人を呑《の》む大蛇がいたので退治した。

　その折のこと、スサノヲとともに天から降りたイタケルは、たくさんの「樹種《こだね》」を持って天降りしてきた。ところが、「韓地《からくに》」には植えず、すべての種を日本列島にまで持ち来たり、「筑紫《つくし》より始めて、すべて大八洲《おほやしま》の国の内に、播《ま》き殖《おほ》して青山」にした。そこでイタケルは、「有功《いさをし》の神」と称《たた》えられている。そして、この神というのは、「紀伊の国に坐《ま》します大神」だと記している。

　いつの時代においても、朝鮮半島にあった外《と》つ国に対して対抗意識を持っていたということがわかる話だが、それはまた、日本列島が、温帯モンスーン気候のなかで、青々とした樹木に覆われた大地であったということをよく示す逸話でもある。付け加えれば、泥の舟で海を渡ったと語るのは、かの地には船になる大きな木がなかったからである（もちろんそれが現実かどうかではなく、神話的な語り口として）。

　続いて並べられた一書第五によれば、スサノヲは、「韓郷《からくに》の島」には「金銀」があるのだから、わが子の領有する国に「浮く宝」がないのはよくないことだと言うと、「すなはち鬚髯《ひげ》を抜きて散ちたまへば、杉に成る。また胸の毛を抜き散ちたまへば、これ檜《ひ》に成る。尻の毛は、柀《まき》に成る。眉の毛は、櫲樟《くす》に成る」とある。そして、それぞれの木の用途を定めて、スギとクスは「浮く宝」つまり船の材料とし、ヒノキは「瑞宮《みつのみや》」つまり宮殿の材料とし、マキは「顕見蒼生《うつしきあをひとくさ》の奥津棄戸《おきつすたへ》に将《も》ち臥《ふ》さむ具《そな》へ」つまり棺《ひつぎ》の材料にするのがよいと記したあとに、一書第五では、次の記事を続ける。「時に素戔嗚の尊の子、号《なづ》けて五十猛の命と曰《まを》す。妹大屋津姫《いもおほやつひめ》の命。次に、枛津姫《つまつひめ》の命。凡《すべ》て、この三はしらの神も、能《よ》く木種《こだね》を分布《まきほどこ》す。すなはち紀伊の国に渡し奉る。しかして後に、素戔嗚の尊、熊成《くまなり》の峰に居《ま》しまして、つひに根の国に入りたまふ」と。

ここに引いた一書第五の記事によれば、スサノヲの子イタケルは、オホヤツヒメの兄で、紀伊《きい》の国に行ったと伝えられている。オホヤツヒメ（大屋津姫）という名の妹があり、紀伊の国にいるというところからみると、イタケルは、古事記に登場する木の国のオホヤビコと重なってくる。そして、根拠のほどは不明だが、イタケルを祭神として祀る伊太祁曽《いたきそ》神社（和歌山市伊太祈曽《いだきそ》）では、オホヤビコはイタケルの別名であると伝えている。

たしかに、オホヤビコをイタケルと同一の神、あるいは兄弟神など同族関係にある神とみなすことができれば、オホナムヂの御祖（母神）が、木の国にいるオホヤビコの許にわが子を逃がす理由は納得しやすい。まったく関係のないところに行けと言いだすのは、いくら神話といえども唐突すぎるし、来られたほうとしても困ってしまうというものだ。

また、オホヤビコは、出雲から追いかけてきたヤソガミがオホナムヂを出せと迫ると、スサノヲのいます根の堅州の国に行きなさいと言ってオホナムヂを逃がそうとするが、この教えも、スサノヲとオホヤビコ（イタケル）とが親子関係にあるという点を考慮すれば、その展開の唐突さは回避される。

木の国、そして熊野

この島国に木種をもたらし繁茂させた植林の神が、木の国に祀られているというのはまことにふさわしい。しかし、その神名イタケル（五十猛神／命）は、植林とか木種という実態を表わしていないような印象を与えてしまう。それに対して、古事記のオホヤビコ（大屋毘古命）は家屋や建材の意を神名が担っており、木種や植林にかかわる神としてふさわしい。しかも、妹にオホヤツヒメ（大屋津姫）がいるとなればなおさらである。

そこから都合よく説明すれば、イタケルこそがオホヤビコの別名であり、植林と木種をもたらした神の本来の名はオホヤビコであったのではないか。

いささか横道にそれるが、神名イタケルのイ（五十）は、「数詞の五または五十」のことで「同一の語が一桁《ひとけた》違う二種類の数量を示す例はポリネシア語などにもあり、そのような発想法が古代日本にもあった」ことがわかるという（大野晋編『古典基礎語辞典』）。しかし、古代の文献に用いられた例はすべて借訓仮名で、「五十の意そのものとして使用された例はない」（『時代別国語大辞典　上代編』）という指摘からみると、意味としてはイタケルのイは接頭語「イ」で、霊力や威力をあらわしているとみなすのがよさそうである。そして、それは勇猛な神スサノヲの子にふさわしい呼び名だというので、本名オホヤビコが後ろに退き、日本書紀ではイタケルが前面に押し出されたというような事情があったのかもしれない。

ただし、イタケルという名は、日本書紀にも右に引いた二か所にしか登場せず、一方のオホヤビコは古事記にしか出てこず、ほとんど目立った活動をすることのない神なので、これ以上の探索はむずかしい。

そこで別のところからもう一点、先に引いた日本書紀の第八段一書第五の記事で興味深いのは、スサノヲは、「熊成の峰」にいたが、のちに「根の国」に行ったという点である。根の国というのは、古事記にいう「根の堅州の国」のことだが、古事記ではクシナダヒメ（櫛名田比売）と結婚して子を成したあと、なぜ、スサノヲは根の堅州の国を棲《す》み処《か》にしているのかという経緯について何も語らない。それは日本書紀正伝も同じで、「素戔嗚の尊、遂に根の国に就《い》でます」とあるだけで説明は何もない。

では、日本書紀第八段の一書第五にある「熊成の峰」とはどこか。新編日本古典文学全集本（小学館）の頭注によれば、出雲から熊成の峰に転居したのであり、クマナリは朝鮮だという。「ナリは古代朝鮮語で津や川の意」で、百済《くだら》や任那《みまな》の地名として熊津《くまなり》や熊川があり、出雲を出たスサノヲは、「朝鮮半島へ渡ってから根国に赴いたことになる」と解釈する。

一方、オホヤビコは「五十猛神と一なるべし」とみなす本居宣長《もとおりのりなが》は、日本書紀の「熊成」をクマナスと訓んで、「熊野なるべし」とし、「なすを切《ツヅム》ればぬなり」と説明する（『古事記伝』四之巻）。ナスを縮めて発音すればヌだという、かなり強引な熊野説の主張は、この後スサノヲが根の堅州の国（根の国）にいることや、オホナムヂが木の国を経て根の堅州の国に向かうという展開を踏まえて解釈したいためのこじつけに過ぎないだろう。説得力は今ひとつだが、クマナリを木の国あるいは熊野と縁のある土地と考えるのが、流れとしてはわかりやすい。

熊野といえば、これも日本書紀一書だが、「伊《い》奘《ざ》冉《なみ》の尊、火の神を生む時に、灼《や》かれて神退《かむさ》去りましぬ。故《かれ》、紀伊の国の熊野の有馬村に葬《はぶ》りまつる」とあり（第五段一書第五）、イザナミ（伊耶那美命）の葬られた場所の一つとして考えられていた。それゆえに、スサノヲとつながりやすい場所であったとみることもできようか。

しかし、われわれの感覚からすれば本州のなかでは空間的な隔たりがもっとも大きく疎遠な印象のある島根県と和歌山県（あるいは三重県南端を含めた熊野地方）とが、なぜ、いともたやすく結ばれてゆくのか。なんとも不思議なことである。その両地をつないでいるのはおそらく、陸路ではなくて海であり船ではないかと見当をつけ、「熊野―海と異界、断章―」という論文を書いたりもした。しかし、両者をつなぐ糸

島根県大田市五十猛町に伝わる「グロ」

口はなかなか見つからない。あきらめずに考え続けるしかない。

【附記】島根県大田《おおだ》市五十猛町《いそたけちょう》に伝わる「グロ」という民俗行事についてふれておく。

「グロ」は、この町の大浦という浜で、毎年正月十一日から十五日にかけて行われる小正月の儀礼で、左義長《さぎちょう》（どんど焼き）の一種である。ここでは、浜に、モンゴルのゲルに似た円形の巨大テント風の建物（グロという）を竹と木で作り、中に設《しつら》えた囲炉裏《いろり》で餅《もち》を焼いたりしながら子どもたちは夜を過ごす。そして、その起源がスサノヲ親子の朝鮮からの渡来と重ねて説明されている。

大浦は、朝鮮との交易や石見《いわみ》銀山で産出された銀の積み出し港として栄えた港だったようで、五十猛神社や韓神新羅《からかみしらぎ》神社が鎮座し、それぞれイソタケル（イタケル）とスサノヲを主祭神として祀る。ただし、五十猛という地名表示は明治以降に定着したもので、古い文献には「磯竹」と表記されるのが一般的であり、イタケルが古代から伝承されていたことを証明するものではない。しかし、朝鮮半島の近さを感じさせるという点で、興味深い祭りだ。

根の堅州の国のスサノヲと祝福されるオホナムヂ

なんども訪れている出雲大社だが、長い下りになった参道を歩きながら感じるのは、その開放感であり、明るさである。

西郷信綱《さいごうのぶつな》『古事記の世界』で読み解かれたような、東の明るい伊勢に対置された出雲というふうにみなすなら、出雲大社はもっと暗鬱《あんうつ》として陰気さが漂っていたほうがふさわしいのではないか。それなのに、出雲大社の風景はとても明るい。太陽の沈む方角の、死の世界につながる出雲という構造的な把握と、現実の出雲は違うのだといえばそれまでだが、出雲大社の起源は、西郷が言うような、あるいは多くの古事記研究者が読み解いているような理解とは別のところにあるのではないか。出雲大社を訪れるたびに感じる印象である。

そのようなことを考えながら、出雲大社の創建神話について考えてみたい。

西を向くオホクニヌシ

八丈、二十四メートルの高さを誇る出雲大社の本殿は南に階《きざはし》があり、わたしたちは、北に向かって拝殿で柏手《かしわで》を打ち頭《こうべ》を垂れる。とうぜん、神は南を向いて参拝者と対面していると思うのだが、そうではない。公開されている図面を見ると、神殿を田の字型に四分割した北東部に神座があり、その北・東・南の三方は閉ざされて西側だけが開放されている。つまり、神は西を向いて祀られる構造になっているのである（次頁の図、参照）。これは、千家国造《せんげこくそう》家に遺された「金輪御造営差図《かなわごぞうえいさしず》」でも同様であるところからみて、千家和比古《よしひこ》氏は、中国渡来の天子南面思想による南北軸配置をもつ本殿だが、その「内面は列島在来の東西軸の基層的な伝統性」を保持しているのではないかと解釈する（千家和比古・松本岩雄編『出雲大社』序章）。

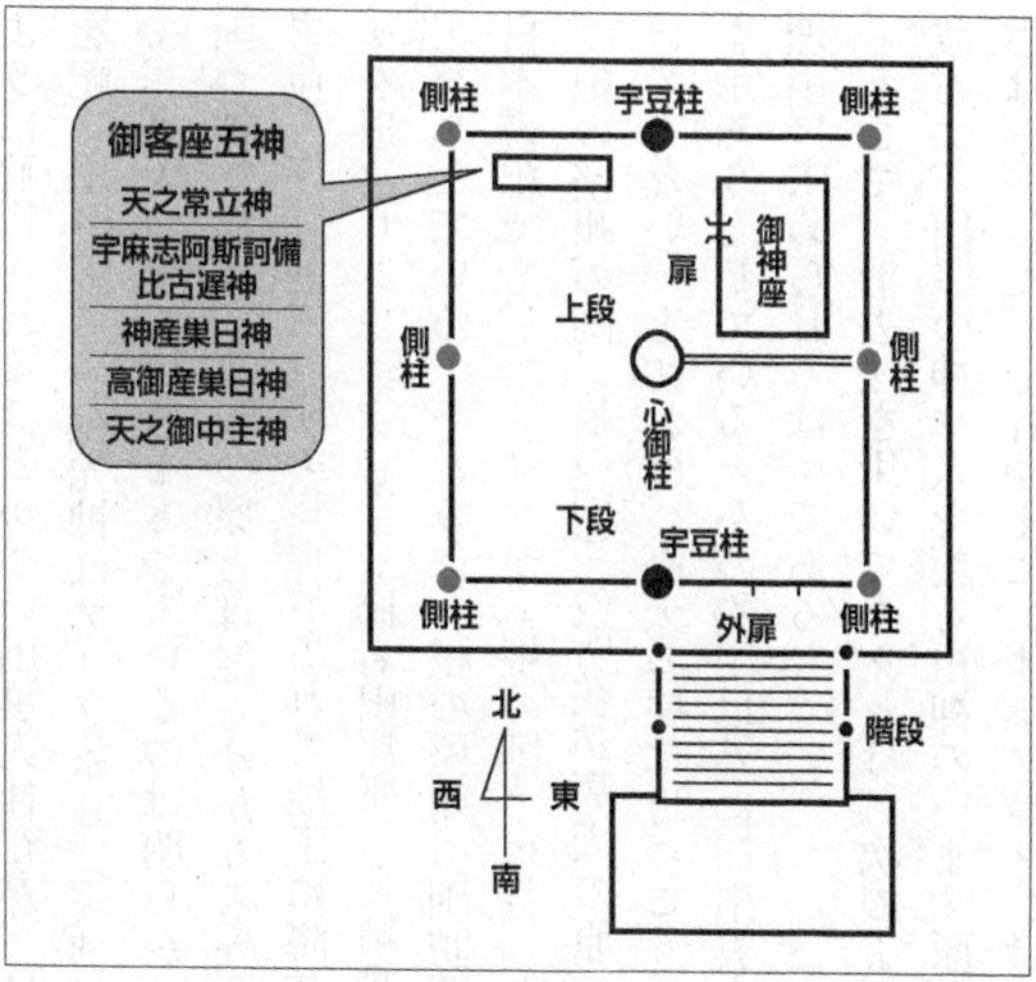

出雲大社本殿の見取り図（『古代出雲大社の祭儀と神殿』学生社刊をもとに作成）

こうした構造が出雲大社の創建当時からのものだとすれば、なぜ神は西を向いているのか。東西軸が古い方位構造としてあり、日本書紀の第九段一書第二が伝えるように、ヤマト（倭）に服属することと引き換えに神事（幽事）を司《つかさど》るのが出雲の神の役目だとするならば、東にあるヤマトを向いているのが自然ではないのか。それを、ヤマトに尻を向けているのには、大きなわけがあると考えざるをえない。なぜオホクニヌシ（大国主神）は西を向いているのか。

神が眼を放っている西のほうに広がっているのは海だ。高層のように解釈されることが多い出雲大社だが、はたしてそうか。たしかに、出雲の大神を祀る出雲国造の祖先神はアメノホヒ（天穂日命、古事記では天菩比命の子建比良鳥《たけひらとり》）で、高天の原に出自をもっているのは明らかだ。しかし、祀られる神オホクニヌシは国つ神であり、高天の原とは縁もゆかりもないはずである。祖先神スサノヲ（須佐之男命）は、高天の原から追放されて地上に降りた神だが、生まれは地上であり、ヲロチを退治しクシナダヒメ（櫛名田比売）と結婚したあとは、根の堅州《かたす》の国の主となって暮らしている。ちなみに、根の堅州の国訪問神話をはじめ出雲神話がほとんどない日本書紀でも、スサノヲが「根の国」に行ったことは伝えている（第八段正伝）。

根の堅州の国（根の国）の所在が高天の原にあるわけはなく、ヤマトが西にあるわけでもない。とすれば、高天の原に近づこうとしているとか、ヤマトに服属する意志を示そうとしているとかの説明以外に、出雲大社に祀られる神が西を向いている真の理由は求められるはずである。

そして、消去法を用いて考えれば、次のような推測が可能となる。西のほう、海の彼方《かなた》に、出雲の神や人を護《まも》る祖神のいます原郷があり、その世界に根拠づけられて出雲は存在した。それゆえに、オホクニヌシは西を向いているのではないか、と。オホクニヌシが誕生し、地上に出雲という国が出現することになった起源は、古事記が語る出雲神話の山場において、根の堅州の国にいますスサノヲから祝福されたからである。

そのスサノヲは、父イザナキから「海原を治《し》らせ」と命じられ、それを拒んで哭《な》いたと古事記は語るわけだが、「海原」の統治を命じられるところに、スサノヲの本源は隠されているのではないかと勘繰りたくなるほどである。

祝福するスサノヲ

先に述べたように、オホクニヌシは、立派な住まいを「治め」てくれれば地上を明け渡すという条件を高天の原の使者タケミカヅチ（建御雷神）に提示し、服属の誓いの贄《にえ》を献上する。ところが国譲り神話には、その約束を果たして天つ神の側が建物を治めたとか建てたとかいったことばはまったく見あたらない。本居宣長『古事記伝』がそうであるように、ありもしない文字を補って解釈したり、行間を読んで書かれてはいないが建てたと解釈したりする勝手な読みが横行している。古事記のどこを読んでも、オホクニヌシの服属のことばに呼応する天つ神の側の宮殿修造は語られていないということだけは確認しておく。そもそも古事記の場合、住まいを「造れ」とは言っていないのであり、「治め」てくれたならばとしか述べていないという点をきちんと了解した上で、解釈することが必要なのである。

一方、日本書紀では「祭祀を主《つかさど》らむ者」が命じられており（第九段一書第二）、「神事＝幽事」を分担することを天つ神から押しつけられたオホナムヂ（大己貴神）の住まいは、確実ではないが、そのとき建てられたとみなしてもよい。ただし、そのように叙述するのは一本の一書のみであり、正伝では神殿の造営についてまったくふれていない。

ところが古事記の場合、修造の要求はしているが、建立そのものは曖昧《あいまい》なままである。なぜそうなってしまうかというと、地上を支配するオホクニヌシの住まいは、国譲り以前に、すでに高く立派に存在しているからである。

古事記に語られる神話の、およそ四割が出雲の神がみにかかわっている（国譲りも含む）。それが、日本書紀とはまったく違う古事記の本質だが、その中心に、スサノヲのいます根の堅州の国に出かけるオホナムヂ（大穴牟遅神）の異界往還の物語が置かれている。そして、スサノヲの課す試練を、結ばれたスセリビメの援助やネズミの協力を得て克服したオホナムヂは、地上にもどって王になるのだが、その承認はスサノヲによってなされた。

オホナムヂは、試練の果てにスサノヲの宝物である生大刀《いくたち》・生弓矢《いくゆみや》と天の詔琴《のりごと》を奪い、スセリビメを背負ってスサノヲの許を逃げ出し、気づいて追いかけてきたスサノヲは、はるか遠くに逃げるオホナムヂを望んで次のように告げる。

> その、汝《な》が持てる生大刀と生弓矢とを以ちて、汝が庶兄弟《ままあにおと》は、坂の御尾《みお》に追ひ伏せ、また河の瀬に追ひ撥《はら》ひて、おれ（お前、の意）、大国主の神となり、またうつし国玉の神となりて、その我が女《むすめ》須世理毘売《すせりびめ》は、嫡妻《むかひめ》として、宇迦能山《うかのやま》の山本に、底つ磐根に宮柱ふとしり、高天の原にひぎたかしりて居れ、この奴や。

オホナムヂは、根の堅州の国の主であるスサノヲから祝福され、異界の神宝を手に入れることによって、王となる資格を保証される。ここで初めて、オホナムヂは「大国主」という名＝実を手に入れるのであり、手にした太刀と弓矢と琴は、天皇家の三種の神器とおなじく王の証しとしてのレガリアとなる。その場面において、祖神スサノヲの口から宮殿造営の沙汰《さた》が発せられており、これが出雲に建つ社の創建伝承なのである。ということは、国譲り神話における「社」は創祀でもなんでもない、修繕のようなものということになる。この点を、出雲大社を考える人のほとんどが無視しているが、けっして忘れてはならないことである。

なお、二度の追放によって、地上から高天の原へ、高天の原から出雲へとスサノヲは遍歴する。そして、いつのまにやら根の堅州の国の主になっているという次第だが、これは、元来スサノヲは根の堅州の国の主であり、その鎮座由来譚《たん》として追放と遍歴をくり返す神話は語られているとみなければならない（三浦「神話と王権―スサノヲ」『古代叙事伝承の研究』所収）。その根の堅州の国がどこにあるかは漠然としているが、地下に降りていった先の黄泉の国のようなところとみるのは間違いで、出口は途中から黄泉の国と通路を共用していたり、木の俣から根を通って土のなかに入っていくと語られもするが、水平線のかなたに根の堅州の国の本来的な在り処は考えられていたのではないかとわたしは想定している。そのことと、先にふれた、スサノヲがイザナキから「海原」を支配せよと命じられたのとはつながっているのではないかと思うのである。

約束された高層神殿

スサノヲが「宇迦能山の山本に、底つ磐根に宮柱ふとしり、高天の原にひぎたかしりて居れ」と宣言する、その神殿のさまは、国譲りの場面で、オホクニヌシがタケミカヅチに要求した建物と同じである。もちろん、このフレーズは宮殿や神殿を讃《ほ》める決まり文句だから同じになって当然だが、スサノヲに祝福されて建てたのと同じ建物を、オホナムヂが天つ神に要求している点に注目したい。それは、出雲の地に建つ巨大神殿が、ヤマトとの約束以前に、スサノヲに祝福されたオホクニヌシが自ら建てたものだという確固たる認識が、古事記の出雲神話には存在したことを意味していると思うからである。

しかしそのことを、近代の研究者や出雲の祭祀にかかわる人びとの多くは見て見ぬ

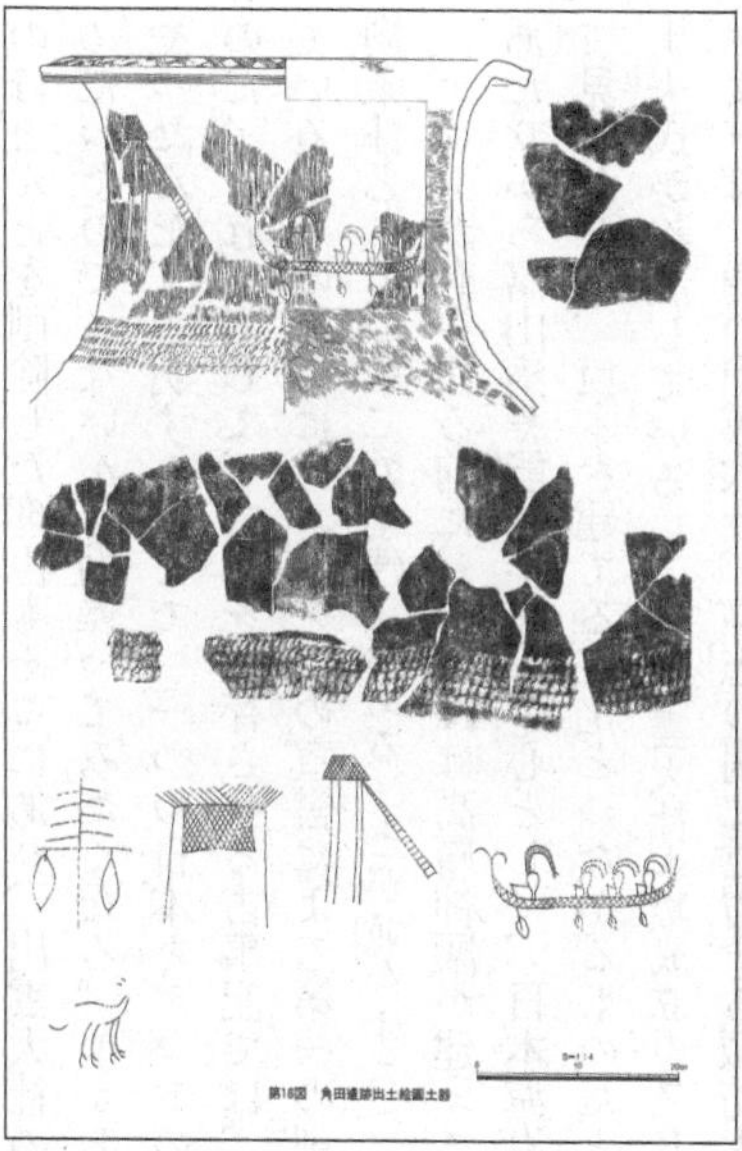

角田遺跡出土の弥生時代中ごろの壺（絵画部分、拓本）。頸部に、線刻によって六重の同心円、舟と舟を漕ぐ人物、建物２棟などが描かれている。（米子市教育委員会提供）

復元したレプリカ

ふりをしているのではないか。それはなぜかといえば、日本書紀にはまったく存在しない神話だからである。古代の律令国家も近代の国民国家も、典拠となる神話は、日本書紀であった。それが正史に対する正当な扱いであり、どこかうさん臭げな古事記は、都合のいい時やどうでもいい場面ではちやほやするが、こうした国家の立場が鮮明になるところでは等閑視されてしまうのである。

　日本書紀が、根の国訪問神話はもちろん、出雲神話のほとんどを削除した理由もそこにあり、出雲大社の創建をヤマトの側が独占するためだったのではないかと勘繰ってみたくなる。ヤマトにとっては、自分たちが造ってやったんだと説明することで、一つの日本とヤマトの優位性を主張することができるのだ。それに対して、古層を残存させる古事記では、出雲の神殿の起源は二重化されている。そのために、スサノヲの宣言による第一の創建と、ヤマトへの服属による交換条件としての第二の創建（治める）とが並存することになった。

ヤマトが介在する前に、出雲には高層神殿が建っていた。そしてそれが、縄文晩期あたりから富山湾や能登《のと》半島を中心として、日本海沿岸部に同心円的な広がりをもって見いだせる、巨木を建てる文化とつながるものだということを、考古学者の藤田富《ふじたふ》士夫《じお》氏が論証している（「古代出雲大社本殿成立のプロセスに関する考古学的考察」）。氏によれば、西の出雲大社、高志《こし》の南に位置する諏訪大社の御柱《おんばしら》が、周縁部に位置する巨木文化を象徴するという。

また、鳥取県米子《よなご》市淀江町稲吉《よどえちょういなよし》の角田《すみた》遺跡から出土した弥生時代中期の大壺《おおつぼ》に描かれた線画のなかに、高層神殿とみられる建造物が描かれており（前頁、写真参照）、ヤマトが介在するはるか以前、日本海沿岸に高層の建物が建っていたのは疑う余地がない。それに対して、ヤマトには、堂や塔などの仏教建築が造られる以前に、高層の建造物があったという情報を我々は持っていない。そうした技術があったかどうかもわからない。しかも、オホクニヌシは「治め賜はば（治賜者）」としか要求しておらず、新たに神殿の造営を求めたとはどこにも書かれていない。

出雲が服属する代償として、オホクニヌシのための高層神殿を建てたと解釈されるのが一般的な天つ神（ヤマト）との約束だが、じつは、すでに存在した神殿をヤマトが治め祀ることだというふうに、古事記の本文に添うかたちで説明しなおすことが必要となる。そしてそれは、ヤマトの優位性を主張しようとした二次的な創建神話だと考えるほかはない。従来から存在するものを、新しく説明しなおすというのは、残存する各国風土記における天皇の名付けによる地名起源説話などでもしばしばみられる方法であり、そのようにして勝者の権威化が行われるのは普遍的なことである。

根の堅州の国とスサノヲ

スサノヲが治めていると語られる古事記の根の堅州の国は、水平的な世界観のなかで海の彼方に幻想された異界であり、南方型神話に起源すると考えられる。そしてその世界は、柳田國男が見抜いていたとおり（一九五五年発表「根の国の話」）、奄美《あまみ》や沖縄にみられるニライ・カナイの信仰に近接した性格をもっている。

また、出雲神話のなかには、稲羽《いなば》のシロウサギ神話のような南方起源とみられる神話やスクナビコナ（少名毘古那神）のように水平線の彼方から寄り来る神の信仰を見いだすこともでき、南方型の神話素が色濃く反映している。そして根の堅州の国という異界は、出雲の人びとにとってのニライ・カナイ、原郷とみてよい。だからこそオホナムヂは、スサノヲが課す試練を克服し、祝福されて地上にもどると王になることができたのである。

高層神殿にいますオホクニヌシが西を向いているのは、母なる世界である根の堅州の国に向き合っているからであって、高天の原に近づこうとしているわけではない。出雲地方において、水平線の彼方に神の世界があるという信仰が存在することは、旧暦十月、神在祭《かみあり》のなかで行われる神迎えの神事をみればよくわかる。

稲佐浜《いなさ》で行われる神事で海のかなたから迎えられるのは、「龍蛇《りゅうだ》さま」と呼ばれるウミヘビである（千家尊統《たかむね》『出雲大社』）。龍蛇さまを祀るのは、島根半島中部に鎮座する佐太《さだ》神社も同様であり、そうした信仰は、南方由来の海の信仰につながるとみて誤らない。

では、出雲大社の祭神は「龍蛇さま」かというと、少なくとも現在はそうではないらしい。出雲の大神が何を依《よ》り代《しろ》として祀られているかは公けにされておらず、あるいは実見した神官もほとんどいないほど厳重に秘められている。二〇一三年五月に行われた遷座《せんざ》祭で白木の輿《こし》に納まり、重そうに神殿へと運ばれた祭神についてあえて想像すれば、その姿は大きな石玉ではなかろうか。

というのは、日本書紀の第九段一書第二において、「幽事《かくれたること》」を分掌することになったオホナムヂは、「瑞《みづ》の八坂瓊《やさかに》を被《とりか》けて長《とこしへ》に隠」れたと記されており、それに従えば、そのご神体は「瑞の八坂瓊」であるとみてほぼ間違いないと思うからである。ただし、その瓊＝石玉が、アメノホヒの子孫である出雲国造家が祀ることになる以前から、出雲の神のご神体であったかどうかは判然としない。もし、その「瓊」が翡翠《ひすい》であるならば、ヤマトが介在する以前から出雲の神宝であった可能性は高いのではないか。

この点に関しては、崇神紀から垂仁紀にかけて記された出雲の神宝をめぐるヤマト王権と出雲との攻防を読み解かねばならない。

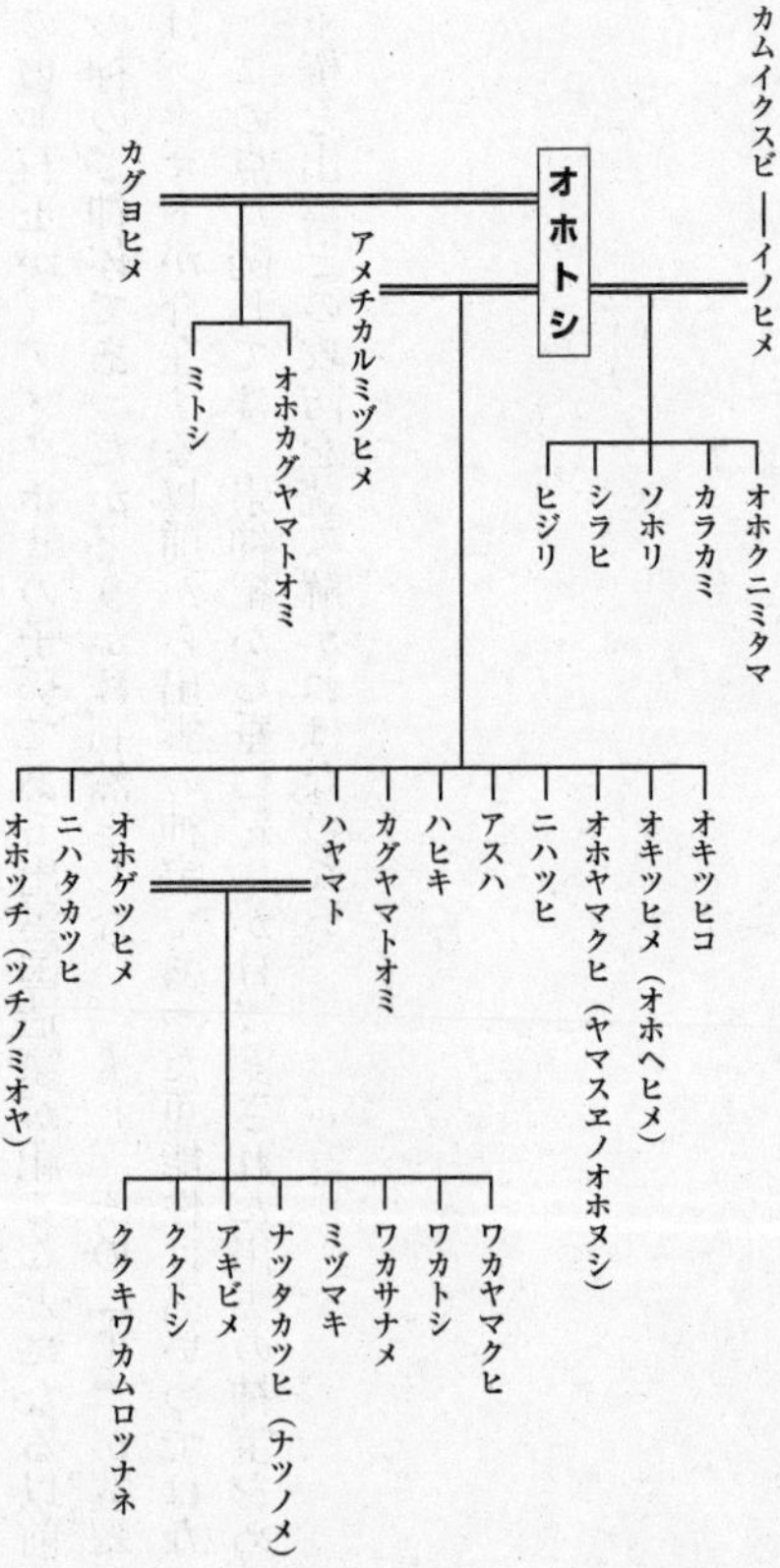
カムイクスビ
イノヒメ
オホトシ
カグヨヒメ
アメチカルミヅヒメ
オホクニミタマ
カラカミ
ソホリ
シラヒ
ヒジリ
オホカグヤマトオミ
ミトシ
オキツヒコ
オキツヒメ（オホヘヒメ）
オホヤマクヒ（ヤマスヱノオホヌシ）
ニハツヒ
アスハ
ハヒキ
カグヤマトオミ
ハヤマト
オホゲツヒメ
ニハタカツヒ
オホツチ（ツチノミオヤ）
ワカヤマクヒ
ワカトシ
ワカサナメ
ミヅマキ
ナツタカツヒ（ナツノメ）
アキビメ
ククトシ
ククキワカムロツナネ

オホトシの系図

第四章　翡翠の川の女神

沼河比売と翡翠

ヤチホコ（八千矛神）に求婚され、長い歌謡をかけ合う高志《こし》の国の女神を沼河比売という。まずは訓《よ》み方を問題にしたいので原文で表記したが、その名は、『倭名類聚《わみょうるいじゅ》鈔《しょう》』（十巻本）巻七に「沼川〈奴乃加波《ぬのかは》〉」とある、越後《えちご》国頸城《くびき》郡の沼川郷（現在の新潟県糸魚川《いといがわ》市あたり）に由来する。今、JR糸魚川駅のほど近くに鎮座する奴奈《ぬな》川神社は、『延喜《えんぎ》式《しき》』（十世紀前半成立）巻十にその名が見える古社である。ヌノ川とヌナ川のノとナは通用する音であり、元はヌナ川であったことは、万葉集に、

沼名《ぬな》川の底なる玉
求めて　得し玉かも
拾《ひり》ひて　得し玉かも
あたらしき　君が
老《お》ゆらく　惜《を》しも　（巻十三、三二四七）

とあるところから推測できる。

では、下に付く「川」の訓みはいかにというと、出雲国風土記にこの女神の名が見

え、奴奈宜波比売とある。音仮名として用いられた漢字「宜」は、濁音のガまたはギ・ゲ（ともに乙類）に宛てられているのに従えば、ヌナガハヒメと訓める。一方、先に引いた『倭名類聚鈔』では「奴乃加波」とあって清音「カ」になっている。どうやら、カハとガハと二つの呼び名が行われていたらしいが、時代の古い用例を尊重すれば、沼河比売はヌナカハヒメと訓むのがいいということになる。従来わたしは一般的な訓読ヌナガハヒメに従ってきたが、ヌナカハヒメに改めたほうがよさそうだ。

玉の川の女神

律令制下において、現在の姫川下流域の郷名はヌナガハ（沼川）であった。そして、その地名はおそらく郷内を流れる川の名から出ているとみなしうるので、現在、姫川と呼ばれている川の名は、古くヌナガハ（沼河／奴名川）であったらしい。とすると、その語構成は「ヌ（玉）＋ナ（格助詞、〜の）＋カハ（川、連濁してガハ）」となる。

ヌ（玉）という語について補足すると、日本書紀の、イザナキとイザナミが天《あめ》の浮橋から矛を差し降ろしてオノゴロ島を造る場面に、「すなはち天之《あめの》瓊《ぬ》矛《ほこ》を以ちて、指し下して探りたまひ、……」（第四段正伝）とあり、その「瓊」という漢字の下に、「瓊は玉なり。こは「努《ぬ》」と云ふ」とあるところから、石の玉（瓊）を倭語では「ヌ」ということがわかるのである。

玉をいう「ヌ」は古事記や日本書紀にしばしば出てきて、たとえば、アマテラスとスサノヲとのウケヒを語る高天の原神話において、相手が身につけた剣や珠《たま》をすすいで嚙《か》み砕き、子を吹き成す場面では、珠や剣を水にすすぐ描写を、「奴《ぬ》那《な》登《と》母《も》々《も》由《ゆ》良《ら》尓《に》（玉の音もゆらゆらと）」（古事記）と描写する。

ヌナガハヒメの沼河を頸城郡沼川郷とみなす見解は、すでに『古事記伝』にある。しかし、なぜヌナガハ（玉の川）と呼ばれたかは不明で、地名とする以上の説明はない。一方、先に引いた万葉集の「沼名川の」の歌では、ヌナガハという地名を越後の国の沼川とみなす見解は、まことに不思議なことだが、少なくとも注釈書類では一九七〇年代以降にならないと出てこない。

一首の歌の意味は、「沼名川の底に沈んでいる玉は、求めて手に入れた玉よ、拾って手にした玉よ。その玉のように大切な君が、老いてゆくのは惜しいよ」といった内容で、わたしには女性に対する「からかい歌」と読める。賀の歌とする一般的な解釈に違和感を抱くのは、対句として歌われた「求めて……拾ひて……」という表現が、賀歌として似つかわしくないと思うからである。それなのに近世以降の注釈書類は、沼名川を天上にある川とみて、大切な人の老いを惜しむ歌と解釈する。しかし、老いた人に向かって老いるのは惜しいと祝福するなど聞いたことがない。しかも、沼名川を天上の川とみなす根拠は表現自体にはなく、万葉集で直前に並べられた、本来無関係な歌とつなげて読むとそう読めるというに過ぎないのだが、それも歌の解釈としてはまことに変である。

万葉集の研究者たちが、この歌の沼名川を古事記の沼河と同じく、頸城郡の沼川と解釈するようになったのは、万葉集の研究史からみればつい最近のことなのだ。そしてそれは、考古学の成果が動かぬ証拠として突きつけられたのが理由だった。いったん築き上げられた解釈（定説）を崩すのは容易なことではないというのがよくわかる出来事である。

翡翠の発見

じつは、ヌナガハのヌ（玉）が硬玉翡翠《ひすい》のことだと判明し、新潟県糸魚川市とその周辺地域に縄文時代の大きなヒスイ工房の存在が確認されたのは、一九五〇年代以降のことであった。それ以前は、勾玉《まがたま》などに加工されたヒスイは海彼《かいひ》からもたらされた石であり、日本列島にヒスイの産地はないと考えられていた。ところが一九三九年のこと、姫川支流の小滝《こたき》川上流にヒスイ原石の産地があることを、東北大学の鉱物学者が学会誌に発表し（きっかけは、小滝集落の住人がヒスイらしい石を河原で拾うという偶然の出来事のようだが）、ヒスイが日本列島に存在しないという定説は覆されたのである。

しかし、戦争が激しくなるとともにヒスイの探索は中断し、戦後もしばらく経った一九五四年から、ようやく考古学調査が始まることになった。そして、七〇年代に至るまでのあいだに何度もの発掘調査が行われた結果、長者ケ原《ちょうじゃがはら》遺跡（糸魚川市美山《みやま》公園）や寺地《てらじ》遺跡（糸魚川市寺地）など、縄文時代における大がかりなヒスイ加工の工房跡が発見され、この地域が世界最古のヒスイ加工の中心地であったことが判明したのである。

ちなみに、今は天然記念物となったヒスイ原石の産地は、姫川支流の小滝川ヒスイ峡と青海《おうみ》川上流との二か所で発見されているが（ともに糸魚川市）、縄文人たちは原石の在り処《か》を知っていたわけではないようだ。自然の力によって砕かれた石が流れ下った姫川下流域の河原や、いったん海に流され荒波によって海岸に打ち上げられた原石を拾って、海岸近くの工房で加工していたのである（海底にも原石鉱脈があるかもしれないとも言われているが詳細は不明）。そして、縄文時代前期末あるいは中期には大珠《たいしゅ》と呼ばれる大きな加工品が作られ、勾玉などを作り始めた縄文時代後期から弥生時代・古墳時代へと翡翠加工が続くなかで、加工地も各地に広がることになった。しかし、古墳時代後期になると、ヒスイはさっぱり使われなくなり、人びとのあいだからすっかり忘れ去られてしまったのである（以上の論述は、寺村光晴『日本の翡翠』、藤田富士夫『玉とヒスイ』、同『古代の日本海文化』、森浩一編『古代翡翠道《ロード》の謎』などを参照）。

長者ケ原遺跡に広がる縄文時代中期の集落跡。石斧やヒスイの玉の生産・交易拠点としても知られる。（新潟県糸魚川市）

こうした考古学の発掘成果によって、ようやく古代日本列島におけるヒスイ文化の実態は明らかになっていった。それとともに、万葉集の沼名川や古事記の沼河比売に出てくるヌナガハの意味も明らかになり、古事記に語られているヤチホコのヌナガハヒメ求婚の意図も理解しやすくなったのである。また、『越後国風土記』逸文（『釈日本紀』所引）の、「八《や》坂丹《さかに》とは玉の名なり。玉の色の青を謂ふ。かれ、青八《あをや》坂丹《さかに》の玉と云ふ」とある「青八坂丹」とは、青（緑）色をした大きな（八尺）玉（丹＝瓊）であり、それがヒスイを指しているということもはっきりするのである。

　ところが、古墳時代後期にヒスイ文化はほとんど衰退してしまう。そこには青

（緑）という色や玉に対する古代人の観念に一大転換があったと思われる。そしてその点から考えると、万葉集の歌や古事記の八千矛神話が出てきたのは、ヒスイに対する信仰がまだ強く存した七世紀以前であると考えなければならないだろう。おそらく奈良時代になると、ヒスイはおろか、その産地である沼川のこともすっかり忘れ去られたのである。だからこそ、後世の万葉集の注釈家たちは、沼名川を天空にある川と解釈してしまったのだ。

解釈の変転

考古学の発掘成果が、古事記や万葉集の神話や歌の解釈にすぐに反映したかというと、ことはそれほど単純ではない。いったん出来あがった定説は容易なことでは崩れないものであり、それはわたしにもよくわかっている。古事記のヌナガハヒメの場合は、その名ヌナガハが頸城郡沼川の地名に由来するという解釈は古くからあったが、そこがヒスイの唯一の産地（加工地）であり、そのこととヤチホコの求婚がかかわっているとみなすまでには長い時間を要した。それが学問の世界のつねなのだ、残念ながら。

たとえば倉野憲司が、『古事記全註釈』第三巻において、実在の地名ではないとする武田祐吉《たけだゆうきち》の見解を否定し、「越の国の川と見るべきではあるまいか（松本清張氏にこの歌からヒントを得た興味深い推理小説がある）」と記したのは一九七六年のことであった。その松本清張《まつもとせいちょう》の推理小説というのは、雑誌『婦人公論』一九六一年二月号に掲載された「万葉翡翠」（同年『影の車』に収めて単行本化）をさしている。

　おそらく、他にも松本清張の小説などからヒスイ発見の知識を得ていた研究者はいたはずだが、古事記の注釈書に糸魚川ヒスイのことがはっきり記述されたのは、一九七九年に出た西宮一民《にしみやかずたみ》校注『古事記』（新潮日本古典集成）である。本書では、本文の頭注に加えて、巻末の付録「神名の釈義」の「沼河比売」の項に詳細な説明が付されている。ところが一方、実態的な解釈を拒もうとしたためか、西郷信綱『古事記注釈』第二巻（一九七六年）は、ヒスイについて一言もふれていない。知らなかったというより、取りあげなかったのだと思う。

　一方、万葉歌「沼名川の」の解釈はどのように変化したか。澤瀉久孝《おもだかひさたか》『万葉集注釈』第十三巻を確認すると、「空想の川と見るべきであろう」と注するだけで、考古学的な成果はまったく浸透していない。これは執筆時期から考えて致し方なかろうが、澤瀉の弟子たちが編んだ日本古典文学全集『万葉集』三（一九七三年）でも、「本来、玉を産する川、玉の川を意味する普通名詞」とあるだけで頸城郡沼川郷とつなごうとはせず、ヒスイにも言及しない。それに対して、一九八一年に出た講談社文庫『万葉集（全訳注原文付）』三（中西進）では、「新潟県の小滝川か。そこでとれる翡翠が、神話上の沼名川と合体していっそう高貴な玉と考えられたか」という注が付き、隣接領域の研究成果が万葉集研究に浸透したことがわかる。

翡翠の川と翡翠の女神

もちろん、古代文学研究者のだれもが、このように反応が鈍いわけではない。すでに早く考古学の成果に目配りしながら沼名川とヒスイとの関係を論じた人もいる。一九六二年に「万葉集巻第十三の編纂《へんさん》における一問題」を発表した中川幸廣《なかがわゆきひろ》氏は、考古学の成果を踏まえながら「沼名川の」の歌を分析し、「万葉集の編纂者には空想上の天上の川と認識されて、万葉集に位置づけられている」が、「越の沼川とされることによって、具体的な生き生きとしたイメージをとりもどす」ことができるのではないかと述べている。しかし、大学の紀要に掲載された論文を読む人は少なく（のちに一九七六年の再考論文「沼名河の底なる玉」を含め、『万葉集の作品と基層』に所収）、このすぐれた見解も一般化するには時間を要した。

ことに万葉集の場合、編纂者の意図という点が大きく関与するせいもあって、先行研究から抜け出しにくいところがあるのかもしれない。たとえば、もっとも新しい注釈書、多田《ただ》一臣《かずおみ》訳注『万葉集全解』５（二〇〇九年）をみると、「聖なる玉の採れる川の意。もともと天上に幻想された川だが、一方、新潟県西部を流れる姫川の支流小滝川が古来翡翠の産地として知られ、これを地上の『沼名川』と見た」というふうに、ある種、折衷的な解釈がなされて着地することになる。

言わずもがなのコメントになるが、縄文人は小滝川にヒスイがあるとは知らなかったし、古墳時代後期から昭和の再発見に至るまでの間、ヒスイの産地はまったく忘却されており、そこが「古来翡翠の産地として知られ」ていたわけではない。

さて、ヒスイ発見のいきさつなどを述べているうちに、ヒスイの川の女神ヌナガハヒメに論を展開する余裕をなくしてしまった。ヒスイの川を守る女神、あるいは沼川の地を守護する女神がいかなる存在であったのか、沼川という土地が古代の日本海文化圏において果たした役割は何であったか。それらについては、ヌナガハヒメと二人の息子を取りあげながら、節を改めて考察していきたい。

ヌナガハヒメとミホススミ

高志《こし》の国に住むヌナガハヒメ（沼河比売）は、出雲から来たヤチホコ（八千矛神）

に求婚され、いったんは拒むが次の夜に共寝したと古事記は語る。この物語は、一人称のかけあいによる叙事的な歌謡になっており、他の、散文的に叙述された神話とはずいぶん違う文体をもつ。

よく知られているが、ヤチホコの求婚は、次のように歌い出される。

やちほこの　神のみことは
やしまくに　妻まきかねて
とほとほし　こしの国に
さかしめを　ありと聞かして
くはしめを　ありと聞こして
さよばひに　あり立たし
よばひに　ありかよはせ

訳すまでもないかもしれないが、「ヤチホコの神と呼ばれるわれは、治める国に似合いの妻はいないとて、遠い遠い高志の国には、すぐれた女がいると聞かれて、うつくしい女がいると聞かれて、妻を求めてお立ちになって、妻問いに遠くもいとわずお通いになり、……」とでも。

ところが、女性に対しては百戦錬磨のヤチホコだったが、ヌナガハヒメには相手にされず、家の外で立ちん坊を食らわされ、夜明けを告げるニワトリの声に苛立《いらだ》って、あんな鳥などぶっ殺してしまえとお伴《とも》の者に息巻いてみせる。

するとヌナガハヒメが、鳥を殺さないでとお伴の者たちに懇願し、苛立つヤチホコには、今はわがままなわたしですが、明日の夜にはあなた好みの鳥になりますからお待ちになってとなだめすかす。そして約束通り、次の夜ふたりは結ばれる。それに続けてヤチホコと正妻スセリビメ（須勢理毘売）とのあいだで、嫉妬《しっと》をめぐる歌の応酬があり、それも大団円を迎えて、「神語り」と名づけられた一連の歌謡劇は幕を閉じる。

系譜をもつヌナガハヒメ

ヌナガハヒメの在所が高志の国の奴奈川の地、現在の新潟県糸魚川市あたりであり、そこが古代の東アジアで唯一の硬玉ヒスイ（翡翠）の産地であったというのは、前節で述べた。そして、その事実は、この土地が縄文時代以来、特別の場所としてあったということを示しており、いつまで遡《さかのぼ》るかは定かではないが、それが、ヤチホコによるヌナガハヒメ求婚の歌謡劇が演じられ歌われる理由でもあったはずである。

ところで、いったんは断られながらも、ヤチホコは首尾よくヌナガハヒメと結婚することができたと語られているが、古事記に記載されたオホクニヌシ（大国主神）の神統譜では、結婚の事実を確認することはできない。これは、オホナムヂが根の堅州《かたす》の国から連れてきたスサノヲのむすめスセリビメも同様で、系譜に記されるのは原則として子を生んだ配偶神に限られるために、古事記のなかで子を生んだという記述のないスセリビメもヌナガハヒメも、神統譜からは排除されてしまうのである。ところが、どこにも子を生んだという痕跡《こんせき》のないスセリビメとは違って、ヌナガハヒメに関しては、別の書物に、オホナムヂ（ヤチホコのこと）とのあいだに子神が生まれたとする伝えが遺《のこ》されている。

その一つは、出雲国風土記に載せられた伝承で、興味深いことに、女神ヌナガハヒメの系譜まで伴って伝えられている。

美保の郷　天の下造らしし大神の命、高志の国に坐す神、意支都久辰為《おきつくしゐ》の命の子、俾都久辰為《へつくしゐ》の命の子、奴奈宜波比売《ぬながはひめ》の命に娶《あ》ひて、産みまし神、御穂須々美《みほすすみ》の命、この神坐す。かれ、美保と云ふ。（島根郡条）

出雲国風土記では「天の下造らしし大神」と呼ばれるオホナムヂ（大穴持命）だが、ここに伝えられているのは、ヤチホコによるヌナガハヒメ求婚譚《たん》に重ねることのできる伝承である。しかもここには、ヌナガハヒメ本人を含めて三代にわたる系譜が伝えられている。

オキツクシヰとヘツクシヰという神名が「沖つ」と「辺つ」という対に由来するとするなら、親子関係というよりは兄妹あるいは配偶神とみたほうが自然な気もするが、

事代主神系えびす社三千余社の総本社とされる美保神社（島根県松江市）

ここでは親子になっている。そして、共通する下部の「クシキ」については、「クシビ（霊）」の転訛《てんか》とか「クシ（霊妙なる）＋キ（泉）」とか解釈されるが、明解はない。しかも、神名のいずれにも性差を認識できることばが含まれておらず、父系の系譜か母系の系譜かも定かではない。ところが、注釈書類では単純に、ヌナガハヒメの父と祖父とみなして男系系譜であることを疑わない。一言すれば、そのように男系と決めつけてしまうところから研究の停滞は生じるのである。

出雲国風土記の伝承に、出雲の神ではない、高志の国の女神の系譜をわざわざ記している点に注目したい。そこには、出雲と高志との関係性の緊密さが潜められていると思うからである。古事記に語られる出雲の側の発想としていえば、高志はヲロチ（高志の八俣の遠呂知）の棲《す》む野蛮な世界であり、出雲国風土記でも討伐の対象として「越《こし》の八口《やつくち》」が出てくることを考えると、出雲にとっての高志（越）は、征服すべき領域であるが、その一方で親密な婚姻を結ぶべき相手でもあった。そうした二重化された関係のなかに高志と出雲は存在するのである。

ミホススミという神

さて、生まれた子神ミホススミだが、地名ミホ（美保）に「ススミ」が添えられているのは間違いないとして、ススミの意味が判然としない。

美保の地は島根半島の先端にあり、美保神社（松江市美保関町《みほのせきちょう》）が鎮座する。この神社は、出雲国風土記の島根郡条に列記された神社名のなかで、「神祇官《かむつかさ》に在り」とされる「一十四所」のうちに「美保社」と見え、『延喜式』巻十、神名・下にも「美保神社」として確認できる古社である。この神社の現在の本殿は、「比翼大社造《ひよくたいしゃづくり》」と名づけられた二つの屋根が左右に並ぶ形式をもち、その左殿（大御前《おおごぜん》）に三穂津姫命《みほつひめのみこと》、右殿（二御前《にのごぜん》）に事代主神《ことしろぬしのかみ》（えびす様）が祀《まつ》られている。

コトシロヌシは、古事記や日本書紀の国譲り神話にオホクニヌシの長男として登場するのでよく知られている神だが、ミホツヒメは日本書紀だけに登場する。一書（第九段一書第二）の記事だが、国譲りに際して、タカミムスヒ（高皇産霊尊）がオホモノヌシ（大物主神）に対して、国つ神を妻にするなら「疎心《うときこころ》」があると思うだろう。それゆえに、わが娘ミホツヒメを妻にせよと言って結婚させたと伝えている。

それを受けるかたちで、現在の美保神社の説明では、オホクニヌシとオホモノヌシとを同一神とみなした上で、「高天原の高皇産霊命の御姫神で、大国主神の御后神。高天原から稲穂を持ってお降りになり、人々に食糧として配り広められた神様」と説明されているが（美保神社公式HP、http://www.mihojinja.or.jp）、美保の地のミホツヒメはもとは土着神であったと考えるべきだろう。

それにしても、オホクニヌシの妃神とオホクニヌシの子神コトシロヌシ（母は神屋《かみや》楯比売命《たてひめのみこと》でミホツヒメではない）とが並ぶ現在の祭神は、俗っぽい言い方になるが、継母と継子とが並び祀られていることになり、いかにも座り心地のよくない印象を与える。また、ミホツヒメという土地神をタカミムスヒ（高皇産霊命）の子とする伝承が、出雲土着の伝えとして存したとはとうてい考えられない。それが、出雲の祖神カムムスヒ（神魂命、神産巣日命、神皇産霊尊）であるというなら納得するのだが。

おそらく、コトシロヌシが美保神社の祭神として祀られるようになったのは国譲り神話の影響と推測できるが、出雲国風土記にはそうした認識は存在しない。ちなみに、その場合の国譲り神話は、日本書紀の伝えに依拠したもので、古事記の国譲り神話ではない。そして、本来、出雲国風土記にある通り、美保にはミホススミという土地神が祀られていたはずである。それに並んで、ミホススミの妃神か妹神としてミホツヒメが祀られていたのではなかったか。その対の名をもつ男女神を分断するかたちでコトシロヌシが祭神として割り込み（近世以降のことと考えられている）、その段階で、ミホツヒメをタカミムスヒの子とする日本書紀的な皇祖神神話に依拠した改変も生じたのではないかと、わたしは推測している。

そのように推測するのは、タカミムスヒとカムムスヒとの関係性のとらえ方によるのだが、わたしの認識については、すでに第二章で述べた。

能登半島のミホススミ

じつは、ミホススミという名の神は、島根半島の美保から対馬《つしま》海流に乗って東に進んだ能登半島の先端、石川県珠洲《すず》市三崎町《みさきまち》に建つ須須《すず》神社にも祀られている。もちろん、名前が同一だからといって必ずしも同一神と断定することはできないが、両地の神話的なつながりや、両社の地理的な環境を踏まえると、おなじ神が祀られているというのは、大いにありうることだ。

美保神社と同様、須須神社も『延喜式』巻十、神名・下の能登国珠洲郡条に、「須須神社」の名が見える。当時の祭神はわからないが、現在の社伝によれば、祭神は

天津日高彦穂瓊瓊杵尊・美穂須須美命・木花咲耶姫命を祀る須須神社（石川県珠洲市）

「天津日高彦穂瓊瓊杵尊　美穂須須美命　木花咲耶姫命、外三柱」とある（石川県神社庁ＨＰより、http://www.ishikawa-jinjacho.jp）。皇祖神ニニギ（瓊瓊杵尊）の介入は近代のことと考えられるので、もともとの祭神がミホススミであったことは明白である。

須須神社の建つ地は、能登半島の先端、海に接してスダジイやタブノキなど照葉樹に包まれた小高い丘で、その雰囲気は島根半島先端の美保神社とそっくりである。そして、その神名ミホは秀でたところをさし、美保の地名であるとともに、海に張り出した神のミサキをいう。須須神社が建つ場所も三崎と呼ばれる通り、まさにミホ（美保）なのである。下に付いたススミだが、ススム（進）とかスサム（荒）のススやスサと通じる語で、霊威のあることを表す名かという程度にしか連想がはたらかない。

あるいはススにこだわるよりも、ツツの転訛《てんか》とみたほうがよいのではないか。すると、「墨江《すみのえ》の三《み》前《まへ》の大神（住吉《すみよし》三神）」であるウハツツノヲ・ナカツツノヲ・ソコツツノヲ（上（中・底）筒之男命）のツツとも重ねることができ、ススミはツツミ（ミは神格を表す接辞）とみなせる。住吉三神のツツについては、金星のこととか湊《みなと》（ツツノヲは「津の男」）のこととされている。また谷川健一《たにがわけんいち》が、各地のツツ地名を検討しながら、ツツを蛇のことととみて海蛇（龍蛇）信仰について論じているのも参考になる（『蛇　不死と再生の民俗』）。

いずれが正しいかを判断するのはむずかしいが、星にしろ津にしろ海蛇にしろ、どれも海や航海に結ばれた神とする点では共通し、その方向は間違っていないと思う。ただし、ツツという語が地形を表すことばとしてあったかもしれないという想像の余地はある。先日、玄界灘《げんかいなだ》に浮かぶ国境の島対馬に出かけ、豆酘《つつ》（長崎県対馬市厳原《いづはら》町《まち》）を訪れた印象がいまだ鮮やかなせいかもしれない。

対馬の南端に位置して、南に長くのびた豆酘崎とその根元の入江に位置する豆酘の集落のさまは、島根半島の美保や能登半島の須須（三崎）とよく似た風景のなかにあった。そんな風景の共通性を思い浮かべると、御崎（岬）を表すミホという地名と同義語ツツ（スス）のくり返しとして、ミホススミ（元はミホツツミ）という神が祀られていたのかもしれないと思わされる。

日本海をつなぐ神

こんなふうにツツという地名にこだわるのは、出雲国風土記意宇《おう》郡条の「国引き詞章」に、「高志の都都《つつ》の三埼」が出てくるからである。

「高志の都都の三埼を、国の余りありやと見れば、国の余りありと詔《の》りたまひて、童女《をとめ》の胸鉏《むなすき》取らして、大魚《おふを》のきだ衝《つ》き別《わ》けて、……」

まったく同じかたちで四回くり返される最後に、巨神ヤツカミヅオミツノ（八束水臣津野命）が、「高志の都都の三埼」を切り裂き、綱をかけて海の彼方《かなた》から引いてきてつなぎ留めたのが、島根半島の先端「三穂の埼」だと国引き詞章は語っている。

この神話では出雲の側が一方的に奪取したように語られているが、それは出雲の神話だからであって、その背後に見いだせるのは、出雲と高志との緊密な交流である。そのなかで、ミホススミが、美保神社と須須神社とに祀られているというのは、単なる偶然ではすまされない。

出雲国風土記に、出雲と高志とをつなぐミホススミという神が伝えられているのだが、そのミホススミこそが、古代の日本海文化の謎を解きあかす鍵《かぎ》をにぎる神のひとりではないかと思わせる。そしてもうひとり、おなじ両親から誕生したと伝えられるタケミナカタ（建御名方神）という神が存在することに、改めて注目してみたい。

【附記】神話分析と直接関係するわけではないが、蒲生俊敬《がもうとしたか》『日本海』という本が出た。蒲生氏は化学海洋学という自然科学分野の研究者であり、論じられている日本海は、自然科学的に、おもに海流の面から日本海を考える本である。そして、この本では、日本海とは「母なる海」であり、日本海がなければ日本列島の文化は誕生しなかったということが具体的な分析によって論じられているのだが、古代における出雲と日本海のあり方を考察する上でも、大いなる刺激を受けることができる。

奈良盆地の三人❷女鳥王

近鉄大阪線の榛原《はいばら》駅から奈良交通の路線バスに乗って五〇分ほど、または大阪線名《な》張《ばり》駅で降りて三重交通の路線バスに揺られて四五分ほどで、奈良県宇陀《うだ》郡曽爾《そに》村の役場前に到着する。どちらも一日五往復ほどだが、近鉄沿線に住む方には比較的行きやすい場所だと思う。

榛原駅の近くに建つ墨坂《すみさか》神社には、ヤマト王権にとって奈良盆地の東の境を守る神が祀られ、曽爾村はそこよりずっと奥に位置しており、ヤマトからみれば境界を越えた異界ということになる。しかし今は、ススキの名所として知られる曽爾高原には温泉や地ビールやレストランもあって、奈良県民の奥座敷として憩いの場所になっている。そして古事記には、その曽爾を舞台にした興味深い話が伝えられている。下巻の冒頭に置かれたオホサザキ（大雀命、仁徳《にんとく》天皇のこと）にまつわる物語だ。

オホサザキにはイハノヒメ（石之比売）というたいそう嫉妬深い后《きさき》がいて手を焼いているのだが、それでも若くて美しい女性には目がない。ある時オホサザキは、腹違いの妹メドリ（女鳥王）が好きになり、これも腹違いの弟ハヤブサワケ（速総別）を仲人《なこうど》に立てて求婚する。ところがメドリは、使いのハヤブサワケに、あんな嫉妬深い后がいるオホサザキよりあなたの妻になりたいと言い、二人は結ばれる。何も知らないオホサザキはメドリの家に行き、機織りをしているメドリに、だれの衣を織っているのかと尋ねる。するとメドリがハヤブサワケのお召し物だと答えたので、オホサザキはすごすごと引き下がる。

一方のメドリは家に来たハヤブサワケに、ハヤブサのように強いあなただから、サザキ（ミソサザイという小鳥）なんかやっつけちゃいなさいとけしかける。人伝《づ》てにそのことを聞いたオホサザキはさすがに怒り心頭、すぐさま軍勢を差し向けてハヤブサワケを殺そうとする。二人は逃げるしかない。

オホサザキは難波《なにわ》の高津《たかつ》の宮を宮殿としていたが、メドリがどこに住んでいたかはわからない。母ミヤヌシヤカハエヒメは和迩《わに》氏という豪族の出身だから、奈良盆地の東部に住んでいたはずだ。おそらくそこから二人は、倉椅山《くらはしやま》（桜井《さくらい》市倉橋《くらはし》の辺り）を越えて東へと向かう。その道は、後の呼び名では伊勢本街道という。桜井から長谷《はつせ》（泊瀬）を通って墨坂峠を越えた、その先の山中に籠《こ》もるのが曽爾である。そこをなおも東に行くと伊勢に抜けることができる。追われる二人は、太陽が昇る明るい希望の大地を夢見て、伊勢へと逃げようとしたのだろう。ところが境界を越えて希望の大地に入る直前の曽爾で、天皇の軍勢に追いつかれて二人は討ち取られてしまう。

五世紀を舞台として語られる逃避行は、二人の男が一人の女性をめぐって争う典型

（ハヤブサワケとメドリを葬ったと伝える）楯岡山古墳

的な「二男一女」型の恋物語であり、その三人の男女がみな鳥の名をもつという点で、何か演劇的な性格を感じさせる。というのは、鳥に扮《ふん》して演じるという話が、古事記には他にも存在するからだ。また、イハノヒメにしろメドリにしろ、オホサザキの物語に登場する女たちは強いし個性的である。男の言うままに従順に仕えようとするところなど微塵《みじん》もないのがおもしろい。

イハノヒメは奈良盆地西南地域を本拠とする葛城《かずらき》氏の出身、メドリは奈良盆地東部一帯を勢力圏とする和迩氏の出身であり、それら背後にある大豪族の立場が女性の強さを支えているのかもしれないが、とにかく積極的で強い。そして、この話を読むとわたしは、学生の時に観たアメリカ映画「俺たちに明日はない」（一九六七年）のボニーとクライドを思い出す。最後はフォードV８に乗った二人が追手の警官に蜂の巣にされてしまうのだが、メドリと同様、ボニーのほうがだんぜん積極的で、クライドをリードする。そのせいで、メドリの話を読むとアメリカ映画のボニーを想いだすのである。

最期の地となった曽爾には、メドリとハヤブサワケを葬ったという楯岡山《たておかやま》古墳がある。専門家によれば、時代が合わないから二人の墓とは考えられないそうだが、恋の逃避行を知った村人たちは、いつの頃からか村にある古墳を二人の墓として伝えてきた。そこには、思いを遂げることなく殺されてしまった二人への哀惜の念が込められていたに違いない。今はすっかり忘れられ、墓は草に埋《うず》もれてしまっているが。

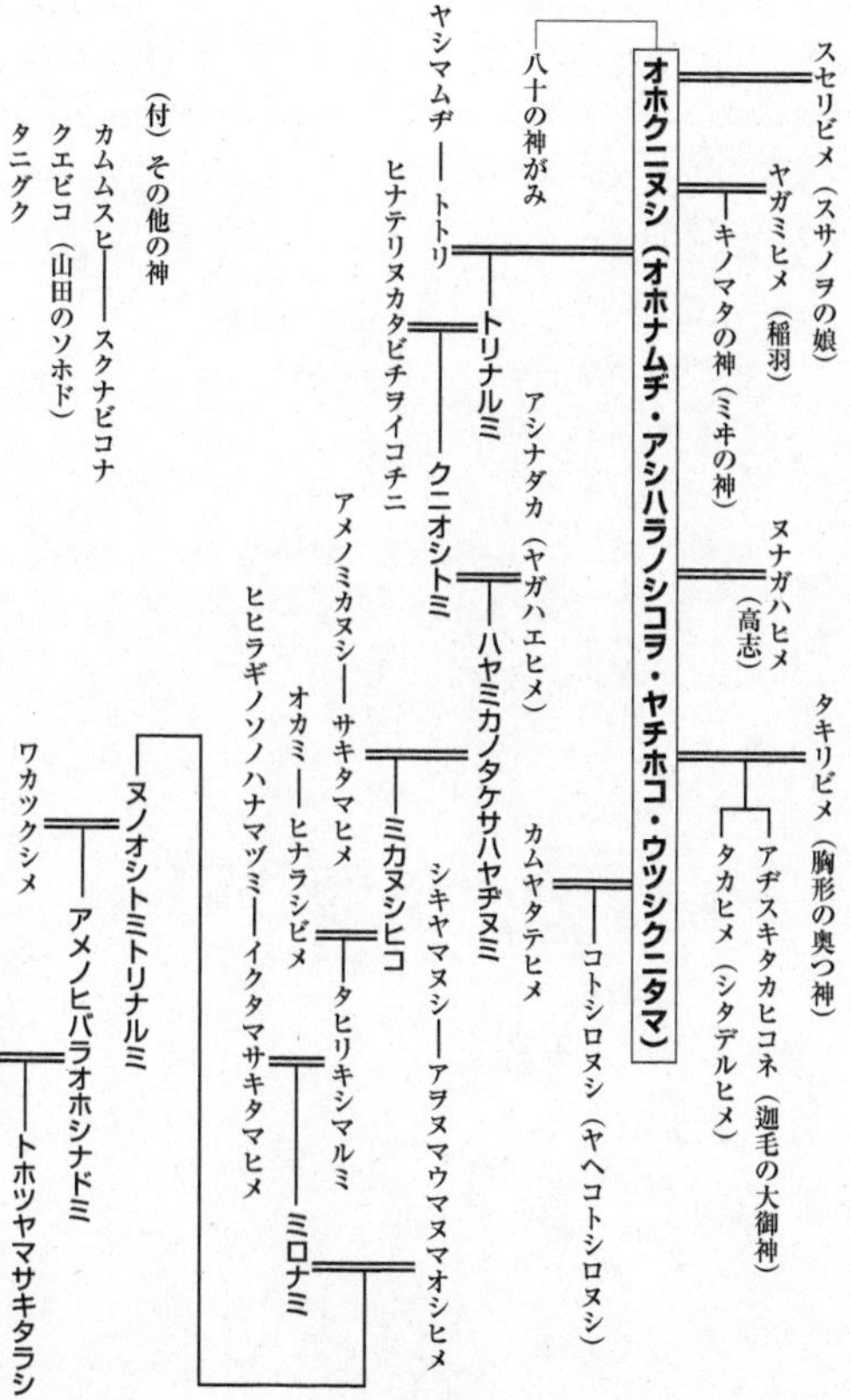
スセリビメ（スサノヲの娘）
ヤガミヒメ（稲羽）
キノマタの神（ミ井の神）
ヌナガハヒメ（高志）
タキリビメ（胸形の奥つ神）
アヂスキタカヒコネ（迦毛の大御神）
タカヒメ（シタデルヒメ）
オホクニヌシ（オホナムヂ・アシハラノシコヲ・ヤチホコ・ウツシクニタマ）
八十の神がみ
カムヤタテヒメ
コトシロヌシ（ヤヘコトシロヌシ）
アシナダカ（ヤガハエヒメ）
ハヤミカノタケサハヤヂヌミ
シキヤマヌシ
アヲヌマウマヌマオシヒメ
ヤシマムヂ
トトリ
トリナルミ
クニオシトミ
ヒナテリヌカタビチヲイコチニ
アメノミカヌシ
サキタマヒメ
ミカヌシヒコ
オカミ
ヒナラシビメ
タヒリキシマルミ
ヒヒラギノソノハナマヅミ
イクタマサキタマヒメ
ミロナミ
ヌノオシトミトリナルミ
ワカツクシメ
アメノヒバラオホシナドミ
アメノサギリ
トホツマチネ
トホツヤマサキタラシ
（付）その他の神
カムムスヒ
スクナビコナ
クエビコ（山田のソホド）
タニグク

オホクニヌシの系図

第五章　出雲神話の神

タケミナカタと州羽

出雲から訪れたヤチホコ（八千矛神）の求婚を受けた高志《こし》の国のヌナガハヒメ（沼河比売）は、いったんはヤチホコを拒否する歌を返すが、次の夜に結ばれたと古事記は語る。しかし、古事記に載せられたオホクニヌシ（大国主神）の神統譜には、ヌナガハヒメの名も子神の誕生も記さない。

ところが、前章で取りあげたように、出雲国風土記によれば天の下造らしし大神とヌナガハヒメ（奴奈宜波比売命）とのあいだにはミホススミ（御穂須々美命）という子神が誕生し、美保の地に祀《まつ》られていた。この伝えは、出雲と高志との関係の濃密さを浮かび上がらせているという点で注目に値する。しかも、ヌナガハヒメの在所である奴奈川（新潟県糸魚川市）が、硬玉翡翠《ひすい》の東アジア唯一の産地であることを踏まえれば、そこは日本海をめぐる海上交易の要衝のなかでも特別の意味をもつ土地ではなかったかということに思い至る。

タケミナカタの母ヌナガハヒメ

そして興味深いことに、古事記の国譲り神話に登場するタケミナカタ（建御名方神）も、オホクニヌシ（オホナムヂ）とヌナガハヒメとのあいだに生まれた子神であると『先代旧事本紀』は、伝えている。ミホススミ同様にタケミナカタも、古事記の神統譜には出てこないのだが、『先代旧事本紀』（巻四、地祇本紀）のオホナムヂの婚姻系譜には、次のように記されている。

大己貴《おほなむぢ》神、（略）次に、高志の沼河姫を娶り一男を生む。児《こ》建御名方の神は信濃国諏方《すは》郡の諏方神社に坐す（大己貴神、（略）次、娶二高志沼河姫一。生二一男一。児建御名方神。坐二信濃国諏方郡諏方神社一）。

物部《もののべ》氏の手になる『先代旧事本紀』は、古事記や日本書紀の引用が多く偽書として軽んじられているが、書物としては承平《じょうへい》六年（九三六）以前には成立しており、それなりの由緒をもつのは確かである。その書物に、日本書紀はもちろん古事記にも出てこないヌナガハヒメとタケミナカタの母子関係を伝えているという点は注目しなければならない。『先代旧事本紀』の撰録《せんろく》者がどこからこの伝えを手に入れたかは不明だが、編者の捏造《ねつぞう》とも考えられないから、古事記とは別系統の伝承では、タケミナカタの母がヌナガハヒメであるということが明示されていたに違いない。諏訪大社の伝承が『先代旧事本紀』に反映しているのではないか。

古事記の場合、子を生まない女神が神統譜から外されているのは一般的なことだが

(中・下巻の天皇系譜の場合も同じ)、タケミナカタがヌナガハヒメの生んだ子という認識があれば神統譜に記載されたはずだ。そこから考えれば、古事記に載せられたオホクニヌシの神統譜と、ヤチホコの「神語り」やタケミナカタの州羽《すわ》への逃竄譚《とうざんたん》とのあいだには、伝承上の接点がなかったということになろう。同じく古事記に並べられた出雲神話であっても、いくつもの伝承ルートがあり、それら何層もの伝えがある段階で統合されたらしいことは、異質な文体の接合や神統譜の挿入などによって明らかになる(三浦「大国主神話の構造と語り」『神話と歴史叙述』所収)。

ミホススミとタケミナカタの母神とされるヌナガハヒメ一族は、高志の地においてそうとう大きな勢力をもつ存在であったに違いない。そして、その象徴とされるヌナガハヒメの力が母系的な血統のなかに保たれていたと考えられるならば、タケミナカタもミホススミも、父方であるオホクニヌシの神統譜に名を伝えないというのは当然のことかもしれない。そうした母系的な性格は、ヌナガハヒメが外から訪れた男をいったんは拒みながら積極的に受け入れるという「神語り」の展開からも窺《うかが》える。

諏訪湖とタケミナカタ

先に引いた『先代旧事本紀』にもあった通り、タケミナカタは諏訪の地に鎮座する。諏訪は、フォッサマグナ(大地溝帯)のほぼ中央、八ヶ岳《やつがたけ》の噴火活動とその後の地殻変動によってできた扇状地の端に位置し、そのど真ん中に、土石流による塞《せ》き止め湖としてできたと考えられる諏訪湖（周囲十六キロ）がある。その湖を取り囲むように、北側に諏訪大社下社《しもしや》、南側に諏訪大社上社《かみしや》があり、下社には春宮《はるみや》と秋宮《あきみや》（ともに下諏訪町）、上社には本宮《ほんみや》（諏訪市中洲《なかす》）と前宮《まえみや》（茅野《ちの》市宮川《みやかわ》）が祀られる。

四つの社からなる諏訪大社の祭神はそれぞれ違っており、上社本宮が建御名方の神、上社前宮が八《や》坂刀《さかと》売《め》の神、下社は春宮も秋宮も建御名方の神と八坂刀売の神を祀り、事代主《ことしろぬし》の神を併せ祀っているという（三輪磐根『諏訪大社』）。そして、その下社の祭神は、二月から七月までは春宮に、八月から一月までは秋宮に鎮座すると考えられており、二期制になっているらしい。また、下社春宮の境内に立てられた案内板には、下社も上社も祭神は「建御《たけみ》名《な》方富《かたとみ》神」であるとする。この神名は、『延喜式』巻十、神名・下の「南方刀《みなかたと》美《み》神社二座」（信濃国諏方郡）を踏襲しているらしい。その「～トミ」のトは格助詞「の」、ミは神霊をあらわす接辞、上接する「タケ（建）～」はほめ言葉で、どちらの神名も「ミナカタ（御名方／南方）」にしか実体はない。そこから考えれば両神は同一神とみて誤らない。そのミナカタは地名あるいは地形に由来するか、それとも氏族名などに由来するか、そのいずれかだろうが、確定する根拠がない。

西郷信綱は、ミナカタは「水潟」の意であるとし、玄界灘の海の民であるムナカタ（宗像／胸形）と同じとみなし、ミナカタトミについては「女神とおぼしき名」で水の神とみる（「国譲り神話」『古事記研究』未來社、一九七三年）。一方、西宮一民は、ミナカタトミは「南方（南の方角）の神霊」の意で、タケミナカタは製鉄神と考えられるとし、上代特殊仮名遣いの通例に照らして、ムナがミナになることはないと述べる（新潮日本古典集成本『古事記』の付録「神名の釈義」）。ちなみに、注釈書類では、諏訪湖との連想が強いせいか「水潟」説が有力である。西宮は否定的だが、信州には北九州の海民アヅミ（安曇、阿曇）の居住も指摘されており、ムナカタに由来するとみる説も魅力的である。

いずれにしろ、湖の南北に位置する上社と下社とのあいだには（上社は現在の湖岸からは遠いが、古墳時代の推定湖面では南端に位置する）、中世あたりまで、祭祀者間《さいし》においてそうとうの軋轢《あつれき》があったことがわかっており、四社を一体の神社とみなせるかどうかは定かではない。境内の神名表示をみただけでも、今も微妙に認識の違いがあるらしいことは想像できる。なお、妃神とされる八坂刀売の神は、日本書紀にも古事記にも名前がみえない。

諏訪の祭祀と神話

諏訪の信仰には、己《おの》が身体を神の憑代《よりしろ》とする「大祝《おおほうり》」と呼ばれる祭祀者がおり、上社は神氏（「神」の訓《よ》みは、ミワかカミか未詳）、下社は金刺《かなざし》氏がそれぞれ世襲によって受け継ぎ祭祀を担っていた。そして、この両家（両社）のあいだには長い抗争があり、ついには十五世紀半ばに下社は焼かれ、十六世紀初めには下社の金刺氏が滅亡する。

金刺氏は、磯城島《しきしま》の金刺の宮（欽明《きんめい》天皇の宮殿の呼び名）に舎人《とねり》として仕えたという謂《い》われをもつ一族であり、ヤマト王権とのつながりを志向していたと考えられる。もう一方の大祝である神氏は外から入ったという起源をもつが、それは、上社には神長《じんちょ》官《うかん》と称する古い祭祀を司《つかさど》る守矢《もりや》氏一族が存在することとのあいだに相関性があるらしい。

十四世紀の中頃に書かれた『諏訪（方）大明神絵《え》（画）詞《ことば》』などの伝えによれば、外から来た大祝の始祖が、先住民の祀っていた「洩矢神《もれやしん》」の祭政を奪い取るかたちで社壇を築いたのが諏訪神社だという。そして今も、神長官である守矢氏が七種の神器のうちの「鉄鐸《てったく》」を護《まも》りつづけて上社に奉仕しているのは、そうした出来事とかかわると説明されている。

以上は、何冊かの諏訪史関係の書籍（三輪磐根『諏訪大社』、藤森栄一『諏訪大社』、古部族研究会編『古諏訪の祭祀と氏族』、諏訪市史編纂委員会編『諏訪市史』上巻、その他）から仕込んだ知識に基づいて略述したのだが、下社の大祝金刺氏が上社の大祝一族に滅ぼされたという出来事は、中世に生じた事実であるとしても、神氏が土着の守矢氏を制圧した侵入者であったという諏訪の起源神話をそのまま事実とみなすことができるかどうかの判断はむずかしい。というのは、この種の語りは、村（国）建て神話ではありふれた様式として存在するからである。

そうした語り口は、すでにタケミナカタが州羽に逃げて定着したと語る古事記の神話に見いだせる。

高天の原から遣わされたタケミカヅチ（建御雷神）とオホクニヌシとの伊耶佐《いざさ》（また「伊那佐《いなさ》」とも）の小浜での対決場面において、長男のコトシロヌシ（事代主神）がさっさと譲渡を口にして隠れてしまったあと、なぜか大岩をお手玉しながら現れた次男のタケミナカタは、タケミカヅチに力競《ちからくら》べを申し出て、「われ先にその御手を取らむ」と挑むがまったくかなわない。そして次には、タケミカヅチが「その御手を取らしむれば、すなはち立氷《たちひ》に取り成し、また剣刃《つるぎば》に取り成し」て寄せつけず、逆に、タケミナカタの手を握ったかと思うと、「若葦《わかあし》を取るがごとく」につかみつぶして投げ飛ばしてしまう。

おそれたタケミナカタは逃げ出し、「科野《しなの》の国の州羽《すは》の海」に追い詰められて次のように述べて降伏する。

恐《かしこ》し。我をな殺したまひそ。ここを除《お》きては、他処《あだしところ》に行かじ。また、我が父、大国主の神の命《みこと》に違《たが》はじ。八重《やえ》事代主《ことしろぬし》の神の言《こと》に違はじ。この葦原の中つ国は、天つ神の御子の命の随《まにま》に献《たてまつ》らむ。

その果てに、オホクニヌシは天つ神に屈して、地上を譲り渡すことになる。手を握り合うというおもしろい力競べは、ペルシャの伝承などにみられると松村武《まつむらたけ》雄《お》は指摘する（『日本神話の研究』第三巻）。また、葦の芽を握りつぶすという比喩《ひゆ》表現も様式化されており（三浦「若葦を取るがごとし」『古代研究　列島の神話・文化・言語』所収）、語り継がれた伝承としての古さをもっている。ところが、日本書紀の国譲り神話には、この力競べはもちろんタケミナカタの名も出てこない。それについて本居宣長は、「書紀に、此建御名方神の故事をば、略きて棄《ステ》て記されざるは、いかにぞ」（『古事記伝』十四之巻）と不審を表明するにとどまるが、西郷信綱は、「諏訪湖まで逃げて『他処に行かじ』と誓ったというのは説話であって、むしろこのいいかたのなかにはタケミナカタが諏訪の古い土着の神であるゆえんが語られている」（「国譲り神話」前掲）と説明する。

高志と州羽と

たしかに「説話」だという説明はよくわかるし、村建ての起源を外からの移動として語る様式は多い。まるで、よそから来たと語らなければ起源は語れないとでもいうように。しかし、外来伝承は様式であって、タケミナカタは土着神であるとみて事足れりとしてよいかどうか。タケミナカタの父がオホクニヌシであるとされ、母を高志のヌナガハヒメと伝えるところを強調すれば、タケミナカタの出自は、出雲と高志とをつなぐ日本海ルートのなかでこそ考えなければならないのではなかろうか。中央志向が強いせいだろうか、諏訪の地は、伊那谷《いな》や東山道《とうさん》（中山道《なかせん》）を通して伊勢や京《みやこ》とのつながりが深いと、諏訪人は考えたいらしい。金刺氏の出仕由来譚がそうであるように。

しかし、ヤマトとのつながりを求めてみても、諏訪に根をもつ神として把握してみても、諏訪という土地やタケミナカタという神が、古代の日本列島のなかでいかなる役割を果たしていたかはつかめない。それよりも、出雲と高志と諏訪とをつなぐ物と人との流通を意識しながら、天つ神に追われて逃げる神の姿を辿《たど》ってみたほうが有効なのではないか。

奴奈川で産出する硬玉翡翠と、諏訪湖の北に位置する和田《わだ》峠・霧ヶ峰《きりがみね》で産出する黒曜石《こくようせき》の移動をみればわかるように、日本海の拠点である奴奈川と内陸の拠点の諏訪とを結ぶ道は、縄文以来の幹線道路のごとくであった。またそれは、日本海側に特徴的にみられる巨木を立てる文化とも共通するようにみえる、諏訪大社の御柱や中ッ原《なかつぱら》遺跡（茅野市湖東山口《こひがしやまぐち》）で見つかった八本の柱が方形に建てられていたらしい柱穴跡（縄文時代後期前半）の存在によっても窺い知ることができる。また近年、上社に近いフネ古墳（諏訪市中洲、五世紀前半）からは日本海沿岸地域に出土例の多い素環頭《そかんとう》鉄刀

「土偶」（仮面の女神）の出土した中ッ原遺跡の八本柱（長野県茅野市）

も発見されており、諏訪地域と日本海沿岸との緊密さはさまざまに見いだせる（藤田富士夫『縄文再発見』、同『古代の日本海文化』その他）。

諏訪祭祀に関する金刺氏と神氏、そして守矢氏との関係についても、従来の考え方を脱して日本海をも視野に入れて考えなおしてみることが必要なのではないか。当然そこには、タケミナカタやヌナガハヒメも絡んでくるに違いないのである。

オホクニヌシと出雲大社

二〇一三年五月十日、長い仮住まいを終えた祭神オホクニヌシ（大国主神）のご神体は、本殿にもどった。当日、祭儀の雰囲気を感じてみたかったわたしは出雲に出かけ、にぎわう街を歩いた。遷座祭に参列するために礼服を着て社に向かう氏子さんや遠くからバスを仕立てて訪れた講社の人たちが行き交う街並みの、どの家の軒にも「平成の大遷宮」を祝う白い提灯《ちょうちん》が下げられ、戸のわきに掛かる竹筒には控えめにだが新しい花が活《い》けられている。見なれた街並みのなかで、いつもとは違う人びとの高ぶりを感じることができた。

その日は朝からあいにくの雨で、傘をたためない。その雨の効果で、改修された本殿の千木《ちぎ》や破風の漆黒のチャン塗りと、屋根に厚く葺《ふ》かれた檜皮《ひわだ》の茶色が、いっそうの深みを増して浮かび上がる。しかし、境内にびっしりと並べられた折りたたみ椅子は濡《ぬ》れそぼち、祭りの華やかさを台無しにしてしまいそうな感じだった。

ところが、午後七時の開始直前になると雨は止み、詰めかけた信者さんたちに見守られ、神官に担がれたご神体は、滞りなく高層神殿の階段を上ってゆく。その荘厳な儀式をわたしは、参道わきに設《しつら》えられた巨大テントのなかの大型スクリーンに映し出された映像で観ていたのだが、式典の終了を告げる声が聞こえた途端に、ふたたび雨が降り出したのである。神を信じるというような気持ちをほとんど持ち合わせていないわたしも、その間合いのよさには感嘆したのだが、ふだんから大社の神威に接している土地の人には、その程度の出来事は不思議でもなんでもないらしい。

高層神殿はいつから

千木までの高さが二十四メートル、どの神社も及ばない高さを誇る神殿を前にすると、なぜこれほどまでの高層建築が出雲の大神オホクニヌシには必要だったのかと思わずにはいられない。しかも、鎌倉《かまくら》時代以前の高さは今の倍の十六丈、四十八メートルであったことが、西暦二〇〇〇年に発掘された巨大三本柱と、千家国造家に遺《のこ》された「金輪御造営差図《かなわごぞうえいさしず》」によってほぼ証明されている。そして、この高層神殿が出雲の地に建てられた由縁は、古事記に描かれたいわゆる「国譲り」神話によって窺い知ることができる。

高天の原から派遣された最後の切り札タケミカヅチ（建御雷神）の武威によって、息子コトシロヌシ（八重事代主神）とタケミナカタ（建御名方神）が屈伏させられると、オホクニヌシはタケミカヅチに言う。「天つ神の御子の天つ日継ぎ知らせるとだる天

2000年に出雲大社境内から出土した三本一組の巨大な本殿中央の柱（出雲大社提供）

の御巣《みす》」、つまり高天の原にいますアマテラス（天照大御神）の子孫たちが代々受け継ぎ支配なさるりっぱな宮殿のごとくに、柱を地中深くどっしりと建て、高天の原に届くほどに千木を高々とそびやかした殿にわたしを「治め賜」うならば、葦原の中つ国は命令のままにすっかり献《たてまつ》り、自分は隅っこに隠れておりましょう、と。

そのように服属の条件を示したオホクニヌシは、クシヤタマ（櫛八玉命）に準備させたご馳走《ちそう》をタケミカヅチに饗応《きょうおう》し、服属を誓う。それを、わたしたちは「国譲り」という甘美な呼称で受け入れているが、古事記に語られる国つ神オホクニヌシから天つ神への地上の領有権献上は、簒奪《さんだつ》とか侵略とか呼ぶのがふさわしい。結局のところ、オホクニヌシ一族はタケミカヅチの武力に屈伏し、地上を譲り渡す際の唯一の交換条件として、自らが鎮座する出雲の神殿を「治め賜」うことを要求したのだと古事記は語っている。

では、その神殿修造の約束はいつ果たされたのか。古事記の注釈書などでは、オホクニヌシによる条件提示の場面に続くクシヤタマの饗応を、タケミカヅチによる宮殿造営と、それに続いて行われたオホクニヌシに対する祭祀儀礼だとみなす解釈が主流になっているが、これは明らかな誤読である。別に論じたことだが、クシヤタマは、オホクニヌシに命じられてタケミカヅチを饗応しているのである（三浦「出雲と出雲神話」）。しかしそう読むと、古事記には、オホクニヌシの要望を受け入れて天つ神の御子の住まいに匹敵する神殿を治めたという神話は語られていないということになる。

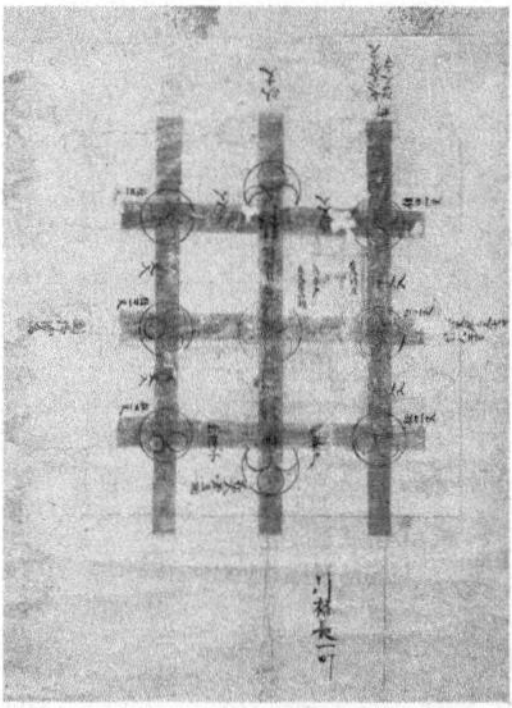
出雲大社に伝わる古代神殿が描かれた「金輪御造営差図」（千家尊祐氏所蔵）

もちろん、語られてはいないが、饗応を受けたタケミカヅチが高天の原にもどって報告した後に、アマテラスの命令を受けて地上にもどり、オホクニヌシのための神殿を造営したという深読みはできるだろう。しかし、それは文脈に則した読みとは言いがたく、タケミカヅチの報告を聞いたアマテラスとタカギ（高木神）は、オシホミミ（忍穂耳命）を地上に降ろすのに躍起で、オホクニヌシとの約束など眼中になさそうだとみなければならない。

そこで、上巻を過ぎて古事記の叙述を追ってゆくと、オホクニヌシとの約束が果たされたと読める唯一の場面にたどり着く。中巻にある、オホクニヌシの「祟《たた》り」によって神殿の修造が蒸し返されるイクメイリビコ（第十一代垂仁天皇）の時代である。后サホビメ（沙本毘売）とのあいだに生まれたホムチワケ（本牟智和気）が物を言わない御子であり、イクメイリビコは何とか病気を治そうと腐心する。その折、御子の物言わない原因が、出雲大神の「祟り」であるということが判明するのである。古事記にただ一か所「祟」の字が用いられた場面だが、自らの夢で原因を知ったイクメイリビコは、使者とともに御子を出雲に遣わし、大神を拝ませる。すると御子は言語を回復し、「歓喜」したイクメイリビコは、すぐさま報告にもどった使者を出雲に帰して、「神宮を造らしめき（令造神宮）」と語られている。

この時の社の建立を、ヤマト（天つ神）の側の初めての出雲大社造営と解釈する研究者は少数だが（西郷信綱『古事記注釈』は、わたしが考えているのとはニュアンスは違うが、新たに「宮を造ってやることによって（略）その神が宮廷を守る神へと転ずる」と述べる）、古事記の文脈をたどってこの場面に出くわすまで、オホクニヌシの出した条件が実現したと読めるところはない。それにもかかわらず、読み手は、天つ神の側は出された条件をすぐに実行したに違いないと、勝手に解釈してしまうのである。

そうした従来の、天つ神の側に立った好意的な解釈をやめ、約束を果たしてくれないヤマト（天皇）に向けてオホクニヌシの怒りが炸裂《さくれつ》し、天皇の御子ホムチワケは祟りを被ることになったと読めば、イクメイリビコの夢に顕《あらわ》れたオホクニヌシの、「天皇の宮殿のごとく」わが宮を修理してくれたならば御子は物を言うというお告げはたいそう理解しやすくなるはずである。

日本書紀の伝え

一方、日本書紀は出雲の社をどのように伝えているかというと、譲渡を迫る第九段の正伝（本文）は、建立について何も語らない。オホナムヂ（大己貴神）は、フツヌシ（経津主神）とタケミカヅチ（武甕槌神）の二神に対して、自分が国土平定の際に使っていた「広矛《ひろほこ》」を差し出して服属し、国の隅っこに隠れてしまう。つまり、条件そのものを提示することがないのである。

それに対して日本書紀のなかで社の建立を語るのは、同段一書第二の記事である。地上に派遣されたフツヌシ・タケミカヅチの二神を、自分のところに来たかどうか疑わしいと言ってオホナムヂは追い返すが、高天の原にもどった二神は再び降りて、改めてタカミムスヒ（高皇産霊尊）のことばを伝えて交渉するのである。

お前が治めている「顕露《あらは》之事《なること》」は、わが孫（タカミムスヒのことばだがアマテラスの子孫をさす）が治め、「汝は以ちて神事《かくれたること》」を治めよ。また、「汝が住むべき天日《あめのひ》隅宮《すみのみや》は、今し供造《つく》らむ」と約束し、あわせて建物の規模について、「千尋の栲縄《たくなは》を以ちて、結びて百八十紐《ももやそむすび》とし、其の造営《みやつくり》の制《のり》は、柱は高く大《ふと》く、板は広く厚くせむ」と約束する。加えて、その他もろもろのことを約束した上で、「汝が祭祀を主《つかさど》らむ者は、天穂日命《あめのほひ》なり」と告げる。

それらの申し出を承諾したオホナムヂは、「吾は退《さ》りて幽事《かくれたること》を治らむ」と言うと、すぐさま、おのれの体に「瑞の八《や》坂瓊《さかに》を被《とりか》けて長《とこしへ》に隠」れた。

こう語るのが、日本書紀第九段一書第二の伝えである。

オホナムヂから地上を奪取した天つ神の側から説明するのに、我々は「顕露之事」を、お前は「神事＝幽事」をと振り分けるのは、ずいぶん都合のいい勝手な言い分のようにみえる。しかし、それは勝者の側の要求としてみれば当然ともいえる。しかも、現在の出雲大社が表向きに発言する時、この第二の一書を根拠にした解釈に寄りかかり、「一つの日本」を幽界から守護する存在として自分たちの祀る神を位置づけている。それこそが、日本書紀を根拠とした近代国家の神話解釈だったからである。そして当然、そこでは、古事記の語りから聴こえてきた、奪われる側の無念さは消去され、慶《よろこ》ばしき「国譲り」へと変貌《へんぼう》する。それが日本書紀の歴史観であり、ヤマト（日本）の一元的な支配を貫徹するための律令的な論理だった。

ヤマトが介入する以前から、出雲の地に建っていたはずの巨大神殿を、ヤマトの側が建てたと位置づけなおす必要が律令国家にはあった。だからこそ、オホナムヂのほうから治め賜うことを要求したと語る古事記の語りではなく、タカミムスヒの提案として、天つ神の側から宮殿造営が言い出されているのである。それゆえに、出雲の神を祀るのは、高天の原に出自をもち、アマテラスの子として位置づけられたアメノホヒ（天菩比命）でなければならなかったということになる。

アメノホヒは、いわゆるウケヒ神話において、アマテラスの珠《たま》をスサノヲ（須佐之男命／素戔嗚尊）が嚙《か》んで吹き出した子のなかの一柱であり、古事記にも日本書紀正伝にも、アマテラスの子として位置づけられている。そして、古事記のアメノホヒ誕生の場面には、「天菩比命の子、建比良鳥命、〈此は出雲国造（略）等が祖〉」とあり、出雲国造家がアメノホヒの子に起源するという伝えは、日本書紀と同じである。しかし、出雲大神の祭祀をアメノホヒの子孫が司《つかさど》るという、第二の一書のような明確な記述はもっていない。そこからみて、出雲国造の系譜をアメノホヒに求めるのには何らかの屈折があったのではないか。おそらく、ヤマトの側が、出雲を自分たちの支配する国の一地域として確定した時、出雲の勢力に何かが起こったのだと思う（この点に関しては、『風土記の世界』を経たのちに『出雲神話論』のなかで詳細に論じたので参照願いたい)。

奈良盆地の三人❸目弱王

奈良盆地の南西部、葛城市から御所《ごせ》市を中心とした地域を葛城と呼ぶ。葛城山から金剛山《こんごうさん》にかけての東麓《とうろく》ということになるが、そのあたり一帯に勢力を誇っていた大豪族が葛城氏であった。五世紀の頃である。

一九九〇年代から、橿原考古学研究所による継続的な発掘調査が行われ、ベールに包まれていた葛城氏の様子もかなり明らかになってきたのではないかと思う。その概要は、橿原考古学研究所附属博物館の展示を見学すればよくわかる。中心地と考えられる南郷《なんごう》遺跡群のうちの一つ極楽寺《ごくらくじ》ヒビキ遺跡（奈良県御所市大字極楽寺）から、豪族居館ではないかとされる大型掘立柱建物の遺構が発掘されて話題になったのは二〇〇五年二月のことであった。その報道に接してわたしは胸をときめかせたのだが、それは、古事記に語られている御子マヨワ（目弱王）と葛城のツブラノオホミ（都夫良意富美）との哀しい最期を思い浮かべたからである。

古事記下巻、オホサザキ（大雀命、仁徳天皇のこと）の孫アナホ（穴穂命、安康《あんこう》天皇のこと）が天下を治めていた時のこと。アナホは叔父《おじ》オホクサカ（大日下王）の妹を、自分の弟オホハツセ（大長谷若建命、後の雄略《ゆうりやく》天皇）の妃《きさき》にしたいと思い、使者を立てて求婚する。オホクサカは大いに喜び、黄金の冠をお礼に持たせて使者を帰す。ところが使者はその冠に目が眩《くら》んで猫ばばし、アナホには、オホクサカが妹を差し出すのを拒んだと嘘をつく。怒ったアナホは軍隊を差し向けてオホクサカを殺し、その妻を奪って自分の后《きさき》にする。

殺されたオホクサカと妻との間にはマヨワ（目弱王）という七歳になる少年がおり、母とともにアナホの許《もと》で暮らすことになった。ある時アナホは、高床の御殿で后の膝《ひざ》を枕に、「マヨワが大きくなって父を殺したのが自分だと知られるのが心配だ」と語る。その時ちょうど床下でマヨワが遊んでおり、アナホのことばを聞いてしまう。父を殺したのがアナホだと知ったマヨワは、アナホが寝るのを待って寝室に押し入り、枕元に置かれた太刀でアナホの首を切り落とすと、葛城の地を本拠とするツブラノオホミ（都夫良意富美）の家に逃げ込んだのである。

天皇であり兄であるアナホを殺されたオホハツセは、すぐさま軍隊を引き連れてツブラノオホミの家を包囲し、矢が葦のように飛び交う戦いとなる。その最中、オホハツセがツブラノオホミに翻意を促すが、武器を外してオホハツセの前に現れたツブラノオホミは、自分を頼ってくれた御子は、たとえ自分はどうなろうとも見棄てられないと言って家の中に戻る。なおも戦い、ついに傷つき矢も尽きたツブラノオホミは御子に、「いかに」と問う。するとマヨワは、「もう今は我を殺せ」と言う。そこでツブラノオホミは御子を刺し殺し、自分も首を切って死んだ。

この戦いに勝利したオホハツセは次の天皇となり、天皇家をも凌《しの》ぐ権勢を誇った葛城氏は滅亡する。五世紀後半の出来事である。

古事記という作品が興味深いのは、国家の側に身を寄せて物語るのではなく、天皇を殺し臣下の家に逃げた御子と受け入れた臣下との側に立って、二人の最期を同情的に語ろうとするところである。まるで、二人が滅ぶ家の中で、二人の行為と会話を目の当たりにしながら中継でもしているような語り方になっている。読んでいると、語り手がマヨワとツブラノオホミに心を寄せようとしているのがよくわかるのである。

極楽寺ヒビキ遺跡から出土した居館跡は、この時二人が籠《こ》もってオホハツセと戦った建物だったのではないかとわたしは思った。発掘時に行われた現地説明会の資料によると、「柱痕跡すべてに焼土が混じることから、火災にあって焼失したようです」と記されている。そして案の定、日本書紀を読むと、家を囲んだオホハツセは火をつけて焼き殺したと記述されている。おそらく、葛城氏の頭領ツブラノオホミは逃げ込んだ御子とともに焼き殺されたのだ。そして日本書紀は、葛城氏の滅亡を外から眺めている。

事実としては日本書紀の描く通りだと思うのだが、それを古事記は、殺される側に身を寄せるようにして、二人の最期を劇的に語ろうとする。そこに古事記という作品のおもしろさが端的にあらわれていると言ってよいし、べつに取りあげたメドリ（女鳥王）もそうだったが（一四七頁）、語りとはつねに、滅びる者たちに向かう表現だったのではないかと思わせるのである。そこから短絡的にいえば、語りというのは死者の魂に向けられたことばだということになる。

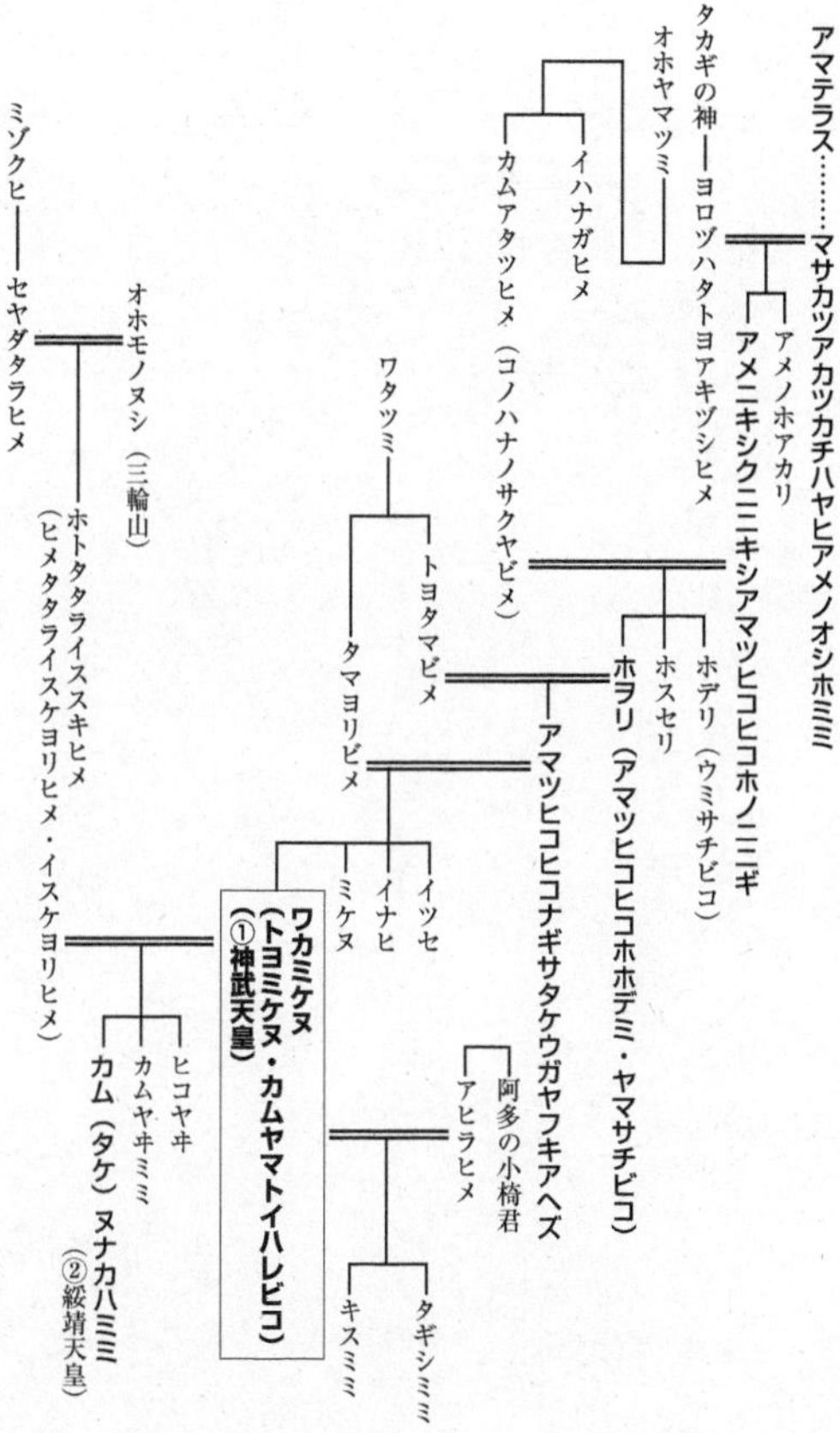

アマテラス
マサカツアカツカチハヤヒアメノオシホミミ
タカギの神
ヨロヅハタトヨアキヅシヒメ
アメノホアカリ
アメニキシクニニキシアマツヒコヒコホノニニギ
オホヤマツミ
イハナガヒメ
カムアタツヒメ（コノハナノサクヤビメ）
ホデリ（ウミサチビコ）
ホスセリ
ホヲリ（アマツヒコヒコホホデミ・ヤマサチビコ）
ワタツミ
トヨタマビメ
タマヨリビメ
アマツヒコヒコナギサタケウガヤフキアヘズ
イツセ
イナヒ
ミケヌ
ワカミケヌ（トヨミケヌ・カムヤマトイハレビコ）（①神武天皇）
阿多の小椅君
アヒラヒメ
タギシミミ
キスミミ
オホモノヌシ（三輪山）
ミゾクヒ
セヤダタラヒメ
ホトタタライススキヒメ（ヒメタタライスケヨリヒメ・イスケヨリヒメ）
ヒコヤヰ
カムヤヰミミ
カム（タケ）ヌナカハミミ（②綏靖天皇）

アマテラスの系図

第六章　ヤマト三輪山の神

オホモノヌシと三輪山

奈良盆地の辰巳《たつみ》の方角に位置してヤマト（倭）を護《まも》る神は、その方位ゆえかどうか、時に蛇に姿を変えて人里に下り、おとめを孕《はら》ませるという油断のならない神だが、その正体や素性はよくわからない。オホモノヌシ（大物主神）という名は「偉大なるモノのあるじ」としか解釈できない平明さで、普通名詞のような印象さえもつ。もちろん、モノ（物）という語のもつ不気味さや不穏さはしばしば説かれる通りであり、その名を口にすることさえ憚《はばか》られるゆえに、とりあえずは「モノ」ということばで呼ぶしかなかったということなのであろうが。

また、オホモノヌシという神名は古事記上巻に語られる神話のなかには出てこず、人の代の出来事を語る中巻になってオホモノヌシは動き出す。ということは、単に神話的な存在というよりは、人に対して生々しい力を発動する神のようにみえる。ところが一方、日本書紀では、オホクニヌシ（大国主神）と一体化されてオホモノヌシは存在するわけで、平明そうにみえて、なかなか手ごわく理解しがたい神なのである。

古事記のオホモノヌシ

オホモノヌシの名が古事記にみえるのは二か所で、その最初は、初代天皇として畝《うね》火《び》の白檮原《かしはら》の宮に即位したカムヤマトイハレビコ（神倭伊波礼毘古命）の大后《おおきさき》選定の場面。

側近のオホクメ（大久米命）は、ホトタタライススキヒメ（富登多々良伊須々岐比売命）またの名ヒメタタライスケヨリヒメ（比売多々良伊須気余理比売）を次のように紹介して、大后にふさわしい女性だと述べる。

ここに媛女《をとめ》あり。これ、神の御子と謂ふ。その、神の御子と謂ふ所以《ゆゑ》は、三島の湟咋《みぞくひ》が女《むすめ》、名は勢夜陀多良比売《せやだたらひめ》、その容姿麗美《かたちうるは》しきが故に、美和の大物主神、見《み》感《め》でて、その美人《をとめ》の大便《くそま》らむと為《せ》し時に、丹塗矢《にぬりや》と化りて、その大便らむと為し溝より流れ下りて、その美人の富登《ほと》を突きき（そうして生まれたのが、イスケヨリヒメである）。

いわゆる三輪山《みわやま》（丹塗矢）型神婚神話と呼ばれる類型に属する話で、オホモノヌシは、ここでは赤く塗った矢に変身して神聖な矢を立てられた比売という名をもつおとめの秀処《ほと》を突く。矢が男根の象徴として語られているのは言うまでもないが、三輪山に住まうオホモノヌシが、蛇になって人の前に姿を見せるというのも同じことである。その系統の神話は、「蛇婿入り」苧環《おだまき》型と呼ばれる昔話として広く知られている。

して、古事記にあるもう一か所のオホモノヌシの神話は、「蛇婿入り」苧環型の原型といえる話だ。

ミマキイリヒコ（第十代崇神《すじん》天皇）の代、疫病が蔓延《まんえん》して人が死に尽きそうになる。困った天皇が「神牀《かむどこ》」（神の教えを聴くための聖なる座）で神に祈ると、オホモノヌシが天皇の夢に出現し、疫病は「我が御心」によるものであり、「意富多々泥古《おほたたねこ》を以て、我が前を祭らしめば、神の気《け》起らず、また、安らけく平らけくあらむ」と告げる。そこで、急いで探させると、河内《かわち》の美努《みの》村にオホタタネコはおり、自分は、「大物主神の、陶津耳《すゑつみみ》命の女、活玉依毘売《いくたまよりびめ》を娶《めと》りて生みし子」から四代目にあたるオホタタネコだと答えたので、お告げの通りに祀《まつ》らせると疫病は鎮まる。

その記事に続いてオホモノヌシとイクタマヨリビメとの神婚のいきさつが語られており、夫もいないのに子を孕んだ娘を疑った両親が、腹の子の父親を探ろうとして男に付けた糸の行方をたどってゆくと三輪山の社の前まで届いていた、という苧環型の話になっている。

蛇という語は出てこないが、男の衣のすそに刺した針の付いた糸が、「戸の鉤穴《かぎあな》より控《ひ》き通りて出で」とあるところは、蛇を連想させるとみなしてよかろう。というのは、古事記にはないが、日本書紀に、オホモノヌシが「小さな蛇」の姿を顕《あらわ》したという話が語られているのである。

オホモノヌシが鎮座する三輪山（奈良県桜井市）

右の古事記と同じくミマキイリヒコの代、神を寄せる巫女ヤマトトトヒモモソヒメ（倭迹迹日百襲姫命）はオホモノヌシの妻となるが、いつも昼は姿を見せず夜だけやってくる。そこでモモソヒメが、お顔を見たいので夜が明けるまで留《とど》まってほしいと願うと、大神は、「吾、明旦《くるつあした》に汝が櫛《くし》笥《げ》に入りて居《をら》む。願はくは吾が形にな驚きそ」と言う。そのことばに不審を抱くが、夜が明けるのを待って櫛笥を見ると、「美麗《うるは》しき小さき蛇あり。その長さ大《ふと》さ、衣の紐の如し」であった（崇神紀十年

大神神社境内の巳の神杉。左側の棚には酒と生卵が供えられている。（奈良県桜井市）

九月条）。

驚いたモモソヒメが大声をあげるとオホモノヌシは恥じて人の姿になり御《み》諸山《もろやま》（三輪山のこと）に昇ってしまい、悔いてしゃがみ込んだモモソヒメは、箸《はし》で陰《ほと》を突いて死んでしまう。そこで造り葬ったのが箸墓であるというよく知られた話に続くのだが、ここで語られるオホモノヌシの姿が、かわいらしい小蛇であるというのは微笑ましい。その長さや太さは、古事記でイクタマヨリビメの家の「鉤穴」を抜ける姿にも通じる。今も、大神《おおみわ》神社の境内に立つ「巳《み》の神杉」の根元に空いた洞の中には白い蛇がいるそうで、見たことがあるという参拝者の話を聞いたりするが、その姿も大蛇ではない。

よく知られているように、大神神社には神殿がなく、神は背後に聳《そび》える三輪山にいますというあり方や、蛇という姿をとって人の前に顕れるという出現のし方などを考慮すると、名を呼ぶのも憚られるほどに恐れられ敬われるオホモノヌシという神が、古い土着神の神性を濃厚に潜めているのは間違いなさそうである。

祭祀者をめぐる混乱

古事記中巻に対応する日本書紀のオホモノヌシについてふれる。

まず、カムヤマトイハレビコの立后にかかわる記事だが、「事代主《ことしろぬし》神、三島溝橛耳《みしまみぞくひみみ》神の女《むすめ》玉櫛媛《たまくしひめ》に共《あ》ひて生める児《みこ》、号《なづ》けて媛蹈鞴五十鈴媛《ひめたたらいすずひめ》命」が、初代天皇の后になったと日本書紀にはあり、オホモノヌシはいっさい登場しない。

もう一つの、疫病の発生とオホタタネコの祭祀《さいし》についても、日本書紀にもほぼ同様のかたちで伝えられており、オホモノヌシをオホタタネコ（大田田根子命）に、ヤマトノオホクニタマ（倭大国魂神）をイチシノナガヲチ（市磯長尾市）に祀らせることで、国は平安になったと語る。ただし、祭祀者を要求するお告げは、天皇自身にではなく、ヤマトハヤカムアサヂハラマグハシヒメ（倭迹速神浅茅原目妙姫）ら三人が見た同じ夢によってもたらされたとある（崇神紀七年八月条）。

この古事記と日本書紀に伝えられるオホタタネコによるオホモノヌシ祭祀の記事、日本書紀において箸墓の起源として伝えられるヤマトトトヒモモソヒメによるオホモノヌシ祭祀の記事を並べてみると、ミマキイリヒコの時代に、三輪山山麓《さんろく》において、土着の神と神を祀る者とのあいだに緊張した空気が漲《みなぎ》っていたらしいことが窺《うかが》える。それは、初代天皇カムヤマトイハレビコの后として、オホモノヌシが孕ませた子イスケヨリヒメが選ばれたという神話の背後に透けてみえる不穏さとも通じるのではないか。実在性のない初代天皇だが、イハレビコの没後にイスケヨリヒメを挟むかたちで、異母兄弟による後継者争いを語るのは、そうした消息がこだましているからであろう。

自らの立場が脅かされ、祭祀がないがしろにされていると感じてオホモノヌシは、疫病を蔓延させる。そして、「神牀《かむどこ》」に座って神を祀っている天皇の前に顕れたり、三人同時に同じ夢を見させたりするという尋常ならざる振る舞いによって、オホモノヌシは自らの怒りを告げ知らせようとしたのである。この時、オホモノヌシはそうとう切羽詰まっていたに違いない。

三輪山にいます神は、何におびえ、何に怒っていたのか。それを歴史的な事象に結びつけることに、いかほどの有効性があるかという点には十二分の配慮が必要だが、今のわたしには、いわゆる纏向《まきむく》遺跡にかかわるヤマト王権の発生とつなげて考えてみたいという衝動を抑えがたい。それが世にかまびすしい「ヤマト（邪馬台）国」かどうかはここでは問わないが、三世紀のはじめ頃、三輪山のふもとに王権と呼びうる勢力が萌《きざ》しはじめ、巨大な前方後円墳が造られる時代へと足早に突き進む。そして、その中心になろうとする地ヤマトで、根生いのオホモノヌシは自らの立場を脅かされていたのだ。

それゆえに、時代に抗《あらが》い、自らを主張することで、オホモノヌシは新たな祭祀者を要求し祀られることになった。そのあたりの消息を、ここに紹介した記事は伝えているように読める。そのことは、土着神オホモノヌシが王権の側の祭祀構造のなかに組み込まれていったことを意味しているということになろう。

オホクニヌシとの合体

古事記にオホモノヌシの名が見えるのは以上ですべてだが、日本書紀では、「一書に曰く、大国主神、または大物主神と名《まを》し、または国作大己貴命《くにつくりのおほなむぢ》と号《まを》し、……」（第八段一書第六）とあって、オホモノヌシはオホクニヌシの別名だと伝えている。

加えて同一書によれば、オホナムヂが国作りの途次、出雲にいると、海を照らして忽然《こつぜん》と顕れた者があり、「私がいなければ、あなたはどうしてよく国を平らげることができようか」と告げる。名を聞くと、「吾はこれ汝が幸魂奇魂《さきみたまくしみたま》なり」と答える。するとオホナムヂはその言をすんなりと受け入れ、どこに住みたいかと尋ね、相手が

「吾は日本国《やまと》の三諸《みもろ》山に住《とどま》らむと欲ふ」と言うと、「すなはち宮をそこに営《つく》り、就《ゆ》きて居《ま》」さしめる。それが「大三輪《おほみわ》の神」だというのである。

海彼《かいひ》からやってきた神にだれだと尋ね、お前の「幸魂奇魂」だと言うのを疑いもなく受け入れるというのは、考えてみれば奇妙な話である。他に例のない「幸魂奇魂」については、守り神とでも理解するしかないが、この神話と関連する資料として、「出雲国造神賀詞《いづものくにのみやつこのかむよごと》」（『延喜式』所収）があり、そこにみられるオホナモチ（大穴持命）による次のような発言と行動を重ねてみる。

> 皇御孫《すめみま》命の静まりまさむ大倭の国と申して、己命《おのれみこと》の和魂《にぎみたま》を八咫《やた》の鏡に取り託《か》けて、倭の大物主櫛𤭖玉《くしみかたま》命と名を称へて、大御和《おほみわ》の神奈備《かむなび》に坐せ、己命の御子阿遅須伎《あぢすき》高孫根乃《たかひこねの》命の御魂を、葛木の鴨の神奈備に坐せ、事代主命の御魂を宇奈提《うなで》に坐せ、賀夜奈流美《かやなるみ》命の御魂を飛鳥の神奈備に坐せて、皇孫《すめみま》命の近き守り神と貢《たてまつ》り置きて、八百丹杵築《やほにきづき》の宮に静まりましき。

オホナモチは、天皇の支配するヤマトの「守り神」として、大三輪の地に己の「和魂」をオホモノヌシクシミカタマと名づけて鎮め置き、三柱の御子神を葛城の鴨をはじめヤマトの三か所に坐さしめ、自らの本体は出雲にある杵築の宮に鎮まったというわけである。

この二つの神話に対して、古事記では、日本書紀と同じく海のかなたから神が来訪し、「能《よ》く我が前を治めば、吾能く共与《とも》に相作り成さむ。もし然らずは、国成り難けむ」と告げる。そしてオホクニヌシが、「然あらば治め奉る状は奈何《いか》に」と尋ねると、「吾は、倭の青垣の東の山の上に伊都岐《いつき》奉れ」と答えるのだが、その神については、「御諸山《みもろやま》の上に坐す神なり」とあるだけで、オホクニヌシとの一体化はまったく語られず、オホモノヌシという名も出てこない。

これらの相違をどのように解釈するかについては、次節で述べるつもりだが、オホモノヌシと呼ばれて三輪山に鎮座する神と、オホナムヂ（オホナモチ）の「幸魂奇魂」とか「和魂」とされる神とは、もとは同一の神などではなかった。それがある段階に至ってオホクニヌシの分身（幸魂奇魂あるいは和魂）と考えられるようになり、両神は一体化されていったのではないかと思う。

日本書紀にみられる二神の会話には不自然なところがあり、「出雲国造神賀詞」には、日本書紀が構想する律令的な観念に裏打ちされた、ヤマト王権（天皇）の守り神としてのオホモノヌシという立場が鮮明に示されている。それに対して、オホクニヌシと寄り来る神とを別個の神とみなす古事記の展開は自然で、律令的な世界から隔たった古層性を抱えこんでいる。それは、中巻のオホモノヌシ伝承にも認められたところである。

ただし、オホモノヌシが、出雲のオホクニヌシを介してヤマトに鎮座することになったという古事記の語りがいかなる意味をもつかについては、改めて考える必要がある。

三輪山にいます神

古事記の神話が日本書紀のそれともっとも大きく違うのは、なんどもくり返しているが出雲神話の有無である。日本書紀は出雲世界をほとんど語ろうとしないのに、古事記では、上巻の四割あまりを費やして、葦原の中つ国の誕生にいたる出雲の神がみの活躍と、高天の原の神がみの力に屈して国土を譲り渡す物語（国譲り）とを語り継ぐ。古事記の語り手にとっては、その、出雲の側の栄光と無念とを経ることなしに、天皇による地上支配はありえなかった。それに対して日本書紀は、高天の原の神がみの子孫が地上を支配する以前に、秩序化された世界が地上に存在してはまずいと考えたのだと思う。おそらく、無垢《むく》の大地を手に入れたかったのである。

オホナムヂの幸魂奇魂

出雲神話を語らない日本書紀にあって、正伝にはないが一書のなかの一本に、来訪したスクナヒコナ（少彦名命）との国作りの話と三諸山《みもろやま》に祀られる神の話が伝えられており（第八段一書第六）、古事記との比較ができるゆいいつの出雲神話である。しかも、一書の記事でありながら、後世における認知度は、古事記よりも正史である日本書紀のほうが高い。そこで、まずは日本書紀一書の記事をみる。それは国作りを手伝っていたスクナヒコナが「常世郷《とこよのくに》」に去ったあとに語られる。

> 時に、神《あや》しき光り海《うみ》を照して、忽然《たちまち》に浮び来る者有り。曰《い》はく、「もし吾在らずは、汝《いまし》、何《いかに》ぞ能《よ》くこの国を平《む》けましや。吾が在るに由りての故に、汝、その大きに造る績《いたはり》を建つこと得たり」と。この時に、大己貴神《おほなむぢ》、問ひて曰はく、「然らば、汝はこれ、誰ぞ」と。対《こた》へて曰はく、「吾はこれ、汝が幸魂奇魂《さきみたまくしみたま》なり」と。大己貴神の曰はく、「唯然《しか》なり。すなはち知りぬ、汝はこれ、吾が幸魂奇魂なり。今、何処《いづこ》にか住まむと欲ふ」と。対へて曰はく、「吾は日本国《やまと》の三諸山に住まむと欲ふ」と。故《かれ》、すなはち宮を彼処《かしこ》に営《つく》りて、就《ゆ》きて居《ま》しまさしむ。これ、大三輪の神なり。（第八段一書第六）

海を輝かして寄りつく神があり、わたしのおかげで国を立派に平定することができたのだとオホナムヂ（大己貴神）に言う。名を尋ねると、お前の「幸魂奇魂」だと言い、三諸山に住みたいと言うのでお連れしたというのだが、考えてみると奇妙な話である。それは、現れた神にオホナムヂが誰かと問うと、「汝が幸魂奇魂」だと答え、それに対してオホナムヂは、「唯然なり。すなはち知りぬ、汝はこれ、吾が幸魂奇魂なり」と言ってすんなりと受け入れてしまうのである。

幸魂奇魂という語は、他の古代の文献に用例が見当たらないのだが、ある神霊のなかの和魂《にぎみたま》と荒魂《あらみたま》のような関係だとすれば、相手に「汝が幸魂奇魂」と言われて、「唯然なり。すなはち知りぬ、……」と答えるのは不自然であろう。なぜなら、オホナムヂは、それまで自分の一部ともいえる「幸魂奇魂」という存在を承知していなかったということになるからだ。和魂と荒魂の場合は、『出雲国風土記』意宇郡条に載せられた語臣猪麻呂《かたりのおみいまろ》が海若《わたつみ》に祈願した時の呪詞《のりと》に、「大神の和魂は静まりて、荒魂は皆悉《ふつく》に猪麻呂の乞《こひの》む所に依り給へ」とあることからわかる通り、神に宿る神霊は和魂と荒魂との二つに分けることができると認識されている。しかも、和魂も荒魂もワタツミ(海の神)の一部として存在するのである。それに対してここに出てくる幸魂奇魂は、オホナムヂと寄り来た神との会話から推し測るに、神の一部とか神に宿っているものとかいうような存在ではないとみなければならない。

他の文献に用例はないが、日本書紀にはサキミタマ・クシミタマという訓注が添えられており、幸魂奇魂の訓《よ》み方は確定できる。その意味は漢字表記から考えて、「幸魂は幸福をもたらし、奇魂は奇《くす》しき働きをする」（新編日本古典文学全集『日本書紀』1、頭注）とみてよい。しかし、同書頭注にあるように、その幸魂奇魂を和魂・荒魂と「同じ」と理解したり、「命《みこと》自身のもっている幸魂奇魂」と解釈したりすることは、先に述べた理由から妥当ではないと思われる。ただし、「命自身のもっている」という説明を、オホナムヂ自身とは別の神格とみなし、外在的に存在するものでふだんは認識されていない守護霊（新しい認識だろうが）のような存在とみてよいなら、納得できないわけではない。

そのオホナムヂの幸魂奇魂である神が海を照らして寄りつき、住みたいと言った「日本国の三諸山」は、ヤマトの三輪山のこととみてよい。したがって、自ら名《な》を名告《の》ることのない神が、大神《おおみわ》神社に祀られるオホモノヌシ（大物主神）であることを疑う必要はないだろう。また、「日本国」とあるから「外国から来た神であるということを意識して書かれている」（千田稔「大神神社と出雲」『三輪山の古代史』）と言い切れるかどうかは疑問もあるが、外から訪れた神であることを強調しているのは間違いなかろう。

オホナモチの和魂

そのように解釈したうえで日本書紀の伝承を考えると、オホナムヂの危難を察した守護神が来訪し、三諸山への祭祀を求めたということになる。そして、それが葦原の中つ国を安穏な世界として完成させることになったと語るわけだが、日本書紀の文脈をたどるだけでは、オホナムヂの分身がヤマトの地を守護しているという認識を読み出すことはむずかしい。おそらく、それがはっきりするのは、『延喜式』(十世紀前半成立)に載せられた「出雲国造神賀詞」を待たねばならない。前節で引用した部分を再度取りあげることになるが了解いただきたい。

すなはち大穴持《おほなもち》命の申したまはく、「皇御孫《すめみま》命の静まりまさむ大倭の国」と申して、己命の和魂を八咫《やた》の鏡に取り託《か》けて、倭の大物主櫛𤭖玉《くしみかたま》命と名を称へて、大《おほ》御和《みわ》の神奈備《かむなび》に坐せ、己命の御子阿遅須伎高孫根乃《あぢすきたかひこねの》命の御魂を、葛木の鴨の神奈備に坐せ、事代主命の御魂を宇奈提《うなで》に坐せ、賀夜奈流美《かやなるみ》命の御魂を飛鳥の神奈備に坐せて、皇孫《すめみま》命の近き守り神と貢《たてまつ》り置きて、八百丹杵築《やほにきづき》の宮に静まりましき。

古事記や日本書紀の国譲り神話に対応する場面だが、出雲国造神賀詞(以下、神賀詞と略称)では、古事記や日本書紀の国譲り神話には語られないヤマトへの「和魂」の貢置を語っている。そしてこの貢置は、日本書紀に語られていた三諸山への幸魂奇魂の就居と響きあっているはずだ。

神賀詞によれば、オホナモチ(大穴持命)は、おのれの分身である「和魂」をオホモノヌシクシミカタマ(大物主櫛𤭖玉命)と名付けてヤマトの「大御和の神奈備」に、その子神たち三柱の「御魂」をヤマトの三所に配して皇孫（代々の天皇）を守護する神としてたてまつり、自らの本体は、杵築《きずき》の宮（出雲大社）に鎮座したというのである。ここに出てくるヤマトの神社というのは、大神《おおみわ》神社（桜井市）・高鴨《たかかも》神社（御所市）・河俣《かわまた》神社（橿原市）・ミハ山または飛鳥坐《あすかにいます》神社（ともに明日香《あすか》村）の四座であり、その配置は藤原宮を取り囲むかたちになっていると解釈されている（門脇禎二「三輪山へ献上された出雲神々の和魂」）。

そこから考えると、奈良盆地南部に祀られている古社四座の配置は、平城京遷都以前における宮都守護の観念が反映しているらしいのである。とすれば、神賀詞が伝える神話の成立は、七世紀末まで遡《さかのぼ》らせることが可能になる。しかもここに語られている内容は、日本書紀の「幸魂奇魂」の論理を発展させたところに見いだされていると考えるのが妥当だろうから、飛鳥の宮や藤原京の営まれた時期からみても神賀詞の内容からみても、七世紀初頭以前に遡らせることはできないのである。

また、日本書紀と神賀詞とを比較してみると、日本書紀の「幸魂奇魂」から神賀詞にある「和魂」へと認識のし方が展開したとみてよいはずだ。なぜなら、天皇（皇孫）のいますヤマトの「守り神」という認識は神賀詞のほうがはっきりしており、日本書紀も神賀詞も律令的な論理のなかで、ヤマトと出雲との関係を位置づけようとする立場が明確に見いだせるからである。

三輪山にいます神は日本書紀の第八段一書第六ではオホナムヂの幸魂奇魂とされるだけで、固有名オホモノヌシが日本書紀に出てくるのは崇神紀七年条である。また、神賀詞ではオホナモチの和魂はオホモノヌシクシミカタマと呼ばれているが、オホナモチの和魂なら神名はそのままオホナモチとされるのが自然ではなかろうか。またクシミカタマが日本書紀の「奇魂（クシミタマ）」に依拠しているのなら、オホナモチクシミタマとなるはずで、いずれにしても神賀詞に出てくる名前にははっきりしないところがある。わたしは、「クシ（霊妙なる）ミカ（神に供える酒甕《さかがめ》）タマ（神霊）」と解して、オホモノヌシの神前を祀る存在がオホモノヌシクシミカタマではないかと考えている。つまり、オホモノヌシに仕えて神を祀る者の意である。

そう考えると、オホモノヌシ（大物主神）と呼ばれる三輪山にいます神と、オホナムヂ（オホナモチ）の「幸魂奇魂」とか「和魂」とかされる神とは、もとは同一の神などではなかったということになる。それがある段階に至って分身（幸魂奇魂あるいは和魂）として一体化されていった歴史が背景にはあるのではないか、そのように考えてみてはどうか。

古事記の寄り来る神

ここまできてようやく、三輪山にいます神の鎮座を語るもう一つの神話を取り上げることができる。いうまでもなく古事記の神話だが、その内容は日本書紀や神賀詞とはずいぶん違うかたちになっている。

ここに大国主神、愁へて告《の》らさく、「吾独りのみして何《いか》にか能くこの国を作り得む。孰《いづ》れの神、吾と能くこの国を相作らむか」と。この時海を光《てら》して依り来る神あり。その神言《の》らさく、「能く我が前を治めば、吾能く共《とも》与に相作り成さむ。もし然らずは、国成り難けむ」と。しかして、大国主神曰《まを》したまはく、「然あらば治め奉る状は奈何《いか》に」とまをしたまへば、答へて言らさく、「吾は、倭の青垣の東の山の上に伊都岐《いつき》奉れ」と。こは、御諸山《みもろやま》の上に坐す神なり。

国作りの途中でスクナビコナ（少名毘古那神）に去られて嘆いていたところ、海を輝かして寄り来る神があったというのは日本書紀と違わない。しかもその神は、自分をきちんと祀れば国作りを手伝うと言う。どのように祀ればいいかを問うと、ヤマトの青垣の山の上に祀るように要求する。それが御諸山にいます神だという点も含めて、古事記と日本書紀とではほとんど変わりがないと思ってしまうが、じつは大きな相違が存在する。

古事記では、寄り来た神に素性あるいは名前を尋ねていないのである。尋ねるのは祀り方だけである。したがって、古事記の神話では、寄り来る神とオホクニヌシとの関係は何も示されない。幸魂奇魂ではないし和魂でもなく、すなおに読めば、オホクニヌシとはまったく別の神格とみるべきなのである。そうであるはずなのに、わたしを含めて多くの研究者は、日本書紀や神賀詞に引きずられてしまうためか、御諸山にいます神をオホクニヌシの分身とみなそうとするのだ。少なくとも、従来のほとんどの解釈はそうであった。

この場面について、スクナビコナとの関係を語るのはオホナムヂであるのに対して、寄り来る神にはオホクニヌシ（大国主）が対していることを指摘し、それは、「この国作りには政治的次元がからんで」いるからだと鋭く的確に論じた西郷信綱でさえ、二神の関係については日本書紀や神賀詞を引き合いに出して一体化を言うばかりで（『古事記注釈』第三巻、ちくま学芸文庫）、古事記が、日本書紀や神賀詞とは違うということを問題にしようとはしていない。

では、なぜ古事記と日本書紀とでは、寄り来る神の位置づけが違うのか。出雲神話を徹底的に排除しようとした日本書紀にあって、ゆいいつ取り込んだ（削除しなかった）オホナムヂの登場する出雲神話が、スクナヒコナと寄り来る神とを並べて語る第八段の第六の一書であった。おそらく、その原資料は、古事記が基づいている伝承と共通するはずである。そして、その共通する祖型が古事記のようなかたちだったか、それとも日本書紀にみられる内容だったのか、確実な姿を示すことはできない。古事記が原資料にあったオホナムヂの分身（分霊）説を語り忘れたか意図的に脱落させたとみなすこともできるし、原資料に存在しなかった分身（分霊）説を日本書紀が加えたとみなすこともできる。

決定的な根拠はないが、わたしは後者の見解に身を寄せ、元は、オホナムヂ（オホクニヌシ）と寄り来る神とは別の神だったと考えたい。なぜなら、日本書紀で展開される会話は不自然さをまぬかれず、成立の時点がおくれる神賀詞と日本書紀とのあいだに共通性が見いだせるからである。しかも、日本書紀と神賀詞の背後には、先に指摘したように律令的な観念の介在を指摘しなければならない。一方、オホクニヌシと寄り来る神とを別の神とみなす古事記の展開には不自然なところがなく、律令的な世界から隔たった古層性を抱えこんでいるのが古事記だとみなすことができるのである。

出雲国造と天皇

取り上げた三つの伝承を比較すると、古事記の伝えがもっとも古層にあったのは間違いがない。そしてそこでは、オホクニヌシのもとに寄り来た神が、国作りを援助するためにヤマトの御諸山に祀られることになったと語ることで、国作りの十全な完成を語ることができたのではないか。その結果、オホクニヌシはヤマトを含む葦原の中つ国の王として君臨した。そこへ、高天の原から遠征軍が降りてくるというのが古事記の構想だ。しかし、元来、三輪山にいますオホモノヌシは三輪の地に祀られる土着の神だったに違いない。その土着の神の鎮座が、古事記では、オホクニヌシのもとに寄り来た神がヤマトに祀られることを要求したというかたちで、鎮座起源を神の移動によって語る神話として語られることになった。

それに対して日本書紀は、三諸山にいます神を天皇を守護する神として位置づけなおすために、オホナムヂの幸魂奇魂という一つの神の分離という伝えを編み出したのではないかと思う。そして、それをより明確に説明しなおしていったのが、神賀詞に語られる「和魂」化であった。そこでのオホナモチは、歯向かうことのない祟《たた》りなすこともない、穏やかな和魂として、オホモノヌシと天皇とを守護する（祭祀する）神になっていったのである。しかも、その神話は、出雲国造の代替わりのたびに天皇の前でくり返される服属儀礼のなかではたらき続けた。

では、神賀詞を奏上する出雲国造とはいかなる存在であったか。他国の国造がそうであったように土着豪族であった彼らは、いつの頃かにヤマト王権に服属し、それと引き換えに天皇から国造の称号を与えられた。しかも出雲国造の場合は、その服属儀礼を、律令制度が確立し中央集権的な官僚制国家が成立したのちにも、天皇の即位儀礼である大嘗祭《だいじょうさい》のなかではなく、独立した儀礼として継続させられた。それは、出雲国造のヤマトへの服属が、他の豪族たちとは一線を画すほどに大きな出来事であったからに違いない。そうした過去を反映しているのが、古事記の出雲神話だとわたしは考えている。

ここで確認しておかなければならないのは、出雲国造家は、ヤマト王権に屈して服属を誓った一族だという点である。だからこそ彼らは、国造なる称号を与えられた。そして大事なことは、出雲のすべてが服属したのではないということだ。ヤマトの王権に歯向かって敗れ去った者たちもいた。古事記に語られるタケミナカタもそちらに属している。オホクニヌシや長男コトシロヌシは、どちらかと言えば国造の側に属しているかもしれない。そうした出雲における二つの立場を窺わせる記事として、日本書紀のミマキイリヒコ（崇神天皇）六十年七月条を切り出してみることができる。

筑紫と親密であった兄イヅモフルネ（出雲振根）の留守に、弟イヒイリネ（飯入根）はヤマトの要求に屈して出雲の神宝を差し出してしまう。怒ったフルネは弟を殺し、イヒイリネの弟ウマシカラヒサ（甘味韓日狭）とイヒイリネの子ウカヅクヌ（鸕濡渟）がヤマトに援軍を求めた結果、フルネはヤマトに討伐される。その後、出雲には ヤマトの傀儡《かいらい》政権が樹立され、ヤマトと結んだ弟イヒイリネの一族が出雲国造の称号を手に入れることになった。

一部に想像を含んでいるが、最近の考古学の成果によれば宍道《しんじ》湖を挟んだ東と西に、それぞれ別の勢力があったとされており（たとえば大塚初重『邪馬台国をとらえなおす』）、そうした点からみても、決して突飛な想定ではないはずだ。

その出雲国造が撰録《せんろく》者となったのが、現存する出雲国風土記である。とすれば、出雲国風土記の記載は、神賀詞がそうであるように、天皇家と結んだ側の出雲神話が載せられているということになる。だから、出雲国風土記に古事記と共通する神話が少ないことや、出雲国風土記にある国引き詞章が古事記に語られていないことを不審に思う必要はない。

研究者の多くは、古事記はヤマト朝廷によって編纂《へんさん》された書物だから、ヤマトが編んだ出雲しか出てこないと主張する。しかし、そうした見方は単純すぎるし説得力もない。出雲国風土記や神賀詞がヤマトの息のかかった者たちによってまとめられたのに対して、古事記の出雲神話は、敗れ去った者たちの側に寄りそうようにして語られているとみたほうがいいのではないか、今わたしはそのように考えている。

第七章　海の神、山の神

ウミサチビコとヤマサチビコ

幼児向けの絵本などとしても親しまれている「海幸彦と山幸彦」は、古事記（および日本書紀）の神話のなかでももっともなじみ深い話といえるだろう。しかし、絵本や昔話として流通している海幸彦・山幸彦と古事記のそれとでは、いくつかの点で大きな隔たりが生じている。そうした一般的な理解と古事記（および日本書紀）神話の解釈との差異を中心に、この神話をながめてみることにしたい。

兄と弟の対立

まずは名前について。日本書紀では「海幸」「山幸」という言葉は出てくるが、それが名前にはなっておらず、兄のウミサチビコは火《ほ》闌降命《すそりのみこと》、主人公である弟のヤマサチビコは彦《ひこ》火《ほ》火《ほ》出《で》見尊《みのみこと》とされている。また古事記でも、兄は火照命《ほでりのみこと》、弟は火《ほ》遠《を》理命《りのみこと》というのが本名で、その最初の部分に、

火照命は海佐《うみさ》知《ち》毘《び》古《こ》として、鰭《はた》の広物・鰭の狭《さ》物《もの》を取り、火遠理命は山佐《やまさ》知《ち》毘《び》古《こ》として、毛の麁《あら》物・毛の柔《にこ》物を取りき。

とあるが、それ以外の部分ではウミサチビコ・ヤマサチビコという呼称はいっさい登場せず、一種の愛称（ニックネーム）のように用いられているに過ぎない。

そこで用いられている海（山）サチビコの「サチ」という語だが、獲物のことはもちろん、獲物を獲《と》るための道具もサツ矢とかチ（釣り針）と言うところからみると、海（山）サチビコとは、海（山）のサチ（幸）を、サチ（釣り針や弓矢）を使って獲る男という意味になる。つまり、獲る人もまたサチ（サツ男《を》とかサチ彦）と呼ばれるので、獲物と道具と人（ここは神）が三位一体のような関係になっているのだということがわかる。

したがって、ウミサチビコとヤマサチビコを、昔話や絵本のように海と山を象徴する兄弟の対立として読めばわかりやすい教訓譚《たん》になるのだが、古事記（および日本書紀）の神話が語ろうとするのは、それほど単純なおとぎ話ではないとみなければならない。それは、「サチ」という語が古代的な心性にかかわっていることと、この神話が天皇家の血筋にかかわって語られていること、そのまったく別の二つの側面から説明しなければならないからである。

まずは、その神話の前半部分を古事記によって簡略に紹介しておこう。

高天の原から地上に降りてきたヒコホノニニギ（日子番能迩々藝命、太陽神アマテラスの孫にあたる）は、山の神の娘のコノハナノサクヤビメ（木花之佐久夜毘売）

と結婚して三人の子が生まれる。その兄がホデリ（火照命）、弟がホヲリ（火遠理命）で（こういう場合、中の子は無視される）、ある時ホヲリは、拒む兄に何度も頼んで釣り針を借りて海に出るが、魚は釣れず釣り針も失くしてしまう。返せと責める兄に、自分の剣を鋳潰《いつぶ》して弁償するが兄は元の釣り針を返せと言ってきかないので困って泣いていると、シホツチ（塩椎神）という潮流を支配する神が目のない竹籠《たけかご》の船を作り、ワタツミ（綿津見神、海の神）の宮へ行く方法を教えてくれたので、海底にあるワタツミの宮へ釣り針を探しに行った。

前半部分のおおよその内容を示したが、ここで注目しておきたいのは、昔話風にいえば、ケチで意地悪な兄とやさしい弟という設定になっているようにみえるが、神話的にいえば、兄が釣り針を貸し渋ったり、元の釣り針を返せと要求したりするのは当然のことなのであるという、道具の呪力《じゅりょく》とでもいえる問題である。というのは、サチは獲物でもあり道具でもあるのだから、形は同じでも、別のものではサチを得ることはできないのである。道具（サチ）にはその道具を使う者だけに許された力が込められているから獲物（サチ）が寄りついてくるのだといってもよい。このことは、古代的というよりは、職人の世界などをみれば、現代でも十分に通用する心性ではないかと思う。そこからいえば、兄の要求は、不当なとか理不尽なとかいう類《たぐい》の要求ではないようにみえる。

とすると、兄は意地悪だから元の釣り針を返せと迫るのではないということになる。昔話の対立譚なら、意地悪な兄とやさしい弟という対立関係が強固にでき上がっており、様式化しているので、聴き手は弟の側に立ってすんなりと話を受け入れることができるのだが、神話の場合はそうはいかない。その話型のなかに、ここで言えば、サチに対する観念を抱え込んでしまうと、ほんとうに兄は悪いのかという疑問が生じてしまうからである。

ただし別の面から言うと、神話でも昔話でも、兄弟が登場する話では、年下の弟が勝利者になるという鉄則があり、これはきわめて強固なものであるゆえに、釣り針を失くしてしまった弟ホヲリを悪役に仕立てるという構図は、すくなくとも伝承世界では採れないという点も忘れてはならない。ちなみに、この年下優位説は、末子《ばっし》相続などとのかかわりで論じられたりするが、社会習俗の問題というよりは、伝承における様式の問題として考えるべきだと思う。というのは、姉妹の場合でもかならず妹が優位な立場におかれるし、そのあり方は日本社会における固有性というよりは、世界的に不変の法則とでもいえるものだからである。

しかも、この神話でいうと、弟のホヲリが天皇の血統につながる「弟」であり、それが兄のもつ古代的な心性より優位なものとして存在するということである。そのために、兄ホデリはやっつけられてしまうのである。

シホツチというのは「シホ（潮目）ツ（～の）チ（霊力）」の意で、海の流れを支配する神をいう。その神によって、ワタツミの宮への行き方とその後の対処法を教えられる。このような援助者が現れてくるところは、さまざまな冒険を経て成長するという少年の冒険物語の様式性のなかで考えることができる。そして、冒険先の異界で真っ先に女神と出会い恋に落ちるという展開は、根の堅州《かたす》の国を訪問してスサノヲからさまざまな試練を受けたオホナムヂ（大穴牟遅神）の場合と同じだということに気づかされる。

ワタツミは「ワタ（海）ツ（～の）ミ（霊力）」で、海の神のこと。固有の神名として、山の神オホヤマツミの対として配置され、陸に対する海を支配する神とされているが、オホワタツミという言い方はしない。そのワタツミが住んでいる宮殿がワタツミの宮で、そこはクニ（国）という呼称をもたない。根の堅州の国や常世《とこよ》の国のような大地ではないからである。同様に高天の原もクニとは呼ばない。しかし実際には、神話のイメージのなかでは、高天の原もワタツミも固い地面をもった世界として描かれている。ただ、存在するのが天空であり、海中であるということが眼目としてあるのだ。

弟の優位性

ワタツミ（海の神）の宮に着いたホヲリは、ワタツミの娘トヨタマビメ（豊玉毘売）と懇ろになり、釣り針のことも忘れて三年間の結婚生活を送る。そして三年後のある日、釣り針のことを思い出してため息をついたのをトヨタマビメに知られ、父親のワタツミに問われるままに釣り針のことを話すと、ワタツミは海の魚をことごとく集めて、タイの喉《のど》に刺さった釣り針を見つけてくれる。そして、釣り針を見つけてくれたワタツミは、兄に返す時の返し方を教えるのだ。それは、釣り針を兄に返す時に、

　このちは（此鉤者）　この釣り針は
おぼち　すすち（淤煩鉤、須須鉤）　ぼんやり釣り針　すさみ釣り針
まぢち　うるち（貧鉤、宇流鉤）　貧しい釣り針　おろか釣り針

と唱えながら、「後ろ手」で返すという方法であった。そうすれば、ホデリ（ウミサチビコ）はまったく海の幸が獲れなくなってしまうというのである。

この教えは、呪詛《ブラックマジック》と言ってもいいようなことばであり、所作である。呪術《じゅじゅつ》的に発せられたことばは、よいことも悪いことも実現してしまう。そこには、弟ホヲリの優位性というものが、異界のワタツミによって保証されているという点で、どこか権力的な志向がはたらいているようにみえる。しかもワタツミは、水を自在に操ることのできる二つの珠《たま》までくれる。

本来なら兄ホデリ（ウミサチビコ）の守り神であるはずのワタツミが、ホヲリ（ヤ

マサチビコ）の守護者のようにはたらいたのでは、ウミサチビコに勝ち目があろうはずはない。その結果、ついに兄は弟に屈して、「昼夜の守護人《まもりびと》」となって仕えることを誓うのである。

古事記では、兄のホデリは、「隼人《はやと》阿《あ》多君《たのきみ》の祖」と伝えている。彼らは隼人舞と称する服属儀礼の舞を天皇の前で定期的に演じていたことが知られるのだが、それはこの時の溺《おぼ》れたさまを再現したものだと伝えている。

自分から言い出して無理やり借りた兄の釣り針を失くしたうえに、返済を迫った兄をワタツミの力を借りて徹底的にやり込めてしまうというのが、やさしいはずの弟ホヲリ（山佐知彦）の振る舞いなのである。ここまでいくと現代の絵本では受け入れられない展開になってしまうために、ふつうは意地悪な兄が謝ったので許してやり、「二人は仲良く暮らしました」という無難な結末が準備される。しかし、それは元の神話からみれば大きな逸脱といわざるをえない。

古事記神話のなかには、昔話と同様の構造を持つ兄弟対立譚はほかにも語られており、弟が主人公になるというのは固定した様式として存在する。しかし、それらではいずれも、やさしさと意地悪という兄弟の「心」が問題にされることはない。たとえば、オホナムヂを主人公とする稲羽《いなば》のシロウサギ神話を、やさしい弟オホナムヂと意地悪な兄たちとの対立として読むことも可能だが、そこで語られているのはオホナムギの巫医《ふい》的な能力であった(第一章「笑われるアマテラス、援助するネズミ」)。そして、当面の海幸・山幸神話では、二人の心根というよりは、弟が主人公になって勝利するという語りの構造が、何人もの援助者(シホツチやトヨタマビメやワタツミ)の介入などによって徹底的に強化されているのである。それはなぜかといえば、弟のホヲリが天皇家の血筋につながる正統の後継者として存在するからにほかならない。

このように考えると、稲羽のシロウサギ神話と海幸・山幸神話とのあいだに存するわずかな違いもみえてくるのではないか。稲羽のシロウサギの場合は、巫医性という側面がやさしさという心根に転換しやすい要素であるのに対して、海幸・山幸にはやさしさに転換しうる要素がどこにも見いだせないという違いである。それゆえに、絵本的な側面からみると、稲羽のシロウサギは違和感のない話に仕立てられるのだが、ヤマサチビコの行動に対しては、どこかで、自分が無理に借りておきながらという釈然としない印象が残ってしまうのではなかろうか。

絵本や昔話では語られないが、兄を服従させた後、妊娠したと言って海中のワタツミの宮から地上を訪れたトヨタマビメが、海の神の本来の姿であるワニ(フカ・サメ類)になって生んだ子がウガヤフキアヘズ(鵜葺草葺不合命)で、そのウガヤフキアヘズとトヨタマビメの妹タマヨリビメ(玉依毘売命)とが結婚して生まれたのが初代天皇カムヤマトイハレビコ(神倭伊波礼毘古命、神武天皇)である。つまり、ホヲリは、太陽神アマテラス（天照大御神）と地上の支配者である天皇とを血縁的につなぐために存在する神なのである。そして、この神話によって古事記（そして日本書紀）が語ろうとしているのは、天から降りてきた天照大御神の孫ニニギが山の神の娘コノハナノサクヤビメ（木花之佐久夜毘売）と結婚して山の力を身に受けたホヲリを生み、その子が海の神の力をも手に入れることで、山と海とによって象徴された大地の力を体現した地上の支配者になる資格を得たという、天皇家の血筋の正統性なのである。そのあたりに、この神話が抱え込んでいる不協和音をもたらしているのかもしれない。

神話の広がり

一方、この神話から天皇家の神話という装いを剝《は》がしてしまうと、別の見方が可能になる。すでに早い時期から、この神話は環太平洋一帯に広がる「失われた釣り針」型の伝承と共通の話型をもち、インドネシアなど南太平洋に源流をもつものだということが指摘されてきた（松本信広『日本神話の研究』、松村武雄『日本神話の研究』など）。先にふれた稲羽のシロウサギ神話も同様に南太平洋の伝承との類似が指摘されており、日本神話の起源や伝播《でんぱ》を考える上で、黒潮の道は重要なルートの一つであった。そして、日本神話では愛称のようにして出てくる海幸彦と山幸彦という登場人物二人に与えられた属性は、この神話の起源ともかかわっているということができるだろう。

海と山とを対比しながら山の勝利を語るというパターンをもつ伝承群がある。その一つが、古事記でいえば稲羽のシロウサギ神話である。この神話は、ウサギ（山の象徴）とワニ（海の象徴）との知恵比べ（対立葛藤《かっとう》譚）とみることができる。古事記では、ウサギはワニの背を渡りながら、最後の一歩というところで口を滑らせたためにワニに皮を剝がれて失敗するが、それは、シロウサギよりも優位に立つオホナムヂという神の知恵を強調するためであり、南太平洋一帯で語られている伝承では山の象徴である小鹿がまんまとワニをだまして対岸に渡ることに成功する。つまり、知恵は山（陸地）の側に与えられるのである。これは、昔話「クラゲ骨なし（猿の生き肝）」などでも同様に見いだせる。おそらく、海幸・山幸神話にも、そうした山の者の優位性といった性格が付与されていたに違いない。

すでにさまざまに論じられている通り、海幸・山幸神話も、南太平洋を中心として環太平洋一帯に広がる伝承であり、それは、失くした釣り針を求めて海の中に行った若者が、海の力を得て帰るという話だったのであろう。そこで語られるのは、異界遍歴をモチーフとした若者（少年）の冒険譚であり、通過儀礼の要素をもつ成長譚でもあった。兄弟（友人同士）の対立を強調した場合には心根が問題になることもあるが、かならずしもやさしい心が求められているわけではない。試されているのはおそらく、若者に求められる知恵と勇気だったのである。

山の神

山の神と呼ばれる存在がどれほどの実態をもっていたか、よくわからない。山の入り口近くに「山の神」と彫られた石碑が立っていたり、小さな祠《ほこら》があったりはするが、特別な場合を除けば、その山ごとに固有の名前をもつ山の神が鎮座しているというようなことではないらしい。これは、川の神や海の神など、いわゆる自然神一般にいえることだろう。

われわれがふだんお参りするような、立派な社殿のなかに鎮座し祭られている神のほうが特殊なのか、山の神や川の神の祭祀《さいし》そのものが実態を失ってしまったために石碑や祠だけがわびしく立つということになってしまったのか。ここでは、古事記や日本書紀にあらわれる山の神を確認しながら、古代において山の神とはいかなる存在であったのかということについて考えてみたい。

オホヤマツミ

オホヤマツミノカミと呼称される神は、古事記に大山津見神、日本書紀に大山祇神と表記され、その名前を分解すると、「オホ（大、偉大な）＋ヤマ（山）＋ツ（「〜の」の意味の格助詞）＋ミ（神霊をあらわす語）＋ノ（格助詞）＋カミ（神霊をあらわす語）」という語構成になる。末尾に付けられた「〜の神」という呼称は、古事記や日本書紀において神名の呼称と表記が統一された段階で加えられたものと考えられ、元はヤマツミあるいはオホヤマツミというのが、山の神の呼び名であった。これは、ワタツミ（海の神）なども同じである。そのヤマツミがワタツミと同じ語構成だというのは、だれの目にも明らかだが（ワタは海の意、「ツ＋ミ」はヤマツミのツミと同じ）、ヤマツミとワタツミの両者は、神話のなかでも対の関係に位置づけられていることが多い。それはおそらく、狩猟と漁撈《ぎょろう》とがおなじ性格をもつということを示しているのだろう。

まずは、ヤマツミの登場場面について順番に見ておく。古事記によれば、大八島国をはじめ日本列島を構成する島々を生んだイザナキ（伊耶那岐命）とイザナミ（伊耶那美命）は、続いて、その大地を護る神々を生みなすのだが、山の神オホヤマツミもそこに現れる。

次に、風の神、名はシナツヒコ（志那都比古神）の神を生みき。次に、木の神、名はククノチ（久々能智神）の神を生みき。次に、山の神、名は大山津見神《おほやまつみのかみ》を生

みき。次に、野の神、名はカヤノヒメ（鹿屋野比売神）の神を生みき。亦の名は、ノツチ（野椎神）の神と謂ふ。（古事記、上巻）

シナは風の古名、ククはクキ（茎）、カヤは植物の茅（萱）とみてよかろう。ここに、オホヤマツミとともに並べられている神は、シナツヒコは風の男神、ククノチは茎の霊力（神霊）、カヤノヒメは萱の霊力、ノツチは野の霊力（チはミと同じく神霊をあらわす接辞）であり、いずれも生みなされた大地を覆う神々である。なお、ワタツミ（海の神）はその前の部分に、「海の神、大綿津見神」として登場している。続いて、ここで生まれたオホヤマツミとノツチとが、それぞれの能力を分担して、山と野とにかかわる神々を生みなしたという。

この大山津見神と野椎神《のつち》との二はしらの神、山野に因りて持ち別けて、生みし神の名は、アメノサヅチ（天之狭土神）、次にクニノサヅチ（国之狭土神）、次にアメノサギリ（天之狭霧神）、次にクニノサギリ（国之狭霧神）、次にアメノクラト（天之闇戸神）、次にクニノクラト（国之闇戸神）、次にオホトマドヒノコ（大戸惑子神）、次にオホトマドヒノメ（大戸惑女神）。

天と国とが対になっているのは明らかだが、神名の意味はわからない部分が多く、あえて解釈すれば、すばらしい野（サヅチ）、野に立つ霧（サギリ）、奥まった谷の出入り口（クラト）など野があり霧が立ち込め、谷に入っていくと人を惑わす（トマドヒ）男女神がいて惑わされるということになるだろうか。

オホヤマツミと呼ばれる神は、いわゆる山岳としての「山」を支配領有する神かというと、山だけに限定されているわけではなさそうだ。この神は古事記には何度か顔を出すのだが、そのうちのひとつは、スサノヲ（須佐之男命）のヲロチ（遠呂知）退治神話である。スサノヲが地上に降り、肥《ひ》の河をさかのぼり出会ったアシナヅチ（足名椎）は、「僕《あ》は、国つ神、大山津見神の子ぞ。僕が名は足名椎と謂ひ、妻《め》が名は手名椎と謂ひ、女《むすめ》が名は櫛名田比売《くしなだひめ》と謂ふ」と名乗る。

肥の河をさかのぼった先で出会うのだから、そこに山の神オホヤマツミの子がいてもいいが、アシナヅチ・テナヅチの子クシナダヒメは、その名からみても、神話の内容からみても、稲田の女神である。オホヤマツミという神に「山」の属性があるのは否定できないが、それ以上に地上（大地）を領有する神という役割が強く、見いだせるのは農耕的な性格なのである。これは、対になる神がワタツミ（海の神）であるということからも説明できるだろう。「海」の対概念とされる「山」とは、海ではないところ（陸地）をいうとみてもいい。

同じくスサノヲの系譜で、スサノヲが結婚するカムオホイチヒメ（神大市比売）もオホヤマツミの女《むすめ》とされている。そして、その生んだ子はオホトシ（大年神）とウカノミタマ（宇迦之御魂神）であり、そのどちらもが穀物をつかさどる神であるということからも、オホヤマツミには、大地の生産全体にかかわる農耕神的な性格が見いだせるのである。ただし、ここから、民俗学でしばしば指摘されるような、山の神と田の神とが交替可能な存在であるという認識につながるかといえば、それほど単純なことにはならないだろう。

オホヤマツミが登場するもうひとつの神話は、天孫降臨神話である。高天《たかま》の原《はら》から降りてきたアマテラスの孫ニニギ（迩々藝能命）が最初に出会ったコノハナノサクヤビメ（木花之佐久夜毘売）も、オホヤマツミの女と語られている。おそらく、この天孫と山の神の女との結婚は、「山」そのものというよりは「大地」の女との結婚を意味しているだろう。そこで生まれたホヲリ（火遠理命、ヤマサチビコのこと）が、ワタツミの宮に出かけて海の神の女トヨタマビメ（豊玉毘売）と結婚することによって、天から降りてきたニニギの子孫が、陸の力に加えて海の力を、つまり地上すべての力を手に入れて地上の支配者になったことを意味しているのである。ここからみて、オホヤマツミという神は、古事記（あるいは日本書紀）にあっては、単純に山岳を領有する神というふうにはいえないということになるはずである。

それは、ニニギとコノハナノサクヤビメとの結婚によって生まれたのが、ホデリ（火照命）・ホスセリ（火須勢理命）・ホヲリの三神、いわゆる海幸彦（ホデリ）と山幸彦（ホヲリ）であるということによっても明らかだろう。この、よく知られた海幸・

山幸神話は、陸の者と海の者との対立葛藤を語っているということができる。稲羽のシロウサギ（素兎）神話におけるウサギとワニとの競争譚もおなじだが、この種の競争や対立は、いずれも陸の者の勝利に終わる。その陸の者の代表が、「山」という名を与えられているのである。そういう点からみると、古事記（および日本書紀）の神話に登場する山の神は、民俗学的な山の神とは別の存在だというべきではないかと思うのである。

獲物を支配する神

山の神と呼びながら、古事記・日本書紀に出てくる山の神の性格は大地全体を象徴する存在であるということを述べた。しかし一方で、オホヤマツミとワタツミは、山と海との幸（獲物）を支配する神という性格ももっている。ことにワタツミの場合は、ホヲリのワタツミの宮訪問神話をみれば明らかなように、海の魚のことごとくを支配しており、おまけにワタツミ自らが、「吾、水を掌《つかさど》る」と述べている。また、海幸彦の子孫として、隼人の服属が語られていたり（海幸・山幸神話）、底津《そこつ》綿津見神・中津綿津見神・上津《うわつ》綿津見神というワタツミ三神を祀る阿曇《あずみ》氏が存在したり（イザナキの黄泉《よみ》の国からもどったのちの禊《みそ》ぎによって誕生する）、出雲国風土記、意宇《おう》郡条の、語《かたり》臣《のおみ》一族がワタツミ（海の神）を祀り、そのシンボルであるワニをあやつる神話をもつことなどからみて、ワタツミという存在が海の幸を人びとにもたらす神であると考えられていたというのは間違いなく言えるはずだ。

海の幸は常世波《とこよなみ》とともに、海の彼方《かなた》から寄りついて来ると考えられていた。人は、それを漁によって手に入れるのだが、それは決して人の力や技術ではない。海の幸を領有するのはあくまでも、ワタツミなのである。たとえば、万葉集では「勇魚取《いさなと》り」が海の枕詞《まくらことば》として用いられているが、それはクジラ(勇魚)が海の幸の象徴だったからだ。古代の漁撈技術からみてクジラが日常的な獲物であったとは考えにくい。それなのに海の幸の象徴になるのは、クジラは自ら浜に寄りついてくると幻想されていたからである。自ら浜に寄りつくというのは、ワタツミ(海の神)が人に与えてくれる幸ということを意味するが、それがクジラである。人が、海に出て主体的に捕獲するものではないということである。いうまでもないが、クジラに限らず、すべて海の幸とはそうした存在だった。

もちろん、待っていても海の幸は手に入らない。浜に出て、海に漕《こ》ぎ出して異界と交わることで、ワタツミの寄せてくれる幸を授かることができる。その手段が、銛《もり》で突くことであり、釣ることであり、網を打つことなのである。それは、山の幸を手に入れるための狩猟も同じことだといえる。

古代の文献には、山の幸にかかわる事例が海の幸ほどに多くはなく説明しにくいが、山の幸の狩猟は、海の幸の漁撈と対をなすものであった。それゆえに、その構造はほとんど漁撈と重なってしまう。猟師はヤマツミ（山の神）の領域に入り、神から幸を与えられるのである。神と交わる者は、海人がそうであるように、特別な人となる。

オキナガタラシヒメ（息長帯日売命、のちの神功《じんぐう》皇后のこと）が新羅から凱旋《がいせん》して産んだ子を連れて筑紫から倭《やまと》に戻ろうとするのを待ちうけ、戦いを挑んだ忍熊《おしくま》王と香坂《かごさか》王は、斗賀野《とがの》に出かけて狩りをし事の成否を占う。それを古事記ではウケヒガリ（宇気比獦）と呼んでいる（古事記、中・仲哀。日本書紀、神功摂政前紀条では「祈狩《うけひがり》」）。

狩猟がなぜ占いになるのかといえば、動物は神の領有するものであり、獲《と》れるか獲れないか、何が獲れるか、それはすべて神の意向だからである。しかしその意向を掌握している神を、具体的にヤマツミ（オホヤマツミ）と呼ぶような事例は存在しない。

たとえば、天皇が淡路島で狩りをした。「時に、麋鹿《おほしか》・猿・猪《ゐ》、莫々紛々《ばくばくふんふん》に山谷に盈《み》ち」ているのに、「終日に一つの獣《しし》をだに獲《え》」ることができないので占いをしたところ、島の神が祟《たた》って言うことには、「獣《しし》を得ざるは、これ我が心なり」と託宣したという（日本書紀允恭十四年九月条）。ここからは、獲物が神の側にあるということが明確に描かれていると読めるが、この文脈をみる限り、それを領有しているのは「島の神」であってヤマツミではない。

獲物が神の側に握られているととらえることによって、猟師が犬を連れている理由を説明することも可能になる。犬は、神の側の獲物をこちら側に呼びよせる力を持つために狩猟には犬が必要なのだ、というふうに。そして、異界につながる犬を飼うために、犬飼部《いぬかいべ》はタブーを抱えこんだ存在にもなる。鷹《たか》が狩猟に使われるというのも同じことだし、川漁における鵜《う》も同様の存在である。鷹や鵜という神の側の存在を自在にあやつるのは恐ろしい力となる。だから、それが可能な鷹匠《たかじょう》（鷹飼）や鵜飼《うかい》は特別な存在として扱われる。神や天皇が巡行や狩猟をするとき犬を連れ、鷹狩りをするのも、彼らが恐ろしき力をもつ者たちだからである（詳細は、三浦「起源としての生産・労働・交易」参照）。

民俗的な世界において、山に入る猟師やマタギたちのあいだに、さまざまなタブーが伝えられているのは、漁撈や狩猟が古代から続く異界侵犯という犯しを抱えこみ、神の世界の獲物を手に入れるという危険に向き合っているからだといえるだろう。

ただし、すでに述べてきたように、ワタツミの場合は認められるとして、山の幸を領有する神が、ヤマツミ（オホヤマツミ）という一般的な名称で呼ばれていたかどうかは定かではない。たとえば、谷筋ごとに分かれた、具体的な細部の地名やそれぞれの場所の名で呼ばれるような神が山の幸を支配しているという認識のほうが、実情に即していたのではなかろうかと思うのである。

個別の山の神

ヤマツミとかオホヤマツミというような普通名詞的な神ではなく、より具体的な性格をもつらしい山の神は古事記にも登場する。オクヤマツミ（奥山津見神）、オドヤマツミ（淤縢山津見神）、クラヤマツミ（闇山津見神）、シギヤマツミ（志藝山津見神）、ハヤマツミ（羽山津見神）、ハラヤマツミ（原山津見神）、ワカヤマクヒ（若山咋神）。しかし、これらの神が、獲物を支配しているというような神話は見つけられない。あるいは、古代ではもっともよく知られた山の一つ三輪山（御諸山）にはオホモノヌシ（大物主神）がいるが、（古事記、中・神武条など）、この神を民俗学でいうような山の神と言えるかというと、ずいぶん違った存在なのではないか。オホモノヌシは三輪山およびそこに棲息《せいそく》する生き物を掌中にしているというよりは、山を依《よ》り代《しろ》として人びとの前にあらわれる神だといったほうがわかりやすい。また、オホハツセワカタケル（大長谷若建命、雄略天皇）が葛城山《かずらきやま》に登ったときに出会ったというヒトコトヌシ（一言主大神）にも、山の獲物を支配するというような描写はみられない（古事記、下・雄略条）。

疫病が流行して人びとが死に絶えそうになった時、ミマキイリヒコ（御真木入日子、崇神天皇）が祭祀を行い、「宇陀《うだ》の墨坂《すみさか》の神に、赤き色の楯・矛を祭りき。また大坂神に、黒き色の楯・矛を祭りき」と古事記が語る墨坂神（大和盆地の東の出入り口を護る神で、現在の奈良県宇陀市榛原《はいばら》の西峠に鎮座する神）や大坂神（大和盆地の西の出入り口を護る神で、現在の奈良県香芝《かしば》市の逢坂《おうさか》に鎮座する神）も、地形的には山の神に属しているとみなすことができるが、その性格としては境界を護る神であって、獲物を支配する神とは言えないだろう。

ヤマトタケル（倭建命）伝承において、東征の折に、「足柄の坂本に到りて、御粮《みかりて》を食《は》む処」に「白き鹿《か》と化《な》りて来立」ったという足柄《あしがら》の「坂の神」も、境界神的な性格が濃厚で、狩猟にかかわるような性格を読み出すことはできない。それは、おなじくヤマトタケル伝承に登場する伊服岐《いふき》の山（伊吹山《いぶきやま》）の神の場合も変わりがない。

其の御刀《みはかし》の草那芸《くさなぎ》の剣《つるぎ》を以て、其の美夜受比売《みやずひめ》の許に置きて、伊服岐能山の神を取りに幸行《いでま》しき。ここに詔《のりたま》はく、「この山の神は、徒手《むなで》に直《ただ》に取らむ」とのりたまひて、その山に騰《のぼ》りし時に、白き猪《ゐ》、山の辺《へ》に逢ひき。其の大きさ牛のごとし。（古事記、中・景行条）

ヤマトタケルは、遭遇した伊服岐の山の神である「白き猪」を「神の使者《つかひ》」と誤解したために伊服岐の山の神の怒りをかい、大氷雨《おおひさめ》に打たれて病を得たのが原因で死んでしまう。ここに姿をみせる山の神はイノシシの姿をして現れるように、もっとも山の神らしい神だが、山に棲《す》む動物たちを統括し支配しているというふうに描かれているわけではなさそうだ。日常的にはそうだったかもしれないが、神話には描かれないということかもしれない。

次のように説明することはできるだろう。人びとの領域に対して、伊服岐の山は神の領域としてあり、そこは伊服岐の山の神によって支配されるところであった。とすれば、そこに棲む鳥獣や生えている木や花は、すべて神の側に属しているのであり、白いイノシシに化身することのできる神に支配されているということになる。その山の神をヤマトタケルが退治しようとするのは、神の領域を人びとの世界に組み込むことになるわけだが、この伝承ではそれは失敗したのであり、伊服岐の山は、相変わらず神の支配下に置かれていることを意味している。そして、そうであれば、そこに棲む鳥獣も生えている木や花も神のものであり、幸《さち》として、時に、神からもたらされるものであり続けるのだ、と。

出雲国風土記によれば、各郡ごとに山の産物や生き物が網羅されている。たとえば、意宇郡条を引くと、次のように記述されている。

すべて諸《もろもろ》の山野に在《あ》らゆる草木は、麦門冬《やますげ》、独活《つちたら》、……。禽獣《とりけもの》は、すなはち鵰《わし》、晨風《はやぶさ》、山雞《やまどり》、鳩、鶉、鶬《ひばり》、鵄鴞《づく》、熊、狼、猪、鹿、兎、狐、飛鼯《むささび》、獼猴《さる》の族《やから》あり。至りて繁《しげ》く全《また》くは題《しる》すべからず。

これらの多くは、人びとが生活資源として採集したり捕獲したりする植物や動物であったはずだ。そして、その山野は、山の神や野の神が領有しているところであり、当然のこととして、人がそれらを手に入れようとすれば、手に入れるための手続きが必要だったに違いない。古事記や日本書紀、あるいは出雲国風土記にそれが描かれていないのは、手続きが必要なかったとか、山を領有する神がいなかったというのではなく、わたしたちの前には、山に入る者たち自身の作法が伝えられていないからに過ぎないと考えなければならない。

われわれが手にすることのできる文字資料に描かれているのは、平地の側の、農耕あるいは稲作の側の伝承が圧倒的に優位なのだということになる。とすれば、古代の日本列島の実態は、そこに描かれているのとはずいぶん違っていたのは言うまでもない。そして、その実態を、われわれは文字とは別の道を通して、探り出すしかないのだと思う。

おわりに　敗れし者たちへ

二〇一二年に古事記が撰録《せんろく》されて一三〇〇年を迎えたということもあり、その前後の何年間かは、専門誌から一般誌まで古事記の特集でにぎわい、単行本の出版も相次いだ。この撰録一三〇〇年というのは、もちろん古事記「序」を持ちだす以外に証拠はない。ところが、「序」にはいかがわしいところがあり、わたしは、九世紀になってから付けられたものであり、和銅五年（七一二）という成立年は信じられないと主張している（『古事記のひみつ』『古事記を読みなおす』など）。しかし、そう言いながら、一三〇〇年を記念するイベントにはちゃっかりと便乗し、何本も原稿を書いたり講演をしたりインタビューを受けたりした。他人《ひと》には、古事記の成立以上にいかがわしい奴だと思われそうだが、わたしにはわたしなりの意図はある。

二枚の濡れ衣

二〇〇二年のこと、文藝春秋から『口語訳古事記［完全版］』という本を出して以来、わたしは古事記ブームの火付け役という評価を受ける。自分でも思い当たるところがあり、ある種の責任も感じている。だから一三〇〇年を記念するさまざまな企画が行われて古事記が脚光を浴びるのはうれしいのだが、それが「紀元二六〇〇年（皇紀二六〇〇年／二千六百年とも）」の二の舞になってはまずいという思いが、いつも心のどこかに引っかかっている。

その古事記編纂《へんさん》一三〇〇年も事なく過ぎて、今は西暦二〇二〇年。ちょうど日本書紀編纂一三〇〇年にあたるが、新型コロナ騒ぎもあってか目立った動きはみられない。日本書紀の場合は、国家の正史として純粋漢文で書かれて堅苦しい。それに対して古事記は、読み物としておもしろい。注釈書や解説書も多く、誰でも気軽に読める作品であるせいもあって、政治的な意図や思想的な思惑によって、歪曲《わいきょく》された読みが介入する危険性が大きい書物なのである。そのために、わたしの認識では、古事記は二度の災厄を被っている。

その一度目は、古事記という得体のしれない書物を権威づけるために、「序」を書き加えられたこと。二度目は、近代に入って古代律令国家の歴史書であるという認識が蔓延《はびこ》り、近代国家が自らを磐石《ばんじやく》に装うために日本書紀とともに古事記を都合よく利用したこと。この第二の災厄も「序」が根拠となっているわけだから、両者の出どころは一つだともいえるが、古事記に対する正当な評価は、着せられた二枚の濡れ衣《ぬれぎぬ》を剝《は》がすところからしかはじまらないのである。そして、わたしが今しなければならないのは、そのための介添え作業であると思っている。それゆえに、「序」への疑惑を執拗《しつよう》に主張し続けているのであり、いわゆる「出雲神話」が日本書紀にはなく、古事記だけに伝えられているのはなぜかということを声高に叫び続けているのである。

ただ、付けられた「序」は後世のものだとか、近代になって作られた「記紀」という呼称が古事記を読み誤らせたとかいう主張は、これから古事記を読もうとする人に、ある種ネガティブな印象を与えてしまうところがあり、受け入れにくいかもしれない。もっと、正面切って内容に切り込み、古事記がいかに古層の「語り」を埋めこんで存在する興味深い作品であるかということを伝えるようにしなければならない。その試みの一つが、本書で論じようとした古事記に登場する神はどのような存在か、いかに理解すればよいかという積年の課題に対する自分なりの解答をだすことであった。それが成功したか否かの判断は、お読みいただいた方々にゆだねるしかないが、通説的な解釈というのが、いかにあいまいなものであるかはおわかりいただけたかと思う。

ここでは、本書のまとめに代えて、語りとしての古事記の魅力について述べておきたい。こんなことを言い出すのは、漢文（といっても変体漢文だが）で書かれていることも大きな理由の一つだろうが、文字とか表記とかの問題をことさらに強調して古事記を考えようとする方向が優勢で、それが古事記の読みを曇らせていると感じることがしばしばあるからである。

古層の語りに埋め込まれた笑い

古事記は、読んでいて文句なく楽しい。それは、どの場面を読んでも物語の基本を構成する話型に守られているからであり、それを可能にしたのは音声による「語り」であると考えてよい。たとえば、出雲神話に登場する稲羽《いなば》のシロウサギ(素兎)にしても根の堅州《かたす》の国に棲《す》んでいる鼠にしても、しっかりとした役割が与えられ、主人公オホナムヂ(大穴牟遅神)を援助する。前者には兄弟対立譚《たん》という話型があり、後者には異界を往還する少年の試練とその克服による成長譚としての構造が見いだせる。そこに援助者としてのウサギやネズミが配されるという巧みな構成は、「語り」のもつ構造と表現によってもたらされたものだということを、ここでは強調しておきたい。

多くの古事記研究者は、漢文や構文など書かれた作品として古事記をとらえ、文字論的にテクスト論的に古事記を分析しようとする。無駄なことだとは言わないし、有効性も認めるが、そこには大きな陥穽《かんせい》が待ち受けていることを忘れるべきではない。文字が古事記の神話を創ったのではなく、音声による語りが神話を生みだしたのだ。

たとえば、旅の途中の八十《やそ》の神がみが和迩《わに》に皮を剝《は》がれた兎をからかって痛めつけ、あとから登場したオホナムヂがそのシロウサギの傷を治してやるというオホナムヂの冒険譚の冒頭に語られている話を、シロウサギを主人公にして読みなおしてみる。そうすると、この物語は動物神を語り手とするアイヌのカムイ・ユカラ(神謡)にそっくりだということに気づくはずである（三浦「大国主神話の構造と語り」『神話と歴史叙述』所収）。試みに、古事記の本文では三人称によって記述された「その菟（其菟）」だとか「菟」だとかのことばを、「あれ（吾）」とか「われ（我）」という一人称に置き換えてみる。すると、その文体は一気に「うさぎの自叙」、つまり一人称語りに転換してしまうのである。それは、古事記のシロウサギ神話の奥に生《なま》の語りが息づいているからだとわたしは考えている。

また、文体（正確に言えば「語り体」）について言えば、スサノヲ（須佐之男命）が高天の原に昇るところから追放される場面まで、宇気比《うけひ》神話と天《あめ》の石屋《いわや》神話と呼ばれる部分だが、その文体は、西郷信綱が「重層列挙法」と呼んだような（『古事記注釈』）、まさに「語り体」になっている。それが口頭による語りを直接受け継いで存在する古事記の古層性だとわたしは理解しているが、一方でそれを、語りを方法化した文体だとみなす研究者もいる。大いに議論すべきところだが、語りを方法化したのが古事記の書記文体だという論理は、文字でしかすぐれた文学は生まれないという、悪しき進歩史観、文字文明論でしかないのではないかと、わたしには感じられてしまう。それは、こうした語り体のなかに、文字の論理では発明しきれない「笑い」が埋め込まれているさまを読み取ることによって、その古層性がけっして仕組まれた（方法化された）ものではなく、音声の時代を受け継いだ表現史のなかに存在するということに、わたしが気づかされたからである。

すでに何度か指摘していることであり、本書でも述べたことだが、天の石屋神話では鏡を依《よ》り代《しろ》（御神体）として祀《まつ》られる至高神アマテラス（天照大御神）は、天の石屋神話では鏡を知らないうつけ者という役どころを割り振られている。古事記の天の石屋神話全体は、知恵の神オモヒカネ（思金神）がもくろんだ大芝居として組み立てられているが、そうした構造は、漢文によってもたらされた「書記」文体にはとうてい構想できなかったのではないかと思う。しかも、そのなかにはさまざまな「笑い」の仕掛けが施されている。

たとえば鏡は立派な男根をもつ鍛人《かぬち》アマツマラ（天津麻羅）とそのマラを石のごとくに固くすることのできる妖艶《ようえん》な女神イシコリドメ（伊斯許理度売命）とによって作られるといった卑猥《ひわい》な場面が、滑稽《こっけい》な表現によって語られる。そして、こうした笑いは民間伝承こそが得意とする分野であった。とうぜん、アメノウズメ（天宇受売命）が裳《も》の緒を秀処《ほと》におし垂らす所作も、見物する男神たちを喜ばせるために仕組まれた笑いであり、そこに登場するアマテラスもまた、鏡に映った自分の姿を他の貴い神だと勘違いしてしまう愚かな神になり下がっているわけだが、こうしたドタバタ喜劇のごとき展開こそが、音声の「語り」が往々にしてもちこんでしまう悪のりといってもいいような過剰性だと解釈しなければ、天の石屋神話の本質を読みそこなってしまう

(このあたりの解釈の詳細は、三浦『古事記講義』を参照願いたい)。

サホビメに寄り添う語り

出雲の神がみの物語が、国譲り神話を含めれば古事記上巻のおよそ三分の一を費やして語られるというのが、古事記と日本書紀とを分かつ決定的な差異である。そして日本書紀を読めばわかるように、出雲神話は、律令国家にとっては不要な部分であり邪魔な話であった。それを古事記が大きな分量を割いて語るのはなぜかという問題は、古事記がいかなる作品かということを考えるうえできわめて重要な論点になるはずである。そのことをまったく自覚しなかったり、理解できなかったりする研究者が多いことにわたしは心底驚かされるのだが、ここにも古事記の古層としての語り体があると考えてよい。日本書紀とは違って、古事記が出雲の神がみに心を寄せて語っているのはあきらかだ。そしてそれを支えているのが、敗者への眼差《まなざ》しである。

古事記をフルコトとみる藤井貞和《ふじいさだかず》氏の認識は、わたしにとって古事記を考えるための大きな支えとなってきた。『日本文学源流史』はその最新の著作であり、たいそう魅力的かつ刺激的な著作だが、そのなかで藤井氏が、平安時代のかな物語を取るに足りない、二流の語り(モノガタリ)とみなし、それに対する古事記のフルコトを正統な語り(藤井氏のいう「重重しい語り」)として分割する立場には、残念ながら賛同することができない。フルコトには王権の歴史を再現する正統なるフルコトと周縁に存在する異端なるフルコトとがあり、古事記のフルコトは、王権(のちの律令国家)から逸脱した、あるいは排除されたところに生きるフルコト(語り)と考えなければならないと思うからである。藤井氏は、モノガタリが自由な語り、座談の語りだというが、そうした性格は古事記にも大いに抱え込まれているとわたしは認識しているから批判的な発言をすることになるのだ。

ぜひとも藤井氏には、古事記のフルコト理解だけは再考してほしい(そのためには、古事記「序」を疑うというところに立ちもどってもらうしかないのだが)。古事記のどこに王権の喜ぶ話があるか、わたしにはよくわからない。そして、そうした周縁的なあり方は、古事記の中巻や下巻に語られる伝承に、より顕著に見いだすことができるのである。

古事記中巻はカムヤマトイハレビコ(神倭伊波礼毘古命、神武天皇のこと)の東征と白檮原《かしはら》の宮への即位からはじまり、イハレビコの没後の異母兄弟間の争いと欠史八代の系譜記事、ミマキイリヒコ(御真木入日子命、崇神天皇のこと)の事績を語る。それに続いてまとまった物語として出てくるのは、サホビメ(沙本毘売命)をめぐるイクメイリビコイサチ(伊久米伊理毘古伊佐知命、垂仁天皇のこと)とサホビコ(沙本毘古王)との二男一女型の話型で語られる権力闘争の話である。この伝承を読みこむと、その主体はサホビメにあることがわかる。

サホビメが兄サホビコに心を寄せ、兄を信じて夫である天皇を殺そうとするが失敗し、兄サホビコの稲城《いなき》に逃げ込み、そこで子を生む。するとサホビメは、この子が天皇の子だと思うなら受け取ってほしいと言い出すのだが、その場面には主体的に行動するサホビメの姿がよく表されている。そのことばを受けた天皇は、子どもだけではなくサホビメもいっしょに手に入れたいと思い、力士を集めて母子ともに外に引き出す算段をする。ところがサホビメは、「予めその情を知りたまひて、ことごとその髪を剃り、髪をもちてその頭を覆ひ、また玉の緒を腐して三重《みへ》に手に纏《ま》き、また酒もちて御衣《みけし》を腐し、全《また》き衣の如く服《け》り」と語られる。その結果、天皇の策略は完全に失敗し、力士たちはサホビメが差し出した子どもを受け取ることしかできなかった。

こうした語り口は、滅びゆくサホビメに主体があるからこそ可能になった。ここにみられるように天皇の考えが失敗したのをあからさまに語ることは、天皇の権威をあまり強調しない古事記にあってもめずらしいのではないかと思う。そして、その自らの失敗をごまかすように、サホビメの手首に巻かれた玉を造った玉作り一族の土地を奪い取るという、とんでもない八つ当たりを語ってモノガタリを締めくくるのだが、こうした語り口を読んでわれわれが理解すべき眼目は、サホビメを中央に据えて語り継がれたからこそ可能になった伝承だとみなす視点である。それは、この伝承が王権の側の正統な語りとしてではなく、在野の、ある種王権に対して距離をおいた語りの者たちが介在しているからこそ可能になった語りだと考えることが必要なのである。そうであるからこそ、天皇の思慮を超えるサホビメを描くことができるのである。この点は、日本書紀の記事との違いを比較すれば明確になるはずだ。つまり、天皇の事績や功績を伝えるという日本書紀（帝紀）的な性格をまったく持とうとしないのが古事記であり、そのためにこの伝承は、サホビメという女性に焦点を当てた、まさに悲劇伝承になっているのである。

語り（フルコト）には、王権の内部にある正統な語りと、周縁を流れ歩く異端の語りとがあるのだ。古事記と日本書紀との違いがそれを明らかにみせている。そうした語りのあり方を、わたしは川田順造《かわだじゅんぞう》氏の仕事によって教えられた（『無文字社会の歴史』『聲』など）。もちろん日本書紀の成立には「書記」という行為が大きく関与しており、語りというレベルで古事記と比較することは、ある種の誤解を生じてしまうのだが、それでも両者の表現や文体の差異から、フルコトの表現を窺《うかが》うことは可能だろうと思う。

滅びゆく者を見届ける語り

このようなかたちで、敗者に寄り添う伝承が古事記にはいくつも見いだせる。中巻ではヤマトタケル（倭建命）がその代表だし、皇位継承争いの伝承が多い下巻では、それはより顕著に表れる。これも兄妹相姦《そうかん》伝承に含まれる太子キナシノカル（木梨之軽王）とカルノオホイラツメ（軽大郎女）の心中物（あえてそう呼ぶ）などは、単なる悲劇伝承というだけではなく、二人がうたう歌謡の贈答だけで展開する物語になっているという点で、背後に音声がともなっていたことを暗示している。

そうした語り体の典型として、古事記の下巻をかざる、滅びゆく御子マヨワ（目弱王）と葛城のツブラノオホミ（都夫良意富美）の伝承をここに取りあげてみる（コラム❸と重複する部分があることをお断りする）。

詳細は古事記本文に委《ゆだ》ねるが、父オホクサカ（大日下王）を殺したのが現天皇アナホ（穴穂命、安康天皇のこと）であることを知った七歳の少年マヨワ（目弱王）は、寝ている天皇を殺して葛城に住むツブラノオホミの家に逃げる。事件を知ったアナホの弟オホハツセワカタケル（大長谷若建命、のちの雄略天皇）が家を囲み、マヨワを討とうとして戦いとなる。ツブラノオホミは、家を囲むオホハツセの懐柔工作を受けるが、自分を頼ってくれた御子は死んでも裏切れないと言って勝ち目のない戦いにもどり、最後には傷つき矢も尽きて、御子に言う。

「僕《あ》は手ことごと傷《お》ひぬ。矢も尽きぬ。今は戦ひえじ。いかに」と。

その王子《みこ》答へて詔らさく、「然《しか》あらば、さらに為《す》べきこと無し。今は吾《あ》を殺せ」

と。

かれ、刀もちてその王子を刺し殺して、すなはち己が首《くび》を切りて死ぬ。

負けることはわかっていながらマヨワを護《まも》ろうとするツブラノオホミは、葛城氏の頭領である。その潔い最期が伝承を盛り上げているが、注目したいのは、その時、伝承のなかに見いだすことのできる語り手の視線である。

おそらく、この伝承の背後には、五世紀後半の大王《おおきみ》家と葛城氏との権力抗争があり、葛城氏が敗北するという歴史が潜められている。その歴史を描くのに、古事記の伝承の古層には、明瞭《めいりょう》に、滅びゆく葛城氏の側の視線が込められているように読めるのである。そうでなければ、家の内側でなされているツブラノオホミとマヨワとの会話や行為は描けない。つまり、この伝承の語り手は、ツブラノオホミの家の中にいて、ツブラノオホミとマヨワとの会話を聴き、その最期を見届けているのである。

同じ場面を描く日本書紀を読めば、その違いはよくわかるはずだ。書紀では、外＝オホハツセの側の視線しか存在せず、家を囲んだ天皇は火をつけてマヨワ（眉輪王）と大臣を焼き殺してしまったと記されるのみである。中の二人がどのように死んでいったかなどにはまったく関心がない（同じ家に逃げていた別の皇子とその臣下との心中という別話の挿入を別にすれば）。

一方、古事記がそうした場面を描くことができたのは、柳田國男が『平家物語』について論じた（「有王と俊寛僧都」）、出来事の証人であり語り手でもある「有王《ありおう》」のような役割を担う存在が、マヨワをめぐる葛城氏の伝承の背後には潜んでいるからである。そして、そこに古事記の古層にある語り体の真骨頂が露出しているのではないか、そうわたしは考えている。古事記を正当に評価するには、古事記の古層に潜む「語り」を過たずに掘り出すこと、それ以外にはありえない。

＊

以上のような立場から、わたしはずっと古事記を読んできた。本書における視座も変わりはない。とくに出雲系とされる神がみに焦点を絞っているようにみえるのも、わたしの立場を反映しているからである。古事記を国家から切り離して読むという作業に徹すると、おのずと古事記はこのように読めてくるのである。

【附記】本書を校正している最中に、わたしにとってはありがたい本が出た。関根淳『六国史以前　日本書紀への道のり』（吉川弘文館）である。歴史学を専攻する関根氏は、わたしの古事記「序」偽書説を評価し、古事記を、さまざまに存在した歴史書の一つとみなして律令国家の歴史書と切り離し、古事記の成立を論じている。歴史学の分野から、この問題に関して大きな議論が起こることを期待している。

あとがき

本書は、二〇一六年七月に出した『古事記・再発見。』（KADOKAWA）を再編集した文庫である。元版は、古事記に出てくる神について論じた『歴史読本』の連載（二〇一四年七月号〜二〇一五年十月号）が中心になっているのだが、その頃のわたしの関心が出雲《いずも》神話にあったために出雲の神の扱いが大きくなってしまった。

今回、学芸ノンフィクション編集部の麻田江里子さんから文庫化のお誘いをいただいて気にかかったのは、その点であった。昨年十一月に出した『出雲神話論』（講談社）と重複してしまい、旧版のまま文庫にしたのでは、元はこちらが先なのに二番煎《にばんせん》じの感が否めないと思ったのである。そこで麻田さんに、神について論じた三本を新たに加えて出雲色を薄めるとともに、付録として「古事記神名辞典」を載せたいと提案したのである。

古事記の神話を読んでいると次々に神が登場し、その意味がわからないために読むのがいやになったという人は多いらしい。そうした方々にとって神名について手軽に確認できれば便利なはずなのに、古事記に関する書籍があふれる大きな書店に行っても、コンパクトな神名辞典を見つけることはできない。

古事記には、上巻に約三四〇、中・下巻に二五ほどの神が登場する。本書では神名のすべてを取りあげ、その意味と、はたらきや性格について簡潔に記述したが、その作業は思いのほか厄介であった。意味のわからない神名が多いからである。それを、意味不明とか未詳と記して逃げるのを避け、わたしなりの解釈を試みた。かなり強引な解釈も含まれているかもしれないが、何らかの説明をしておけば、正否の判断もふくめて考える糸口になると考えたからである。

本編への推敲《すいこう》も加えて旧版とは内容を一新したこともあって、書名は、『古事記の神々　付古事記神名辞典』に改めた。その再生作業に関して、コロナ禍のなかで麻田さんに種々ご配慮をいただいた。心より御礼を申し上げたい。また、ていねいに原稿を点検していただいた校閲の方々、出版および販売にかかわってくださる方々に深甚なる謝意をお伝えしたい。

世界を混乱に陥れた新型コロナウイルスによる巣籠《すご》もりは、有無を言わせぬ圧迫感はあったものの、机に向かい続ける時間を与えてくれたという点でわたしには歓《よろこ》ばしき体験でもあった。もう一度いかがと問われたら、ご遠慮すると答えそうだが。

二〇二〇年七月十七日　　　三浦佑之

参考文献一覧

アードルフ・E・イェンゼン、大林太良ほか訳『殺された女神』弘文堂、一九七七年
稲田浩二ほか編『日本昔話事典』弘文堂、一九七七年
稲田智宏『三種の神器』学研新書、二〇〇七年
大塚初重『邪馬台国をとらえなおす』講談社現代新書、二〇一二年
大野晋編『古典基礎語辞典』角川学芸出版、二〇一一年
澤瀉久孝『万葉集注釈』巻十三、中央公論社、一九六四年
蒲生俊敬『日本海　その深層で起こっていること』講談社ブルーバックス、二〇一六年
川田順造『無文字社会の歴史』岩波書店、一九七六年
川田順造『聲』筑摩書房、一九八八年
門脇禎二「三輪山へ献上された出雲神々の和魂」『三輪山の古代史』学生社、二〇〇三年
倉塚曄子「出雲神話圏問題―カミムスビノ神をめぐって―」（お茶の水女子大学国語国文学会編『国文』第二十号、一九六三年十二月）
倉塚曄子「出雲神話圏とカミムスビの神」（古代文学会編『古代文学』第五号、一九六五年十一月）
倉野憲司『古事記全註釈』第二巻・第三巻、三省堂、一九七四・七六年

小島憲之ほか校注『新編日本古典文学全集　日本書紀』1、小学館、一九九四年
小島憲之ほか校注『日本古典文学全集　万葉集』三、小学館、一九七三年
古部族研究会編『古諏訪の祭祀と氏族』永井出版企画、一九七七年
西郷信綱『古事記の世界』岩波新書、一九六七年
西郷信綱「国譲り神話」『古事記研究』未來社、一九七三年
西郷信綱『古事記注釈』四冊、平凡社、一九七五〜八九年。ちくま学芸文庫八冊、二〇〇五〜〇六年
西條勉「アマテラス大神と皇祖神の誕生」『古事記と王家の系譜学』笠間書院、二〇〇五年
上代語辞典編修委員会編『時代別国語大辞典　上代編』三省堂、一九六七年
新創社編『奈良時代MAP平城京編』光村推古書院、二〇〇七年
諏訪市史編纂委員会編『諏訪市史』上巻、諏訪市、一九九五年
関根淳『六国史以前　日本書紀への道のり』吉川弘文館、二〇二〇年
多田一臣訳注『万葉集全解』5、筑摩書房、二〇〇九年
谷川健一『日本の地名』岩波新書、一九九七年
谷川健一『蛇　不死と再生の民俗』冨山房インターナショナル、二〇一二年
千家尊統『出雲大社』学生社、一九六八年
千家和比古・松本岩雄編『出雲大社』柊風舎、二〇一三年

千田稔「大神神社と出雲」『三輪山の古代史』学生社、二〇〇三年
寺村光晴『日本の翡翠 その謎を探る』吉川弘文館、一九九五年
中川幸廣「万葉集巻第十三の編纂における一問題」（一九六二年）『万葉集の作品と基層』桜楓社、一九九三年
中西進『万葉集（全訳注原文付）』三、講談社文庫、一九八一年
西宮一民「神名の釈義」『新潮日本古典集成 古事記』新潮社、一九七九年
藤井貞和『日本文学源流史』青土社、二〇一六年
藤田富士夫『古代の日本海文化』中公新書、一九九〇年
藤田富士夫『玉とヒスイ』同朋舎出版、一九九二年
藤田富士夫『縄文再発見』大巧社、一九九八年
藤田富士夫「古代出雲大社本殿成立のプロセスに関する考古学的考察」『立正史学』九九号、二〇〇六年三月
藤森栄一『諏訪大社』中央公論美術出版、一九六五年
古橋信孝「思兼神―虚構意識の発生の問題―」『日本文学研究資料叢書 日本神話Ⅱ』有精堂、一九七七年
益田勝実『火山列島の思想』筑摩書房、一九六八年
松村武雄『日本神話の研究』第三巻、培風館、一九五五年
松本清張「万葉翡翠」『婦人公論』一九六一年二月号。『影の車』所収、中央公論社、一九

六一年
松本信広『日本神話の研究』（東洋文庫）平凡社、一九七一年
三浦佑之『古代叙事伝承の研究』勉誠社、一九九二年
三浦佑之『神話と歴史叙述』若草書房、一九九八年。改訂版、講談社学術文庫、二〇二〇年
三浦佑之『古事記講義』文藝春秋、二〇〇三年。文春文庫、二〇〇七年
三浦佑之『古事記のひみつ』吉川弘文館、二〇〇七年
三浦佑之「国定教科書と神話」『古事記を読む』吉川弘文館、二〇〇八年
三浦佑之『古事記を読みなおす』ちくま新書、二〇一〇年
三浦佑之「カムムスヒ考―出雲の祖神」『文学』隔月刊、第十三巻第一号、岩波書店、二〇一二年一月
三浦佑之『古代研究　列島の神話・文化・言語』青土社、二〇一二年
三浦佑之「出雲と出雲神話―葦原中国、天之御舍、神魂命」『現代思想』二〇一三年十二月臨時増刊号、青土社、二〇一三年十二月
三浦佑之「熊野―海と異界、断章―」『立正大学文学部論叢』第一三八号、二〇一五年三月
三浦佑之『風土記の世界』岩波新書、二〇一六年
三浦佑之『出雲神話論』講談社、二〇一九年

三浦佑之「笑われる者たち――古代民間伝承の笑話性」『改訂版　神話と歴史叙述』講談社学術文庫、二〇二〇年
三浦佑之「起源としての生産・労働・交易」『改訂版　神話と歴史叙述』講談社学術文庫、二〇二〇年
三品彰英「フツノミタマ考」『三品彰英論文集　第二巻　建国神話の諸問題』平凡社、一九七一年
水沢謙一『おばばの昔ばなし――池田チセ（75才）の語る百五十四話――』野島出版（新書版）、一九七三年
南方熊楠「『魔羅考』について」『南方熊楠全集』5、平凡社、一九七二年
溝口睦子『王権神話の二元構造』吉川弘文館、二〇〇〇年
溝口睦子『アマテラスの誕生』岩波新書、二〇〇九年
三輪磐根『諏訪大社』学生社、一九七八年
本居宣長『古事記伝』四之巻・十四之巻、『本居宣長全集』第九巻・第十巻、筑摩書房、一九六八年
森浩一編『古代翡翠道《ロード》の謎』新人物往来社、一九九〇年
森陽香「カムムスヒの資性」（『上代文学』第九四号、二〇〇五年。のちに『古代日本人の神意識』笠間書院、二〇一六年、所収）
柳田國男『桃太郎の誕生』（一九三三年刊）『柳田國男全集』第6巻、筑摩書房、一九九八

年
柳田國男「有王と俊寛僧都」(一九四〇年、『物語と語り物』所収)『柳田國男全集』第15巻、筑摩書房、一九九八年
柳田國男「根の国の話」(一九五五年、『海上の道』所収)『柳田國男全集』第21巻、筑摩書房、一九九七年
山口佳紀ほか校注『新編日本古典文学全集　古事記』小学館、一九九七年
ラフカディオ・ハーン(小泉八雲)『新編　日本の面影』角川ソフィア文庫、二〇〇〇年

古事記神名辞典

【凡例】

1. 古事記に出てくるすべての神名を見出し語に立て、その神名の意味と主要な登場場面について紹介した。古事記を読む際にそばにあると参考になるはずである。

2. 固有の神名を対象としており、「地名（場所）＋神」という呼称は、「出雲の大神」などいくつかの例外を除いて立項していない。

3. 神名の解釈は従来の解釈を踏まえて私なりの見解を示したもので、諸説を紹介する意図はない。ただ、西宮一民『古事記』（新潮日本古典集成）の付録「神名の釈義」には大いに教えられた。必要な部分に「集成」の名を記して謝意を示した。

4. 複数の亦《また》の名や略称などがある場合、空見出しを立てて表示する場合がある。

5. 見出しの前に＊を付した神名は、中・下巻から神と判断して採用した。

6. 見出しの神名のあとに付した数字（例①1）は、二〇頁に掲げた構成対照表の章段である。それぞれの神のおよその登場場面を知ることができるようになっている。中・下巻の所在は、巻＝漢風諡号《かんぷうしごう》のかたちで天皇代によって示した。

7. 神名の多くは系譜部分に一回だけ出てくる神だが、見出し語に★☆を付した神は、神話のなかで活躍する男神★と女神☆である（上巻のみ）。

【ア】

＊アカルヒメ／阿加流比売神／中＝応神条
新羅から難波にやってきて祀《まつ》られた神で、赤い石の玉から変身した女神。アカル（明るい）ヒメ（女神）で、難波の比売碁曾《ひめごそ》の社（大阪市東成区《ひがしなり》東小橋《ひがしおばせ》の比売許曾《ひめこそ》神社）に祀られたと古事記に記す。

アキグヒノウシ／飽咋之宇斯能神／①4
黄泉《よみ》の国からもどったイザナキが禊《みそ》ぎをしようとして投げたかぶりものから生まれた神。アキ（飽き）グヒ（食ひ）ノ（の）ウシ（大人）の意で、黄泉の国での逃竄譚《とうざんたん》のなかで鬘《かずら》を投げると食べ物が生えてきたところから連想されたものか。

アキツヒメ⇩ハヤアキツヒメ

アキビメ／秋毘売神／⑤6
オホトシ（スサノヲの子）の子ハヤマトとオホゲツヒメが結婚して生んだ八柱の子の一。アキ（秋）ヒメ（女神）で、秋の豊かな実りをもたらす女神。アキの語源は飽きるほど食べることによるという。

＊アキヤマノシタヒヲトコ／秋山之下氷壮夫／中＝応神条
イヅシヲトメの子で、弟ハルヤマノカスミヲトコとの対立葛藤《かっとう》譚のなかで悪い兄を演じさせられている。兄弟譚の場合、どうしても兄は悪役を割り振られる。

アシナダカ／葦那陀迦神／⑤3
オホクニヌシの系譜でクニオシトミと結婚した女神、亦の名をヤガハエヒメという。アシ（葦）ナ（の）タカ（高く育つ）で、河原の葦の生育の良さをいう。

アシナヅチ★／足名椎（足名椎神）／③2・3
ヤマタノヲロチを退治したスサノヲが結婚したクシナダヒメの父。アシ（足）ナ（人をいう愛称の接辞）ツ（の）チ（神をいう呪的《じゅてき》接辞）で、足の霊力の意。国つ神のうちの、足を使って働く労働者階級の神。神にもさまざまな職能や役割があり、この神はテナヅチと対になる夫婦神。須賀《すが》の宮の宮主となってスサノヲを祀る役割を与えられる。

アシハラノシコヲ／葦原色許男［大］神／③4、④3、⑤4、中＝垂仁条
オホクニヌシの五つの名のうちの一。アシハラ（地上）ノ（の）シコ（威力のある）ヲ（男神）の意。シコヲのシコは、醜いというより威力があることをいうのが原義。相撲の「しこ（四股）」も威力を示す行為でシコ（醜）が語源。古事記中巻や播磨《はりま》国風土記にはアシハラノシコヲが単独の神名として出てくる事例があるが、古事記上巻の神話ではオホナムヂの異称として、根《ね》の堅州《かたす》の国の側から地上の勇者をさす呼び名として使われる。⇩オホナムヂ。⇩ウツシクニタマ。⇩ヤチホコ

アスハ／阿須波神／⑤6
スサノヲの子オホトシとアメチカルミヅヒメが結婚して生んだ九柱のうちの一。アスハは屋敷にかかわる語か。集成は足磐《あしいは》の約で、屋敷の基礎がしっかりしていることをいうとする。ハヒキと並んで祝詞《のりと》などに出てくる。

アヂスキタカヒコネ★／阿遅（治）鉏（志貴）高日子根神／⑤3、⑥4
アヂシキタカヒコネとも。オホクニヌシが胸形《むなかた》の奥津《おきつ》宮《みや》にいますタキリビメを妻にして生んだ子の一。タカヒメという妹がいる。アヂ（立派な）スキ（農具や刀剣などの鉄器をほめる語）タカ（ほめ言葉）ヒコ（男神）ネ（神をいう呪的接辞）で、よく切れる鉏《すき》の男神の意。雷神・刀剣の神格化らしい。高天の原から派遣されたアメノワカヒコの葬儀の際、喪を弔いに行って死者に間違われ、怒って喪屋を切り捨て蹴《け》り飛ばしてしまった。その時、谷をいくつも渡って飛ぶという雷神的な姿が、妹によって歌われている。高鴨神社（奈良県御所市）の祭神で、古事記の系譜（⑤3）に「今、迦毛大御神と謂

ふ」とあり、その起源については「出雲国造神賀詞」に由来が語られている。

アヅキの島⇩オホノデヒメ

アハ島／淡島／①2
地上に降りたイザナキとイザナミがヒルコに続いて生んだ島。子のなかには入れないとある。胞衣《えな》のことかという。

アハヂノホノサワケの島／淡道之穂之狭別島／①2
イザナキとイザナミが地上で最初に生んだ八つの大きな島（大八島国）のうち一番に生んだ島。この島には神の名がない。淡路島のことという。

アマツクニタマ／天津国玉神／⑥3・4
高天の原から地上制圧に派遣されたアメノワカヒコの父だが、系統など不明。息子の死を知って地上に降りてくる。アマ（天）ツ（の）クニ（大地）タマ（神霊）だが、高天の原をクニ（国）と呼ぶ例はあまりない。

アマツクメ★／天津久米命／⑦1
天孫降臨に際して、アメノオシヒとともに、ニニギ一行の先払いとして武器を携えて仕えた神。アマツ（ほめ言葉）クメ（未詳）だが、クメの意味がわからない。集成は、クマ（隈）ですみずみまで護《まも》る人のこととするが不審。コメ（籠）の転で、力を秘め隠していることをいうか。久米《くめ》氏の祖先神で、大伴《おおとも》氏と久米氏は同族と考えられ、戦闘集団として天皇のそば近くに仕えた近衛《このえ》的な一族。中巻のカムヤマトイハレビコの東征伝承には、久米歌と呼ばれる戦闘歌謡が何首も伝えられている。

アマツヒコ／天津日高／⑦6
天空の男の意で、天つ神の呼び名。アマツヒタカとも。⇩ソラツヒコ

アマツヒコネ／天津日子根命／②3
高天の原におけるスサノヲとアマテラスとのウケヒの際に、アマテラスの玉を嚙《か》んでスサノヲが吹きなした五柱の神の一。その三番目に吹きなされ、「詔り別け」によってアマテラスの子

とされた。アマ（天）ツ（の）ヒコ（男神）ネ（神をいう呪的接辞）の意。凡川内国造らの祖とする以外には出てこない。四番目のイクツヒコネと対をなす。

アマツヒコヒコナギサタケウガヤフキアヘズ★／天津日高日子波限建鵜葺草葺不合命／⑦7・8
ホヲリとワタツミ（海の神）の娘トヨタマビメとのあいだに生まれた子。アマツ（ほめ言葉）ヒコ（男神）ヒコ（太陽の子）ナギサ（渚）タケ（ほめ言葉）ウ（鵜）カヤ（萱）フキ（葺き）アヘズ（間に合わない）で、渚に建てた鵜の羽根の壁や屋根が葺き終わっていない子という名。アマツヒコはアマツヒタカとも。神話の内容を背負った名をもつ神名はほかにもある。自分を養育してくれた叔母《おば》のタマヨリビメと結婚して四柱の子が生まれた。⇩イツセ。⇩イナヒ。⇩ミケヌ。⇩ワカミケヌ

アマツヒコヒコホノニニギ⇩アメニキシクニニキシアマツヒコヒコホノニニギ

アマツヒコヒコホホデミ★／天津日高日子穂々手見命／⑦4・6・7
アマツヒコはアマツヒタカとも。ニニギとコノハナノサクヤビメが結婚して生んだ三柱の子のうち、最年少の子ホヲリの亦の名。アマツ（ほめ言葉）ヒコ（男神）ヒコ（太陽の子）ホホ（穂）テ（の）ミ（神をいう呪的接辞）で、ニニギ以降の天つ神の名は、実態として「ホ（穂）」のみ。この神の年齢は五百八十歳とあり長命だが、この神から年齢が記され出すのは、オホヤマツミの怒りを受けて、天つ神の子が神から人へと近づいたことを示す。

アマツマラ★／天津麻羅／②5
高天の原でイシコリドメとともに鏡を作った鍛《か》冶《じ》屋の神。アマツ（ほめ言葉）マラ（男根）の意。このマラを男根と解したのは南方熊楠《みなかたくまくす》「『魔羅考』について」が嚆矢《こうし》であり、多言は無用である。ほとんどの注釈書がこの説を採用しないのは想像力の欠如である。妖艶《ようえん》な女神イシ

コリドメの力によってアマツマラのマラは硬くなり、それによって立派な鏡が鋳上がる。マラは排泄する意の動詞マルの派生語である。

アマツミソラトヨアキヅネワケ⇩アメノミソラトヨアキヅネワケ

アマテラス☆／天照大御神／②1〜5、⑥1〜3・5・6、⑦1

アマ（天空）テラス（照らす）で天空を照らす神の意で、他の神には用いない「大御神」という称辞を付けてアマテラスオホミカミと呼ばれる天皇家の祖神であり最高神。このようにわかりやすい（透明な）神名は古いものではないと考えられる。日本書紀正伝などではイザナキとイザナミの結婚によって生まれるが、古事記ではイザナキが黄泉の国からもどって禊ぎをした際に、左目から成り出たとされる神で、イザナキから高天の原の統治を命じられる。前半の高天の原神話ではスサノヲとの対立葛藤が主要な話題となり、地上制圧を語る後半部分では、タカミムスヒ（タカギ）と並んで高天の原を統治するかたちで語られるため、場合によってはタカギのほうが優位な印象を与える。

アメチカルミヅヒメ／天知迦流美豆比売／⑤6

スサノヲの子オホトシと結婚して九柱の子を生む。アメ（ほめ言葉）チ（神霊）カル（飛翔《ひしょう》する）ミヅ（瑞々《みずみず》しい）ヒメ（女神）か。

アメニキシクニニキシアマツヒコヒコホノニニギ★／天迩岐志国迩岐志天津日高日子番能迩々藝能命／⑦1〜4

アマテラスの孫で、マサカツアカツカチハヤヒアメノオシホミミの子。母は、ヨロヅハタトヨアキヅシヒメ。アメ（天空）ニキシ（和らぐ）クニ（地上）ニキシ（和らぐ）アマ（天）ツ（の）ヒコ（男神）ヒコ（日の子）ホ（稲穂）ノ（の）ニニギ（ニギニギシの約で賑わい）という大仰な名をもつが、ほとんどの句がほめ言葉で実態は「ホ」あるいは「ホノニニギ」だけ。アマツヒコはアマツヒタカとも。アマテラスの孫として、たくさんの神がみをお伴《とも》に地上にはじめて第一歩を印《しる》した天つ神。日向の高千《たかち》穂嶺《ほのみね》に降り、コノハナノサクヤビメと結婚して三柱の子の父となる。初代天皇カムヤマトイハレビコ（神武）の曾祖父《そうそふ》の神。

アメノイハトワケ／天石門（戸）別神／⑦1

天孫降臨の際に、ニニギのお伴をして降りてきた神の一。御門の神とある。多くの神は高天の原神話で活躍したのだが、この神はそのようには語られていない。アメノタヂカラヲと並んで出てきたり、アメノ（ほめ言葉）イハ（岩）ト（戸）ワケ（男神をいう接辞）という神名からみて、アメノタヂカラヲが開けた天の石屋の戸を神格化した神。門の神が必要というので持ち出されてきたものか。亦の名として、クシイハマド、トヨイハマドを伝える。

アメノウズメ☆／天宇受売［命］／②5、⑦1・2

高天の原で石屋《いわや》に籠《こ》もったアマテラスを引き出すために、石屋の前で神懸かりを演じ、アマテラスをまんまとだました神。また、天孫降臨の際には、得体の知れないサルタビコとにらめっこをして勝ったと語られる。アメノ（ほめ言葉）ウズ（髪飾り）メ（女神）の意で、祭祀《さいし》を司る《つかさど》猨女《さるめ》（猿女）という一族の祖。猿女は芸能的な性格ももっていたらしい。シャーマンは頭に鬘《かずら》を付けて飾り、神を迎える。ウズメの神懸かりは動的な所作を伴うが、日本列島にみられるシャーマンは籠もりを伴って静かに神が訪れるのを待つという事例が多い。朝鮮半島のシャーマン（ムーダンと呼ぶ）などは動的な動きと喧騒《けんそう》のなかで神懸かりする。裸体をさらし妖《よう》艶《えん》な踊りで神々を魅了したアメノウズメが、一方では、得体の知れないサルタビコの妖気をはね返してしまうほどの力を顔面にもつ女神だというのも興味深い。おそらく、相手を魅了する肢体と相手を圧倒する顔面がウズメの二面性であるとともに、両者はじつは同じものだとも言える。

アメノオシコロワケ／天之忍許呂別／①2
イザナキとイザナミが地上で最初に生んだ八つの大きな島（大八島国）のうち三番目に生んだオキノミツゴの島（隠之三子島）の神名。オキは沖の意で三子とするのは、隠《お》岐島《きのしま》が三つの主要な島からなるため。アメノ（ほめ言葉）オシ（押しなびかすのオシ）、コロ（凝るで固まる）ワケ（男神をいう呪的接辞）で、立派に固まった島の意。

アメノオシヒ／天忍日命／⑦1
天孫降臨に際して、アマツクメとともに、ニニギ一行の先払いとして武器を携えて仕えた神。アメノ（ほめ言葉）オシ（押しなびかす）ヒ（神をいう呪的接辞）で、大伴氏の祖先神。大伴氏と久米氏は同族と考えられ、戦闘集団として天皇のそば近くに仕えた近衛的な一族。

アメノオシホミミ⇩マサカツアカツカチハヤヒアメノオシホミミ

アメノオシヲ／天之忍男／①2
イザナキとイザナミが大八島国のあとに生んだ六つの島のうちの五番目に生んだチカ島（知訶島）の神名。アメノ（ほめ言葉）オシ（押しなびかす）ヲ（男神）の意。長崎県の五島《ごとう》列島のなかの値《ち》嘉島《かのしま》という。

アメノカク／天迦久神／⑥5
船を漕《こ》ぐ神。アメノ（ほめ言葉）カク（カコ＝水手の転）で、船を漕ぐ職能をもつ神をいう。そのカコ（水手）は同じ発音の「鹿児」を連想させるために鹿のこととする解釈も多い。また、鹿は水を泳ぐ動物として播磨国風土記などに出てくる。

アメノクヒザモチ／天之久比奢母智神／①2
イザナキとイザナミの子であるハヤアキツヒコと妹ハヤアキツヒメとのあいだに生まれた子神の一。アメノ（ほめ言葉）クヒザ（汲《く》み瓠《ひさご》または杭《くい》［柄の付いた］瓠のことという）モチ（持つ）で、水を汲む瓠の神。モチはそのものを支配する神というかたちで呪的接辞のように使われる（出雲国風土記でオホナムヂをオホナモチ［大穴持神］と呼ぶ名など）。アメとあるが高天の原の分水嶺《れい》ではない。アメとクニで対を作るために付ける。⇩クニノクヒザモチ

アメノクラト／天之闇戸神／①2
イザナキとイザナミの子であるオホヤマツミとノッチとのあいだに生まれた子の一。アメノ（ほめ言葉）クラ（狭くて深い谷）ト（出入り口）で、渓谷のように奥まった谷の出入り口をいう。クニノクラトと対をなす。

アメノコヤネ★／天児屋命／②5、⑦1
高天の原で石屋に籠もったアマテラスを引き出すために、祭祀の準備をし祝詞を唱えた神。アメノ（ほめ言葉）コヤネ（小さな屋根）で、祭祀を執り行う小さな忌み籠もり小屋を神格化した神。宮中祭祀を取り仕切る中臣氏の祖先神である。ニニギのお伴をして地上に降りたと語られている。のちには、中臣氏が祭祀を、同族の藤原氏が政治を担当し、宮廷のマツリゴト（祭政）を分掌することになる。

アメノサギリ／天之狭霧神／①2
イザナキとイザナミの子であるオホヤマツミとノッチとのあいだに生まれた子の一。アメノ（ほめ言葉）サ（ほめ言葉）キリ（霧）の意で、山野に立つ霧をいう。クニノサギリと対をなす。

アメノサギリ／天狭霧神／⑤3
オホクニヌシの系譜でアメノヒバラオホシナドミと結婚したトホツマチネの親。前項のアメノサギリとは同名別神とみなした。神名の意味は前項に同じ。

アメノサグメ☆／天佐具売／⑥3
高天の原から降りてきた雉《きじ》を殺せと言ってアメノワカヒコをそそのかした女神。アメノ（ほめ言葉）サグ（探る）メ（女神）で、隠れたものを探り出す力をもつ神らしい。日本書紀には「天探女」とある。俗に言うスパイのような役割を担い、ことばをねじ曲げて伝える邪《よこしま》な性格

をもつとも考えられたらしく、昔話「瓜子姫」などに登場する悪役アマノジャク（天の邪鬼）を派生させた。

アメノサヅチ／天之狭土神／①2
イザナキとイザナミの子であるオホヤマツミとノツチが結婚して生まれた子の一。アメノ（ほめ言葉）サ（ほめ言葉）ツチ（土）の意で、地面の土をいう。クニノサヅチと対をなす。

アメノサデヨリヒメ／天之狭手依比売／①2
イザナキとイザナミが地上で最初に生んだ八つの大きな島（大八島国）のうち六番目に生んだツの島（対馬）の神名。アメノはほめ言葉。サデの寄りつく女神の意。サデはサ（すばらしい）テ（手＝織物）か。

アメノタヂカラヲ★／天手力男神／②5、⑦1
高天の原で石屋に籠もったアマテラスを引き出すために、石屋の戸のわきに隠れ、腕力によってアマテラスを引き出した。アメノ（ほめ言葉）タ（手）チカラ（力持ちの）ヲ（男神）で、腕力にすぐれた神。ニニギのお伴をして地上に降りた。

アメノチカルミヅヒメ⇩アメチカルミヅヒメ

アメノツドヘチネ／天之都度閇知泥神／③4
スサノヲの系譜でフカブチノミヅヤレハナと結婚してオミヅヌを生む。アメノ（ほめ言葉）ツドヘ（集へ）チ（道）ネ（神をいう呪的接辞）で、用水路をいう。ミヅヤレハナ（水を遣《や》る口）を受けて農耕の水路が連想されているか。

アメノトコタチ／天之常立神／①1
「別天《こと》つ神」五柱のうちの一とされるが、ウマシアシカビヒコヂに続いて地上に顕《あら》われ出た神である。ただし、「アメ（天）」という神名からみて、高天の原に起源をもつ神であったはずで、五という数字に整えるために、対となるクニノトコタチ（「神世七代」に属す）と分離されたのであろう。神名トコタチは永久に立っている神の意とすれば、アメノトコタチは、アメノミナカヌシと同一神格のようにみえる。ただし、他の場面には登場しない。

アメノトリフネ★／天鳥船［神］／①2、⑥5・7
イザナキとイザナミによる神生みで生まれた神で、トリノイハクスブネの亦の名とする。アメノ（ほめ言葉）トリ（空を飛ぶことのできる鳥のような）フネ（船）で、天空を鳥のように飛行する船の神。スペースシャトルである。この神は、タケミカヅチを乗せて、地上制圧のために飛来したと語られている。とすると、イザナキとイザナミは高天の原にいる神も生んだということになる。

アメノヒトツネ／天一根／①2
イザナキとイザナミが大八島国のあとに生んだ六つの島のうちの四番目に生んだメの島（女島）の神名。アメ（天）ノ（の）ヒトツ（一つ）ネで、ネは神をいう呪的接辞であるとともに根っこのように大地に食い込んでいることをいう。次項アメノヒトツハシラ（一柱）と同じく、海に浮かぶ孤高の島をいう。アメノはほめ言葉。大分県にある島。

アメノヒトツハシラ／天比登都柱／①2
イザナキとイザナミが地上で最初に生んだ八つの大きな島（大八島国）のうち五番目に生んだ伊伎《いきの》（壱岐）島《しま》の神名。玄界灘に一本柱のように一つだけ浮かんでいるところからの名付け。アメノはほめ言葉。アメヒトツバシラとも。

アメノヒバラオホシナドミ／天日腹大科度美神／⑤3
オホクニヌシの系譜でヌノオシトミトリナルミとワカツクシメとのあいだに生まれた子。アメノ（ほめ言葉）ヒバラ（檜原）オホ（大）シナ（風）ド（ツの転訛《てんか》、の）ミ（神をいう呪的接辞）で、立派な檜《ひのき》の原を吹く神聖な風をいうか。あるいはヒバラは日原（日の射す原）か。

アメノフキヲ／天之吹男神／①2
イザナキとイザナミによる神生みで生まれた神。アメノ（ほめ言葉）フキ（風が吹く、または屋根や壁を葺く）ヲ（男神）。建物を建てる過程をいうか。

アメノフタツヤ／天両屋／①2
イザナキとイザナミが大八島国のあとに生んだ六つの島のうちの六番目に生んだフタゴの島（両児島）の神名。アメノ（ほめ言葉）フタツヤ（島が並んであるさま）で、神名をいう接辞がない。長崎県の男女《だんじょ》群島かという。

アメノフユキヌ／天之冬衣神／③4
スサノヲの系譜でオミヅヌとフテミミが結婚して生んだ子。アメノ（ほめ言葉）フユ（冬）キヌ（衣）で、豊かな衣類をいうか。あるいはフユ（増殖する）キヌ（衣）か。

アメノホアカリ／天火明命／⑦1
マサカツアカツカチハヤヒアメノオシホミミとヨロヅハタトヨアキヅシヒメのあいだに生まれた子で、アメニキシクニニキシアマツヒコヒコホノニニギの兄。アメノ（ほめ言葉）ホ（穂）アカリ（赤くなること）で、稲穂の成熟をいう。

名だけ出てくる。

アメノホヒ★／天之菩卑能命・天菩比神［命］／②3、⑥2
高天の原におけるスサノヲとアマテラスとのウケヒの際に、アマテラスの玉を噛んでスサノヲが吹きなした五柱の神の一。その二番目に吹きなされ、「詔り別け」によってアマテラスの子とされた。のちの出雲制圧神話（国譲り神話）では、アマテラスとタカミムスヒに命じられて地上に向かうが、オホクニヌシに懐柔されてそのまま居ついてしまった。アメノホヒの子タケヒラトリが出雲臣らの祖とされ、その子孫が出雲国造として代々オホクニヌシを祀り続けて現在に至る。

＊アメノミカゲ／天之御影神／中＝開化条
近淡海《ちかつおうみ》（近江）の御上《みかみ》（滋賀県野洲《やす》市三上《みかみ》）の祝《はふり》が斎《いつ》き祀っていた神。アメノ（ほめ言葉）ミ（接頭語）カゲ（鬘）の意で、カゲはシャーマンが頭にかぶる冠のことをいう。

アメノミカヌシ／天之甕主神／⑤3
オホクニヌシの系譜でハヤミカノタケサハヤヂヌミが結婚したサキタマヒメの父。アメノ（ほめ言葉）ミカ（酒を入れる壺《つぼ》）ヌシ（神をいう呪的接辞）で、神を祀る者をいう。

アメノミクマリ／天之水分神／①2
イザナキとイザナミの子であるハヤアキツヒコと妹ハヤアキツヒメが結婚して生まれた子神の一。アメノ（ほめ言葉）ミクマリ（水配り）の意で、分水嶺の神をいう。クマリはクバリ（配）と同じ（b音とm音の交替は日本語ではしばしば生じる）。アメとあるが高天の原の分水嶺ではない。アメとクニで対を作るために付ける。⇩クニノミクマリ

アメノミソラトヨアキヅネワケ／天御虚空豊秋津根別／①2
イザナキとイザナミが地上で最初に生んだ八つの大きな島（大八島国）のうち八番目に生んだオホヤマトトヨアキヅの島（大倭豊秋津島、本州をさす）の神名。「天のみ空に群れ飛ぶ蜻蛉《とんぼ》の男子」（集成）という。アキヅ（トンボ）は豊かな実りをほめる表現。

アメノミナカヌシ／天之御中主神／①1
高天の原に最初に顕れ出た神で、その中心に立つ大黒柱のような神。神話のなかではまったく姿を見せることがなく、抽象的な神格として「造化三神」（あとの二神はタカミムスヒとカムムスヒ）の中心に置こうとして新しく構想された神か。こうした三神のあり方は、仏教における仏像の安置様式である三尊像（阿弥陀《あみだ》三尊・釈迦《しゃか》三尊など）の影響を受けているのではないか。日本書紀では第一段一書第四に同じ三神の名がみえる。

アメノワカヒコ★／天若日子／⑥3・4
アメワカヒコとも。アマツクニタマの子で、アメノホヒに続いて地上制圧に派遣された。アメノ（天空の）ワカ（若々しい）ヒコ（男神）で、青年勇者のイメージ。アメノホヒがオホクニヌ

シに簡単に丸め込まれてしまったのに対して、この神は、地上を我がものにしようと企《たくら》んでオホクニヌシの娘シタデルヒメと懇ろになって地上で八年の歳月を過ごす。しかし、高天の原の命令に背いたというので、自分が射た矢によって胸を射貫《いぬ》かれて死に、父や妻子が降りてきて盛大な葬儀が行われる。⇩アヂスキタカヒコネ

アメノヲハバリ／天之尾羽張［神］／①3、⑥5
イツノヲハバリとも。イザナキがカグツチ（ヒノカグツチ）を切り殺した時に使用した剣の神格化。地上のオホクニヌシを制圧する場面にも登場する。タケミカヅチの父神。アメノ（天空の、ほめ言葉）ヲ（男）ハ（刃）ハリ（張る）の意で、刀剣を賛美する表現。ヲハのヲ（男）は刀剣の凄《すご》さをいうほめ言葉、ハリも切れ味の鋭さをいう。

アヤカシコネ／阿夜訶志古泥神／①1
アヤ（感動のことば）カシコ（かしこい）ネ（神をいう接尾語）で、オモダルと対をなす「妹」神。神世七代のなかで、はっきりと男女の性をもつ神（ツノグヒ・妹イクグヒ、オホトノヂ・妹オホトノベ）が出現したのに続いて、外面（オモダル）も内面（アヤカシコネ）も整った神が成り、結婚する男女神（イザナキ・妹イザナミ）へつながる。

アワサクミタマ／阿和佐久御魂／⑦2
サルタビコが溺《おぼ》れて海に沈んだ時にできた泡粒が、水面に上がって弾《はじ》けた拍子に生まれた神。アワ（泡）サク（裂く）ミ（御）タマ（神霊）の意。⇩ソコドクミタマ。⇩ツブタツミタマ

アワナギ／沫那芸神／①2
イザナキとイザナミの子であるハヤアキツヒコと妹ハヤアキツヒメが結婚して生まれた子神の一。アワ（沫）ナギ（凪）の意で、静かな水面にできた沫。次項アワナミと対をなす。

アワナミ／沫那美神／①2
イザナキとイザナミの子であるハヤアキツヒコと妹ハヤアキツヒメが結婚して生まれた子神の

一。アワ（沫）ナミ（波）の意で、波立った水面の沫をいう。前項アワナギと対。ただし、この女神には「妹」という接辞がなく、兄妹《けいまい》という認識がない。

アヲヌマウマヌマオシヒメ／青沼馬沼押比売／⑤3

シキヤマヌシの娘。オホクニヌシの系譜でミロナミと結婚してヌノオシトミトリナルミを生んだ。アヲヌマ（青い沼）ウマヌマ（馬の沼、あるいはウマシ沼）オシ（おしなびかす）ヒメ（女神）で、沼の女神をいうか。

【イ】

イカヅチ★／雷神／①3

死んで黄泉の国にいるイザナミの腐爛《ふらん》死体に付いた神。オホイカヅチ・ホノイカヅチ・クロイカヅチ・サキイカヅチ・ワカイカヅチ・ツチイカヅチ・ナリイカヅチ・フシイカヅチの八柱を総称して呼ぶ名。「雷神」と原文にあるが、いわゆるカミナリには限定できない。語構成は「イカ（威力ある）ツ（〜の）チ（神をいう呪的接辞）」で、チという接辞は、ヲロチ・ミツチ（水神）など制御不能の恐ろしきものをさすことが多い。イカツチというのもまさにそのようなもっとも恐ろしき存在をいう。

イキの島⇩アメノヒトツハシラ

イクグヒ／活杙神／①1

生き生きした（活）クヒ（杙）で、泥土（ウヒヂニ・妹スヒヂニ）に立てられた杙、あるいは泥土から芽吹いた木のことで男根をいうか。妹イクグヒとあってツノグヒと対をなしているが、もとは、次に生じるオホトノヂ・オホトノベと対となる神か。

イクタマサキタマヒメ／活玉前玉比売神／⑤3

ヒヒラギノソノハナマヅミの娘。オホクニヌシの系譜でタヒリキシマルミと結婚しミロナミを生む。イクタマ（活き活きした神霊）サキタマ（幸いをもたらす神霊）ヒメ（女神）で、神を依《よ》せる巫女をいう。

イクツヒコネ／活津日子根命／②3

高天の原におけるスサノヲとアマテラスとのウケヒの際に、アマテラスの玉を嚙んでスサノヲが吹きなした五柱の神の一。その四番目に吹きなされ、「詔り別け」によってアマテラスの子とされた。イク（活き活きした、ほめ言葉）ツ（の）ヒコ（男神）ネ（神をいう呪的接辞）の意。凡川内国造らの祖とする以外に出てこない。三番目のアマツヒコネと対をなす。

***イザサワケ**／伊奢沙和気大神／中＝仲哀条

若狭《わかさ》国の角鹿《つぬが》（敦賀《つるが》）に祀られている神で、イザ（誘う語）サ（ほめ言葉）ワケ（男神）の意。オキナガタラシヒメの生んだ子を禊ぎに連れて行った時、名を易《か》えようと言う。⇩ミケツオホカミ。⇩ケヒの大神

イザナキ★／伊耶那岐（伎）神（大御神、大神、命）／①1～4、②1

妹イザナミとともに地上の島や神がみを生み成した神。イザ（サアと誘いかける語）ナ（の）キ（男神をいう呪的接辞）で、イザナミと対をなし、誘い合って結婚したことから名付けられた。最初に結婚（ミトノマグハヒ）し、大地や神がみの誕生をになう男神。死んだイザナミのいる黄泉の国に迎えに行くが、約束を破ったために連れもどすことができない。地上にもどったあとは、禊ぎによってアマテラス・ツクヨミ・スサノヲの三貴子を生む。

イザナミ☆／伊耶那美神（命）／①1～3

イザ（さあ）ナ（の）ミ（女神をいう呪的接辞）で、イザナキと対をなす。積極的な女神として語り出されるが、天つ神によって規制されてしまう。「妹」イザナミと表示され、イザナキとイザナミは兄妹と考えられていたらしい。兄妹の結婚はあらゆる社会において禁忌（タブー）としてあり、それが最初の出産が失敗であったという話へとかかわるのであろう。イザナキとともに地上の島や神がみを生むが、最後に火

の神を生んで死に、黄泉の国へ行く。イザナキが連れもどそうとするが失敗し、イザナミは黄泉の国の大神として死の世界をつかさどることになった。墓が、出雲国と伯伎《ははき》国との境の比婆《ひば》の山にあると伝える。

イシコリドメ☆／伊斯許理度売命／②5、⑦1
高天の原でアマツマラとともに鏡を作った女神。イシ（石）コリ（凝り）ト（～ツの転、の）メ（女神）の意で、ドメを老婆とするのは間違い。鍛冶神アマツマラのマラ（男根）を石のごとくに硬くする女神であり、その力で溶けた鉄（青銅）を立派な鏡にすることができるのだ。天の石屋神話は、ドタバタ喜劇風のエログロナンセンスとみるのが正解である。そのエロチックなリアルさも、語られる神話の本領である。五伴《いつとも》緒《のお》の一柱としてニニギのお伴をして地上に降りる。

イチキシマヒメ／市寸島比売命／②3
アマテラスとスサノヲとのウケヒによる子生みで、アマテラスがスサノヲの剣を嚙み砕いて吹き出した女神三柱の一。宗像（胸形）氏の祀る宗像大社中津《なかつ》宮《みや》の祭神。イチキ（イツキ＝斎き）シマ（島）ヒメ（女神）の意で、イチ・イツキは神を祀る者の名である。中津宮は宗像市の沖にある大島《おおしま》に鎮座。亦の名はサヨリビメ。

＊イヅシの八前の大神／伊豆志之八前大神／中＝応神条
新羅の国の国王の子であるアメノヒボコ（天之日矛）が持ってきた八種類の呪具（玉二貫《つら》・比礼四枚・鏡二枚）をいう。多遅摩《たじま》（但馬）国の出石《いずし》神社（兵庫県豊岡《とよおか》市出石町）の祭神。イヅシは霊力のある石（神宝）か。

＊イヅシヲトメ／伊豆志袁登売神／中＝応神条
前項イヅシの八前の大神の娘。アキヤマノシタヒヲトコとハルヤマノカスミヲトコの母。

イツセ／五瀬命／⑦8、中＝神武条
ウガヤフキアヘズと叔母タマヨリビメとのあいだに生まれた四柱の子の第一子。イツ（厳《いか》めし

い）セ（未詳）。集成はセを「神稲」とするが疑問。あるいは兄や夫をいうセで、四人兄弟の第一子をさすか。中巻冒頭で、弟カムヤマトイハレビコとともに東に向かった途中の紀（紀伊）国で戦死する。

イヅノメ／伊豆能売／①4
イザナキが黄泉の国からもどり中つ瀬に潜って体をすすいだ時に生じた禍々《まがまが》しきものを正そうとして生まれた三神の一。イツ（厳）ノ（の）メ（女神）の意。厳しく直す神か。⇩オホナホビ。⇩カムナホビ

イツノヲハバリ★／伊都之尾羽張［神］／①3、⑥5
イザナキがカグツチ（ヒノカグツチ）を切り殺した時に使用した剣の神格化。地上のオホクニヌシを制圧する場面にも登場する。タケミカヅチの父神。イツ（威力のある）ノ（の）ヲ（男）ハ（刃）ハリ（張る）の意で、刀剣を賛美する表現。ヲハのヲ（男）は刀剣の凄さをいうほめ言葉、ハリも切れ味の鋭さをいう。アメノヲハバリとも。

＊出雲の大神／出雲大神／中＝垂仁条
出雲国にいます大神のことでオホクニヌシ（オホナムヂ）をいう。イクメイリビコイサチ（伊久米伊理毘子伊佐知命、垂仁天皇）の子ホムチワケ（本牟智和気）が物を言わない原因が、出雲の大神の「祟《たた》り」であるということを夢の教えによって知ったイクメイリビコは、御子とお伴を大神の許《もと》に遣わし祀ったところ、御子は言語を回復した。古事記で唯一「祟」という漢字が用いられている。

稲田の宮主スガノヤツミミ⇩スガノヤツミミ

稲羽のシロウサギ（素菟）⇩ウサギ神

イナヒ／稲氷命／⑦8
ホヲリの子ウガヤフキアヘズと叔母タマヨリビメとのあいだに生まれた四柱の子の第二子。イナ（稲）ヒ（神霊）の意か。妣《はは》の国として海原に入る。妣は死んだ母をいう漢字。母タマヨリ

ビメは死んではいないが、元の世界にもどったので妣の国という。

イノヒメ／伊怒比売／⑤6
イヌヒメとも。スサノヲの子オホトシと結婚してオホクニミタマを生む。イのヒメ（女神）の意だが、イは未詳。

＊イハオシワクノコ／石押分之子／中＝神武条
吉野《よしの》国巣《くにす》の祖で、国つ神。カムヤマトイハレビコに服属した。イハ（岩）オシ（押しなびかす）ワク（男神をいう接辞）の子。

イハサク／石析神／①3
イザナミを殺されて怒ったイザナキが、カグツチの首を切った時に刀の先に付いた血が岩に飛んで生まれた神。岩を切り裂く神の意。ネサクと対をなす。

イハスヒメ／石巣比売神／①2
イザナキとイザナミによる神生みで生まれた神。イハツチビコと対をなす。岩石（イハ）や砂（ス）の女神の意。その前に生まれた島を形成している物体の神格化。集成は、イハ（頑丈な）ス（住み処《か》）とする。

イハツチビコ／石土毘古神／①2
イザナキとイザナミによる神生みで生まれた神。イハスヒメと対。岩石や土の男神の意。その前に生まれた島を形成している物体の神格化。

イハツツノヲ／石箇之男神／①3
イザナミを殺されて怒ったイザナキが、カグツチの首を切った時に刀の先に付いた血が岩に飛んで生まれた神。イハ（岩）ツツ（ツチ／槌）ノ（の）ヲ（男）の意。イハサク・ネサクとともに生まれる。

イハナガヒメ☆／石長比売／⑦3
オホヤマツミの娘でコノハナノサクヤビメの姉。イハ（岩石）ナガ（永い）ヒメ（女神）で、岩石のごとく永遠に持続する女神。短命を象徴するコノハナ（木花）の対として永遠性を象徴する。醜さゆえにニニギに結婚を拒否され、父の許に送り返される。バナナタイプと呼ばれる神話の主人公。

イヒヨリヒコ／飯依比古／①2
イザナキとイザナミによる国生みから生まれた讃岐国《さぬき》（香川県）の神名。四国はイヨノフタナの島と呼ばれ、四つある国の一つ。

イヨノフタナの島／伊予之二名島／①2
イザナキとイザナミが地上で最初に生んだ八つの大きな島（大八島国）のうち二番目に生んだ島。四国のことで四柱の神がいる。⇩エヒメ。⇩イヒヨリヒコ。⇩オホゲツヒメ。⇩タケヨリワケ

【ウ】

ウカノミタマ／宇迦之御魂神／③4
スサノヲとカムオホイチヒメとのあいだに生まれた二神の一。ウカ（穀物）ノ（の）ミ（尊称）タマ（神霊）で、穀物の神。オホトシの弟とする。

ウガヤフキアヘズ⇩アマツヒコヒコナギサタケウガヤフキアヘズ

ウサギ神☆／菟神／④1
稲羽のシロウサギ神話に登場し、最初はワニ（和迩）に皮を剝《は》がれ傷ついたウサギとして出てくるが、最後には神であったことが明かされ、「これ稲羽の素菟なり。今に菟神と謂ふ」とある。「素」をシロと訓《よ》むことに疑問も出されているが、「素」は白をいう。この物語を読むと、ウサギは、稲羽国に求婚に向かった八十神たちとオホナムヂの力量を験《ため》しているように読める。そして最後に、ウサギはただのウサギではなく神であったと種明かしされる。その結果、ヤガミヒメはオホナムヂと結婚する。ウサギは世界中の神話でトリックスターとして登場し、さまざまないたずらを仕掛けたり、知恵で事件を解決したりする。耳が大きいという身体的な特徴が、神の声を聴く力をもつと考えられているらしい。また、ワニに皮を剝がれた出来事を、アイヌのカムイ・ユカㇻ（神謡）のような一人称

自叙の形式で語るのは、語りのあり方を考えると興味深い。

ウズメ⇩アメノウズメ

ウツシクニタマ／宇都志国玉神／③4、④3
オホクニヌシの五つの名のうちの一つ。ウツシ（現実の）クニ（国土）タマ（神霊）で、オホクニヌシやオホナムヂと同じ意味の神名。単独の神話の主人公としては登場せず、系譜を除くと、スサノヲがオホナムヂに対して、オホクニヌシとなって地上の王となれと祝福することばのなかに、オホクニヌシの言い換えとして出てくるだけである。⇩アシハラノシコヲ。⇩オホナムヂ。⇩ヤチホコ

ウツシヒガナサク／宇都志日金析命／①4
イザナキが水に潜って体をすすいだ時に生まれた安曇氏の祀るワタツミ三神（ソコツワタツミ・ナカツワタツミ・ウハツワタツミ）の子という。ウツシ（現実の）ヒ（霊力のある）カナサク（金析、網かがり）の意。カナサクを網をかがる（編む）こととみる集成説を支持する。安曇氏は志賀島を本拠とする海の民でワタツミ三神を祀るが、一部は信州に住みついたと言われており、穂高《ほたか》神社（長野県安曇野《あづみの》市穂高）の祭神ホタカミ（穂高見命）はウツシヒガナサクのことだと神社では伝えている。

ウハツツノヲ／上箇［之］男命／①4、中＝仲哀条
イザナキが黄泉の国からもどり水の表面のあたりで体をすすいだ時に生まれた三神の一。ウハ（上）ツ（の）ツ（津）ノ（の）ヲ（男神）の意で、スミノエノミマヘノオホカミ（住吉大社の三神）の一。ツツは星の意とする説が強いが、津守《つもり》氏の祀る津（湊《みなと》）の神とみる。いずれにしても航海にかかわる神。安曇氏の祀るウハツワタツミ（次項）と対になって出てくる。オキナガタラシヒメ（息長帯日売命）の神懸かりに顕れて西への遠征を託宣する（仲哀天皇条）。⇩ソコツツノヲ。⇩ナカツツノヲ

ウハツワタツミ／上津綿津見神／①4
イザナキが黄泉の国からもどり水の表面のあたりで体をすすいだ時に生まれた二神の一。ウハ（上）ツ（の）ワタ（海）ツ（の）ミ（神をいう呪的接辞）の意で、ワタツミ三神（志《し》賀《か》海《うみ》神社の祭神）の一。海の神を祀る一族で、宗像氏とともに古代を代表する海の民である安曇氏が祀る神である。津守氏の祀るウハツツノヲ（前項）と対のかたちで出てくる。⇩ソコツワタツミ。⇩ナカツワタツミ

ウヒヂニ／宇比地迩神／①1
ヒヂ（泥）とニ（土）か。ウはウハ（表）かウヒ（初）か。「妹」スヒヂニと対をなす。妹の対になることからすると、男性性をもつ。

ウマシアシカビヒコヂ／宇摩志阿斯訶備比古遅神／①1
立派な（ウマシ）＋葦の芽（アシカビ）＋男（ヒコ）＋神（ヂ）の意。地上において泥の中から最初に顕れ出た生命を言い、葦（植物）の芽の発芽するさまがイメージされている。そして、この神（生命力）の出現は、地上に生きる「青人草《あをひとくさ》」＝人間の誕生と重ねられているのであり、ウマシアシカビヒコヂは人間の元祖とみなしてよかろう。古事記には人間の誕生が語られないと言われるが、この神の出現こそが人間誕生の神話なのである。

ウミサチビコ★／海佐知毘古／⑦5
ニニギとコノハナノサクヤビメのあいだに生まれた三柱の子のうちのホデリの愛称。亦の名ではなく、一度だけ出てくる呼び名。神話のなかで狩猟・漁猟の道具をサチと呼んでいるが、山や海で獲《と》った獲物もサチという。道具と獲物とが一体化しており、それが道具を使う者とも一体化しているというのは、ヤマサチ（幸）ビコ・ウミサチ（幸）ビコという名前からも知られる。だからこそ、ウミサチビコは元の道具を返せというのであって、意地悪だからそう言うのではない。⇩ヤマサチビコ

ウムカヒヒメ☆／蛤貝比売／④2
ウムギヒメとも。八十神にだまされて殺されたオホナムヂを治療し蘇生《そせい》させた貝の女神の一。ウムカヒ（蛤）ヒメ（女神）で、その身の汁で「母《おも》の乳汁《ちしる》」と呼ばれる火傷《やけど》の治療薬を作った。出雲国風土記によれば、カムムスヒ（神魂命）の娘とされているが、古事記では、親子関係にあることは明示されていない。⇩キサカヒヒメ

【エ】

エヒメ／愛比売／①2
イザナキとイザナミによる国生みから生まれた伊予国（愛媛県）の神名。四国はイヨノフタナの島と呼ばれ、四つある国の一つ。

【オ】

オカミ／淤迦美神・淤加美神／③4、⑤3
スサノヲの系譜で娘のヒカハヒメがフハノモヂクヌスヌと結婚してフカブチノミヅヤレハナを生む。また、オホクニヌシの系譜では、娘のヒナラシビメがアメノミカヌシヒコと結婚してタヒリキシマルミを生む。オカミは水神をいう。孫のフカブチノミヅヤレハナも水にかかわる。

オキザカル／奥疎神／①4
黄泉の国からもどったイザナキが禊ぎをしようとして投げた左の手纏《たまき》から生まれた三神の一。オキ（沖）サカル（離れる）の意。

オキツカヒベラ／奥津甲斐弁羅神／①4
黄泉の国からもどったイザナキが禊ぎをしようとして投げた左の手纏《たまき》から生まれた三神の一。オキ（沖）ツ（の）カヒ（未詳）ベラ（ヘリ＝縁）の意か。カヒベラはナギサ（渚）と対になる語だろうが解釈できない。

オキツシマヒメ／奥津島比売命／②3
アマテラスとスサノヲとのウケヒによる子生みで、アマテラスがスサノヲの剣を嚙み砕いて吹き出した女神三柱のうちのタキリビメの亦の名。宗像（胸形）氏の祀る宗像大社の祭神。オキ

（沖）ツ（の）シマ（島）ヒメ（女神）の意で、ここの沖つ島とは玄界灘の孤島沖ノ島をさす。そこに祀られる女神。

オキツナギサビコ／奥津那藝佐毘古神／①4
黄泉の国からもどったイザナキが禊ぎをしようとして投げた左の手纏《たまき》から生まれた三神の一。オキ（沖）ツ（の）ナギサ（渚）ヒコ（男神）の意。

オキツヒコ／奥津日子神／⑤6
スサノヲの子オホトシとアメチカルミヅヒメが結婚して生んだ九柱のうちの一。オキ（沖）ツ（の）ヒコ（男神）で、次項オキツヒメと対。

オキツヒメ／奥津比売命／⑤6
スサノヲの子オホトシとアメチカルミヅヒメが結婚して生んだ九柱のうちの一。オキ（沖）ツ（の）ヒメ（女神）で、前項オキツヒコと対。亦の名をオホヘヒメという。

オキノミツゴの島⇩アメノオシコロワケ

オクヤマツミ／奥山津見神／①3
イザナキが切り殺したカグツチの体に成った八神の一で、腹から生まれた。オク（奥）ヤマ（山）ツ（の）ミ（神をいう呪的接辞）の意。

オシホミミ⇩マサカツアカツカチハヤヒアメノオシホミミ

オドヤマツミ／淤縢山津見神／①3
イザナキが切り殺したカグツチの体に成った八神の一で、胸から生まれた。オド（弟か、劣か）ヤマ（山）ツ（の）ミ（神をいう呪的接辞）の意。

オノゴロ島／淤能碁呂島／①1
イザナキとイザナミが天つ神に命じられて地上に降りる前、天の浮橋から天の沼矛《ぬぼこ》を差し下ろしてどろどろの地上をかき回して作った島。この島を拠点として、二神は国生みを行った。

オホイカヅチ／大雷／①3
死んで黄泉の国にいるイザナミの腐爛死体に湧いた八柱のイカヅチの一で、頭から生まれた。オホ（ほめ言葉）イカ（威力ある）ツ（の）チ

（神をいう呪的接辞）。⇩イカヅチ

オホカグヤマトオミ／大香山戸臣神／⑤6
オホトシとカグヨヒメが結婚して生まれた二柱の一。オホ（ほめ言葉）カグ（輝く）ヤマ（山）ト（ツの転、の）オミ（オホミ＝偉大なる神霊の約）。⇩ミトシ

オホカムヅミ／意富加牟豆美命／①3
根の堅州の国にあった桃の実に、イザナキが感謝して命名した。オホ（偉大な）カム（神）ツ（の）ミ（「実」ととりたいが、仮名違いなので神をいう呪的接辞とする）の意。桃が呪力を持つとされるのは、中国の神仙思想などとかかわるらしい。

オホクニヌシ★／大国主神／③4、④1・3・4、⑤3〜5、⑥1〜8
原文「大国主神」が示す通り、偉大なる国の主の意で、地上を統一し領有したところから名付けられた。古事記によれば、オホクニヌシという名は根の堅州の国においてスサノヲから与えられたものである。ほかにオホナムヂ・アシハラノシコヲ・ヤチホコ・ウツシクニタマという四つの亦の名をもっている（別名については、それぞれの神名の項を参照のこと）。スサノヲの系譜（③4）によれば、スサノヲの六世の孫（スサノヲから数えると七代目）と位置づけられ、父はアメノフユキヌ、母はサシクニワカヒメという。出雲大社に祀《まつ》られ、出雲国造によって奉祭されている。

オホクニミタマ／大国御魂神／⑤6
スサノヲの子オホトシとイノヒメとの間に生まれた五柱の神の一。オホ（ほめ言葉）クニ（大地）ミ（接頭語）タマ（神霊）で、大地の神霊の意。⇩カラカミ。⇩ソホリ。⇩シラヒ。⇩ヒジリ

オホゲツヒメ（粟国の神）／大宜都比売／①2
イザナキとイザナミによる国生みから生まれた粟《あわ》国（徳島県）の神名。四国はイヨノフタナの島と呼ばれ、四つある国の一つ。律令国名では

阿波国《あわ》。五穀の起源神話（③1）に登場するオホゲツヒメとは別神とみなす。神名の意味は、オホ（偉大な）ケ（食べ物）ツ（の）ヒメ（女神）の意で、国名アハから穀物の粟が連想されたところからの名付け。

オホゲツヒメ／大宜都比売神／①2
イザナキとイザナミによる神生みで生まれた神。オホ（偉大な）ケ（食べ物）ツ（の）ヒメ（女神）の意。大地母神的な性格をもつ神で、後の五穀の起源神話に語られるオホゲツヒメ（次項）と同一神とする説もあるが、必ずしもそのように考える必要はない。

オホゲツヒメ☆／大気都［大宜津］比売神／③1
オホ（偉大な）ケ（食べ物）ツ（の）ヒメ（女神）の意で、食べ物の女神。大地母神的な性格をもち、高天の原から追放される途中に立ち寄ったスサノヲに斬り殺され、その体から蚕と五穀を生やす。カムムスヒがそれをスサノヲに採らせ清浄な種とした上でスサノヲに託したので、地上に栽培植物が生じたという穀物起源神話の女神である。この女神の居場所を高天の原とするのは間違いだと思うが、どこにいたかは明らかでない。前項のイザナキ・イザナミから生まれたオホゲツヒメ（①2）と同一神とする説もあるが確かではない。また、前々項の粟国の神オホゲツヒメと同一神とする見方もあるが、スサノヲの渡来経路からみて考えにくい。食べ物を支配するような根源的な神は、あちこちにいたと考えられていたとみたほうが理解しやすいはずである。

オホゲツヒメ／大気都比売神／⑤6
オホトシ（スサノヲの子）の子ハヤマトと結婚し八柱の子を生む女神（生まれる八神は稲の実りのサイクルを表しているらしい）。いくつかの場面にオホゲツヒメが出てくるが、それぞれ別の神とする（前項・前々項、参照）。どの神も、オホ（偉大な）ケ（食べ物）ツ（の）ヒメ（女神）の意であることは同じ。

オホコトオシヲ／大事忍男神／①2
イザナキとイザナミによる神生みの最初に生みなされた神。大事を押しなびかせる男神の意か。オシは押スで、そのことを強く、あまねく広く行き渡らせること。

オホの島⇩オホタマルワケ

オホタマルワケ／大多麻流別／①2
イザナキとイザナミが大八島国のあとに生んだ六つの島のうちの三番目に生んだオホの島（大島）の神名。タマルは船溜《ふなだ》まり船のタマリでトマリ（泊）に同じく舟の停泊する湊。立派な溜まりの男神（ワケ）。所在については諸説あり。

オホツチ／大土神／⑤6
亦の名はツチノミオヤ。スサノヲの子オホトシとアメチカルミヅヒメが結婚して生んだ九柱のうちの一。漢字の字義通り、偉大なる土の神で、庭の土をいうか。亦の名ツチノミオヤ（土之御祖神）とあるところからみて、オホツチは母神である。

オホトシ／大年神／③4、⑤6
スサノヲとカムオホイチヒメとのあいだに生まれた二神の一。オホ（ほめ言葉）トシ（実り）で、実りの神。オホトシに発する独自の系譜を伝える。⇩ウカノミタマ

オホトノヂ／意富斗能地神／①1
オホトノを「大殿」と解するのが一般的だが、オホトはオホ（大）ホト（秀処）の約で立派な女性器のこと。ホトは「すばらしい（ホ）出入り口（ト＝門）」の意。ヂは神をいう呪的接辞。「妹」オホトノベと対をなし男性性をもつ神だが、本来は男根をあらわすツノグヒ・イクグヒと対をなす女性性をもつ神とも考えられる。クヒとホトとによって、はじめて男女の性が姿を現したことになる。

オホトノベ／大斗乃弁神／①1
オホ（大）ホト（秀処）ノ（の、格助詞）べ（神をいう呪的接辞）で、女性器をいうか。「妹」とあるのは、古事記がオホトノヂ（前

項）と対にするため。詳細は前項参照。

オホトヒワケ／大戸日別神／①2

イザナキとイザナミによる神生みで生まれた神。オホ（偉大な）ト（出入り口）ヒ（霊力を表す接辞）ワケ（男神の尊称）。建物の出入り口をいうか。

オホトマドヒノコ／大戸惑子神／①2

イザナキとイザナミの子であるオホヤマツミとノツチが結婚して生まれた子神の一。オホ（ほめ言葉）トマドヒ（戸惑う）ノ（の）コ（子）で、深い谷に入って迷うことを神格化していう。ここのコは男をさし、次項オホトマドヒノメと対をなす。

オホトマドヒノメ／大戸惑女神／①2

イザナキとイザナミの子であるオホヤマツミとノツチが結婚して生まれた子神の一。オホ（ほめ言葉）トマドヒ（戸惑う）ノ（の）メ（女神）で、深い谷に入って迷うことを神格化していう。前項オホトマドヒノコと対。

オホナホビ／大直毘神／①4

イザナキが黄泉の国からもどり中つ瀬に潜って体をすすいだ時に生じた禍々しきものを正そうとして生まれた三神の一。オホ（大きな）ナホ（直）ビ（ヒの連濁で、神をいう呪的接辞）の意。ナオはマガなるものをまっすぐにする（ナホス）こと。⇩カムナホビ。⇩イヅノメ

オホナムヂ★／大穴牟遅神／③4、④1～4、⑤4

訓《よ》み方は、オホナムチ・オホアナムチとも。オホクニヌシの五つの名のうちの一つとされるが、この名が出雲の大神の本来的な呼称とみるのがよい。オホ（偉大な）ナ（地）ムヂ（神をいう呪的接辞）と解するが、ナは原文に「穴」とあり、オホナはオホアナ（大穴）の約音で、穴（火口）の神とみる説も魅力的である（益田勝実『火山列島の思想』）。古事記のなかで、オホクニヌシが登場する神話は、出雲制圧神話を入れれば全体の四割を越えるほど大きく、その存

在感は天つ神をはるかに凌駕《りょうが》する。そこに、古事記が日本書紀とはまったく性格を異にする書物であることを主張しているのを見過ごすことはできない。⇩アシハラノシコヲ。⇩ウツシクニタマ。⇩ヤチホコ

オホノデヒメ／大野手比売／①2
イザナキとイザナミが大八島国のあとに生んだ六つの島のうちの二番目に生んだアヅキの島（小豆島）の神名。大きな野の女神。テは場所を表す接辞。瀬戸内海の播磨灘。

オホハカリ／大量／⑥4
アメノワカヒコの喪屋を切り倒した時にアヂシキタカヒコネがもっていた剣の名。オホ（大）ハ（刃）カリ（マサカリの刈りと同義）で、立派な刀剣を神格化していう。亦の名をカムド（神度）の剣という。カム（神）ド（の）ツルギ（剣）の意。

オホヘヒメ／大戸比売神／⑤6
オキツヒメの亦の名。オキツヒメは、スサノヲの子オホトシとアメチカルミヅヒメが結婚して生んだ九柱のうちの一。オホ（ほめ言葉）へ（へっつい〈竈〉のへ）ヒメ（女神）で、竈の神。系譜のなかに、「こは、諸人のもち拝《いつ》く竈神ぞ」という注が付いている。

オホマガツヒ／大禍津日神／①4
イザナキが黄泉の国からもどり中つ瀬に潜って体をすすいだ時に生まれた二神の一。オホ（大きな）マガ（禍）ツ（の）ヒ（神をいう呪的接辞）の意。マガは曲がると同源の語で禍々しいことをいう。ナホ（直）の対。⇩ヤソマガツヒ

***オホミワの大神**／意富美和之大神／中＝崇神条
次項オホモノヌシの称《たた》え名で、大三輪の大神のこと。三輪山をご神体とし、大神神社《おおみわ》（奈良県桜井市）に祀られる神。

***オホモノヌシ**／大物主［大］神／中＝神武条、崇神条
オホ（ほめ言葉）モノ（おそろしきモノ）ヌシ（主）で、固有名詞というよりは威力のある物

を恐れ憚《はばか》っていう呼び名であったが、とくに三輪山にいます神の名になった。小さな蛇の姿をしていたり、矢になって小川を下って女性の許に至り、子を孕《はら》ませたりする。三輪山は、御諸《みもろ》山・御室《みむろ》山とも言い、神の鎮座する山「神奈《かんな》備《び》」をいう。日本書紀の一書ではオホモノヌシを、オホナムヂの「幸御《さきみ》魂《たま》・奇御《くしみ》魂《たま》」と呼んだり、亦の名であるとしたりするが、古事記ではそのような記述はなく別の神と考えていたと思われる。上巻にオホモノヌシの名は出てこず、中・下巻にも、オホクニヌシとオホモノヌシを一体とみる発想はない。

オホヤビコ／大屋毘古神／①2
イザナキとイザナミによる神生みで生まれた神。オホ（立派な）ヤ（建物）ヒコ（男神）。次項のオホヤビコと同神とする説もあるが疑問。ここは始源の住まい。

オホヤビコ★／大屋毘古神／④2
神名の意味は前項オホヤビコと同じ。同一神とみなすことも可能だが、別神とする。木国（紀伊国）に住み、オホナムヂをスサノヲの住む根の堅州の国に送る役割を果たす。日本書紀に登場するスサノヲ（素戔嗚尊）の子イタケル（五十猛神）の別名とする説もあるが、古事記や日本書紀にはそうした記述はない。

オホヤマクヒ／大山咋神／⑤6
亦の名はヤマスヱノオホヌシ。スサノヲの子オホトシとアメチカルミヅヒメが結婚して生んだ九柱のうちの一。オホ（偉大な）ヤマ（山）クヒ（杭）で、山の頂に立てられた標《しめ》となる杭（磐座《いわくら》など）の意。系譜のなかに、「この神は、近つ淡海《あふみ》国の日枝の山に坐し、また葛野《かつの》の松尾《まつのを》に坐して、鳴鏑を用《も》つ神ぞ」という注が付いている。日枝《ひえ》の山にいます神は、現在滋賀県大津《おおつ》市坂本《さかもと》に鎮座する日吉《ひよし》大社（日枝社）、松尾にいます神は、現在京都市西京《にしきょう》区嵐山宮町《あらしやまみやまち》に鎮座する松尾《まつのお》大社のことで、渡来系氏族の秦《はた》氏が祀っていた。

オホヤマツミ★／大山津見神／①2、⑦3
イザナキとイザナミによる神生みで生まれた神。オホ（偉大な）ヤマ（山）ツ（の）ミ（神をいう呪的接辞）。神話でいう山の神は海の神（オホワタツミ、ワタツミ）の対として陸地を象徴することが多い。日向神話で天孫ニニギと結婚するコノハナノサクヤビメの父オホヤマツミと神生み神話で生まれたオホヤマツミとを、必ずしも同一神とする必要はない。ただ、ワタツミとオホワタツミのような違いがなく、どちらもオホヤマツミなので同一神とみなすのが無難ではあろう。⇩オホワタツミ。⇩ワタツミ

オホヤマトトヨアキヅの島⇩アメノミソラトヨアキヅネワケ

オホワタツミ／大綿津見神／①2
イザナキとイザナミによる神生みで生まれた海の神。オホ（偉大な）ワタ（海）ツ（の）ミ（神をいう呪的接辞）。陸の岩石や建物の神が生まれたあとに続く。ホヲリ（ヤマサチビコ）のワタツミの宮訪問神話に登場するワタツミと同一神と意識されているかどうかは不明。オホヤマツミと対をなす。⇩ワタツミ。⇩オホヤマツミ

オミヅヌ／淤美豆奴神／③4
スサノヲの系譜でフカブチノミヅヤレハナとアメノツドヘチネが結婚して生んだ子。オミヅヌはオホミヅヌシ（大水主）の約音で、水の神。出雲国風土記、意宇郡条に載る国引き詞章で、島根半島を海のかなたから四回にわけて引いてきたという、ヤツカミヅオミヅヌ（八束水臣津野命）のことではないか。ヤツカミヅは枕詞のように用いられた称辞。

オモダル／於母陀流神／①1
オモ（面）タル（足る）で満ち足りた顔をもつ神。「妹」アヤカシコネと対をなし、オホトノヂ・妹オホトノベに続いて成った神世七代の神。このあとにイザナキ・イザナミが成る。男と女のかたちが次第に明らかになり、交合する男女

神の生成へと向かう。

オモヒカネ★／思金神／②5、⑥2～5、⑦1

常世のオモヒカネとも。オモヒ（思）カネ（兼ね）で、思慮を備えた神の意。思慮のような抽象的な能力を神格化した神はめずらしい。はじめて登場した場面に、タカミムスヒの子とあるが、ほかのところではそのような記述はみられない。高天の原神話では、アマテラスを石屋から引き出すために脚本家兼演出家の役割を果たし、天孫降臨の場面ではアマテラスの分身である鏡を携えて降り、その祭祀を担当した。また、制圧神話ではアマテラス・タカミムスヒの下問を受け、天つ神の中心となってことを議し方策を決定する。あちこちの場面で大活躍する神だが、いずれかの氏族によって祀られていたというような神ではない。藤原不比等《ふひと》などの反映をみようとする説もあるが、いかがか。

【カ】

カグツチ⇩ヒノカグツチ

カグヤマトオミ／香山戸臣神／⑤6

スサノヲの子オホトシとアメチカルミヅヒメが結婚して生んだ九柱のうちの一。カグ（輝く）ヤマ（山）ト（の）オミ（オホミ＝偉大なる神霊の約）の意。同じくオホトシの子にオホカグヤマトオミがいる。

カグヨヒメ／香用比売／⑤6

カヨヒメとも。スサノヲの子オホトシと結婚して二柱の子を生む。カグ（輝く）ヨ（間投助詞ヤの転）ヒメ（女神）で、輝く女神の意。

カザモツワケノオシヲ／風木津別之忍男神／①2

イザナキとイザナミによる神生みで生まれた神。カザ（風）モツ（持つ）ワケ（男神）ノ（の）オシ（押しなびかす）ヲ（男神）で、風を支配し押しなびかせる男神。原文「木津」は仮名文字［「以音」の注あり］のためキツではなくモツと訓む。

＊カチトヒメ／勝門比売／中＝仲哀条
オキナガタラシヒメ（息長帯日売）が筑紫の末《まつ》羅《ら》県玉島《たましま》里の河で年魚《あゆ》釣りをした時に上った、河の中の岩の名。

カナヤマビコ／金山毘古神／①2
イザナミが火の神ヒノヤギハヤヲを生んで病気になって苦しみ、その嘔吐《おうと》したもの（たぐり）から生まれた神。カナヤマ（鉄のとれる山）ヒコ（男神）の意で、たたら製鉄法炉から流れだす溶けた鉄と吐瀉《としゃ》物が重なっている。次項カナヤマビメと対。

カナヤマビメ／金山毘売神／①2
イザナミが火の神ヒノヤギハヤヲを生んで病気になって苦しみ、その嘔吐したもの（たぐり）から生まれた神。カナヤマ（鉄のとれる山）ヒメ（女神）の意で、たたら製鉄法炉から流れだす溶けた鉄と吐瀉物が重なっている。前項カナヤマビコと対。

カミムスヒ⇩カムムスヒ

カムアタツヒメ／神阿多都比売／⑦3
コノハナノサクヤビメの亦の名。カム（ほめ言葉）アタ（地名）ツ（の）ヒメ（女神）で、アタは鹿児島県の薩摩《さつま》半島西岸一帯の地名。薩摩隼人の居住した地域をいう。ニニギの求婚を受け結婚する。詳細はコノハナノサクヤビメ参照。

カムイクスビ／神活須毘神／⑤6
オオトシが結婚したイノヒメの親。カム（ほめ言葉）イク（活《い》き活きした）ス（巣で住まい）ヒ（神であることをいう呪的接辞）。

カムオホイチヒメ／神大市比売／③4
オホヤマツミの娘でスサノヲと結婚してオホトシを生む。カム（ほめ言葉）オホ（ほめ言葉）イチ（斎く）ヒメ（女神）で、神を祀る巫女の意。

カムドの剣⇩オホハカリ

カムナホビ／神直毘神／①4
イザナキが黄泉の国からもどり中つ瀬に潜って体をすすいだ時に生じた禍々しきものを正そう

として生まれた三神の一。カム（ほめ言葉）ナホ（直）ビ（ヒの連濁で、神をいう呪的接辞）の意。ナホはマガなる物をまっすぐにする（ナホス）こと。⇩オホナホビ。⇩イヅノメ

カムムスヒ☆／神産巣日神［之命・御祖命］／①1、③1、④2、⑤4、⑥8

高天の原に最初に顕れる三神の一で、タカミムスヒと対のかたちで登場する。ただし、対になるのは冒頭部のみで、以降の神話では単独のかたちで登場し、出雲の神がみの祖神としてオホナムヂやスクナビコナの援助者となる。カム（神）はほめ言葉、ムスヒは「生《む》す」＋「ヒ（神をいう呪的接辞）」で、ものを生み出す力をもつ神の意。タカミムスヒとは違って、ムスヒの性格が濃厚に認められ、五穀の誕生にかかわったり死んだオホナムヂを生き返らせたりする。また、母神的・祖神的な性格をもつのも、ムスヒという神格を体現しているといえよう。冒頭の三神はのちに組み合わされたというのも、こうしたカムムスヒの行動や神格をみると納得しやすい。また、カムムスヒはいわゆる出雲神話にのみ登場する神であり、日本書紀には古事記を引いたのではないかと思われる一書の一例を除くと誤伝と思われる事例以外に出てこない。

カムヤタテヒメ／神屋楯比売命／⑤3

オホクニヌシの系譜でオホクニヌシと結婚してコトシロヌシを生んだ。カム（ほめ言葉）ヤ（屋／矢）タテ（建て／楯／立て）ヒメ（女神）で、神を迎える屋を建てて籠もる女神、神聖な矢と楯の女神、神聖な矢を立てられた（神に見初められた）女神などに解せるが、いずれとも決めがたい。

カムヤマトイハレビコ／神倭伊波礼毘古命／⑦8、中＝神武条

上巻末に、ワカミケヌの亦の名。中巻冒頭の神話によれば、兄イツセとともに日向の地を出て東に向かい、長い遠征の末に倭に入り、白檮原《かしはら》の宮に入って初代の天皇になった。カム（ほめ

言葉）ヤマト（倭）イハレ（謂われをもつ）ヒコ（男神）の意で、イハレは倭の地名（磐余）とも、謂われのあるとも言われるが、後者とした。国建て神話に語られる始祖王であり、実在性を云々《うんぬん》することはできないだろう。⇩トヨミケヌ

迦毛《かも》の大御神／迦毛大御神／⑤3
奈良県御所市の高鴨神社に祀られている神。⇩アヂスキタカヒコネ

カヤノヒメ／鹿屋野比売神／①2
イザナキとイザナミによる神生みで生まれた神。カヤ（萱）ノ（の）ヒメ（女神）。野を象徴する萱が生えているので野の神をいう。別名をノツチ。

カヨヒメ⇩カグヨヒメ

カラカミ／韓神／⑤6
スサノヲの子オホトシとイノヒメとの間に生まれた五柱の神の一。カラ（韓国）カミ（神）で、渡来系の神か。⇩オホクニミタマ。⇩ソホリ。⇩シラヒ。⇩ヒジリ

【キ】

キサカヒヒメ☆／𧏛貝比売／④2
キサガヒヒメとも。八十神にだまされて殺されたオホナムヂを治療し蘇生させた貝の女神の一。キサカヒ（赤貝）ヒメ（女神）で、赤貝の殻は縦に溝がありギザギザになっているところからの呼称。岩にへばり付いて焼け死んだオホナムヂの体を貝の殻でギサギサとへつり取った。出雲国風土記によれば、カムムスヒ（神魂命）の娘とされているが、古事記では、親子関係にあることは明示されていない。⇩ウムカヒヒメ

キノマタ／木俣神／④4
ヤガミヒメがオホナムヂと結婚して生んだ子。キ（木）ノ（の）マタ（俣）で、亦の名をミヰ（御井神）という。ヤガミヒメは、生まれた子を木の俣に挟み置いて稲羽国に帰ってしまう。木の俣には産道の連想があり、子を置いて帰る

のは、子の帰属権が父の側にあることを示していよう。

キビノコの島⇩タケヒカタワケ

【ク】

クエビコ★／久延毘古／⑤4
スクナビコナが海のかなたから現れる場面で、名前や素性のわからない小さ子神の名を知っている神。クエ（崩え）ヒコ（男神）で、壊れた男の意。案山子《かかし》のことだと種明かしがされている。⇩山田のソホド

ククキワカムロツナネ／久々紀若室葛根神／⑤6
オホトシ（スサノヲの子）の子ハヤマトとオホゲツヒメが結婚して生んだ八柱の子の一。ククキ（稲の茎）ワカ（若々しい）ムロ（室）ツナ（綱）ネ（神をいう呪的接辞）で、新築の家に用いる稲藁《いなわら》の綱をいう。

ククトシ／久々年神／⑤6
オホトシ（スサノヲの子）の子ハヤマトとオホゲツヒメが結婚して生んだ八柱の子の一。クク（稲の茎）トシ（実り）で、稲の茎（藁）をいう。稲穂を収穫したあとの茎も重要な生活必需品であり、さまざまなものに加工された。

ククノチ／久々能智神／①2
イザナキとイザナミによる神生みで生まれた神。クク（茎のこと）ノ（の）チ（神をいう呪的接辞）で、神名の前に「木の神」とある。

クシイハマド／櫛石窓神／⑦1
アメノイハトワケの亦の名。クシ（霊妙な）イハ（岩）マ（真の意でほめ言葉）ト（戸）で、アメノタヂカラヲが開けた天の石屋の戸を神格化した神。トヨイハマドとも。高天の原神話には出てこず、天孫降臨の場面に出てくる門の神。

クシナダヒメ☆／櫛名田比売／③2・3
ヤマタノヲロチの生贄《いけにえ》になって喰《く》われそうなところをスサノヲに救われ、結婚して子孫を作る。クシ（霊妙な）ナ（イナの約音、稲のこと）タ（田）ヒメ（女神）で、水田の守護神である

(日本書紀の原文は奇稲田姫とある)。それゆえに、稲種を持って出雲に来たスサノヲと結婚することになる。クシには姿を櫛に変えられたことが響いている。名前から櫛に変えるという話が発想されたのであろうが、何かに姿を変えて隠すというのは、英雄の戦い方の一つとみることができる。そうすることによって、隠された者が援助者になるという展開も可能になる(クシナダヒメは援助者にはならないが)。

クシヤタマ／櫛八玉神／⑥8
水戸《みなと》の神の孫。クシ(霊力のある)ヤ(立派な)タマ(神霊)で、古事記によれば、オホクニヌシに命じられて、タケミカヅチを饗応《きょうおう》するための料理を作る神として語られる。水戸神はハヤアキツヒコと言い、イザナキとイザナミによる神生みで生まれている。クシヤタマはその神の孫ということになろう。

クニオシトミ／国忍富神／⑤3
オホクニヌシの系譜でトリナルミがヒナテリヌカタビチヲイコチニと結婚して生まれた子。クニ(大地)オシ(押しなべて)トミ(富み栄える)の意。

クニノクヒザモチ／国之久比奢母智神／①2
イザナキとイザナミの子であるハヤアキツヒコと妹ハヤアキツヒメが結婚して生まれた子神の一。クニノ(大地の)クヒザ(汲み瓠《ひさご》、または杭《くい》[柄の付いた]瓠のことという)モチ(持つ神)の意で、水を汲む瓠の神。モチはそのものを支配する神というかたちで神をいう呪的接辞のように使われる(出雲国風土記でオホナムヂをオホナモチ[大穴持神]と呼ぶ名など)。⇩アメノクヒザモチ

クニノクラト／国之闇戸神／①2
イザナキとイザナミの子であるオホヤマツミとノツチが結婚して生まれた子神の一。クニノ(大地の)クラ(狭くて深い谷)ト(出入り口)の意で、渓谷のように奥まった谷の出入り口をいう。⇩アメノクラト

クニノサギリ／国之狭霧神／①2
イザナキとイザナミの子であるオホヤマツミとノツチが結婚して生まれた子神の一。クニノ（大地の）サ（ほめ言葉）キリ（霧）の意で、山野に立つ霧をいう。⇩アメノサギリ

クニノサヅチ／国之狭土神／①2
イザナキとイザナミの子であるオホヤマツミとノツチが結婚して生まれた子神の一。クニノ（大地の）サ（ほめ言葉）ツチ（土）の意で、地面の土をいう。⇩アメノサヅチ

クニノトコタチ／国之常立神／①1
大地に永久に立つ神の意で、アメノトコタチと対をなす神。「神世七代」の冒頭に顕れる以外にこの神名は出てこない。

クニノミクマリ／国之水分神／①2
イザナキとイザナミの子であるハヤアキツヒコと妹ハヤアキツヒメが結婚して生まれた子神の一。クニノ（大地の）ミクマリ（水配り）の意で、分水嶺の神をいう。クマリはクバリ（配）と同じ（b音とm音の交替は日本語ではしばしば生じる）。⇩アメノミクマリ

クマノクスビ／熊野久須毘命／②3
高天の原におけるスサノヲとアマテラスのウケヒの際に、アマテラスの玉を嚙んでスサノヲが吹きなした五柱の神の一。その五番目に吹きなされ、「詔り別け」によってアマテラスの子とされた。クマノ（地名）クス（クスノキ）ヒ（神をいう呪的接辞）の意で、紀州《きしゅう》の熊野のクスノキ（楠＝船の材料）の神とみなす説をとった（谷川健一『日本の地名』）。一般的には、出雲の熊野大社の祭神とみる説や「奥まった野の神秘な霊力」とみる集成の説が有力である。

＊熊野の山の荒ぶる神／熊野山荒神／中＝神武条
熊になってカムヤマトイハレビコの前に顕れ、一行を病に陥れる。高天の原からもたらされた剣によって倒される。

クラオカミ／闇淤加美神／①3
イザナミを殺されて怒ったイザナキが、カグツ

チの首を切った時に刀の柄《つか》に付いた血が指の俣《また》から流れて生まれた神。クラ（狭くて深い谷）オカミ（水神）の意。クラミツハと対をなす。

クラミツハ／闇御津羽神／①3
イザナミを殺されて怒ったイザナキが、カグツチの首を切った時に刀の柄に付いた血が指の俣から流れて生まれた神。クラ（狭くて深い谷）ミ（水）ツ（の）ハ（端）の意。前項クラオカミと対をなす。

クラヤマツミ／闇山津見神／①3
イザナキが切り殺したカグツチの体に成った八神の一で、陰《ほと》から生まれた。クラ（狭くて深い谷）ヤマ（山）ツ（の）ミ（神をいう呪的接辞）の意。カグツチは男神だが、八つの部位の一つとしてホトは定型なので、ホトからの誕生を連想してしまう。

クロイカヅチ／黒雷／①3
死んで黄泉の国にいるイザナミの腐爛死体に湧いた八柱のイカヅチの一で、腹から生まれた。クロ（黒い）イカ（威力ある）ツ（の）チ（神をいう呪的接辞）。⇩イカヅチ

【ケ】

＊ケヒの大神／気比大神／中＝仲哀条
ケ（食べ物）ヒ（神霊）の意で、食べ物をつかさどる神。若狭国の角鹿《つぬが》にいますイザサワケを称える呼称。⇩ミケツオホカミ

【コ】

コ／海鼠／⑦2
海にいるナマコのこと。返事をしないコ（海鼠）に怒ったアメノウズメが小刀でコの口を切ったので、ナマコには口があるという起源譚になっている。ただし、そのコを神と認識しているわけではないがいちおう項目に立てた。コというのは、丸くなって籠もっているものをいう語で、蚕（カヒコ）も卵（タマゴ）も人の子もすべて「コ」という。

コシノヤマタノヲロチ★／高志之八俣遠呂知（智）／③2
スサノヲに倒される自然神で、川の神。コシ（高志）ノ（の）ヤマタ（八つの俣）ノ（の）ヲ（尾）ロ（古い格助詞、の）チ（神をいう呪的接辞）で、得体の知れない怪物の呼び名。コシは地名で北陸地方をさし、ヤマタは体の異形性をいい、ヲロチは「尻尾《しっぽ》の霊力」という意味をもった怪物の正体を秘めた呼び名で、正体がわからないためにおびえをもたらすかたちになっている。したがって、酒を飲ませて寝たところを斬ってみたら、「なんだ、蛇か」という種明かしがなされるのである。そのなかでコシというのは、イヅモにとって辺境で未開地と考えられていたので、怪物の棲《す》む恐ろしい地というイメージが与えられ、これは、出雲側からみた出雲と高志との関係を象徴している。殺したあと、尾から剣が出て、その剣は高天の原のアマテラスに差し上げられたという。三種の神器のなかの一つ「草薙の剣」の起源を語る神話になっている。なお、尾から剣が出るというのは、ヲロチの武器が「尾」であったことを示している。それに対してスサノヲの武器は「頭」にあった。

コトシロヌシ⇩ヤヘコトシロヌシ

コノハナノサクヤビメ☆／木花之佐久夜毘売／⑦3・4
カムアタツヒメの亦の名。オホヤマツミの娘で、高天の原から降りたニニギに見初められて結婚し、孕んだ子の父親を疑われたために火の中で三柱の男神を生む。コノハナ（木の花でサクラのこと）ノ（の）サク（咲く）ヤ（間投助詞）ヒメ（女神）で、桜の花の開花を象徴する女神。ヤは語調を整えるだけで意味はない。姉イハナガヒメと対をなし、美と短命（時間性）を象徴する。⇩ホデリ。⇩ホスセリ。⇩ホヲリ

コノハナノチルヒメ／木花知流比売／③4
オホヤマツミの娘で、スサノヲの子ヤシマジヌ

ミと結婚し、フハノモヂクヌスヌを生む。コノハナ（木の花でサクラのこと）ノ（の）チル（散る）ヒメ（女神）で、桜の花の落花を象徴する女神。同じオホヤマツミの娘としてコノハナノサクヤビメ（木花の咲く女神）がいる。同時には出てこないが、対となる存在であり、サクラという花が、古代から「サク＝チル」ものとして認識されていたことを示している。

【サ】

サキイカヅチ／析雷／①3
死んで黄泉の国にいるイザナミの腐爛死体に湧いた八柱のイカヅチの一で、陰《ほと》から生まれた。サキ（裂けた、女陰のイメージ）イカ（威力ある）ツ（の）チ（神をいう呪的接辞）。他の部位のイカヅチは適当に当てはめたようだが、ホトの場合は連想が固定化する。⇩イカヅチ

サキタマヒメ／前玉比売／⑤3
オホクニヌシの系譜でハヤミカノタケサハヤヂヌミと結婚してミカヌシヒコを生む。アメノミカヌシの娘。サキ（幸い）タマ（神霊）ヒメ（女神）で、神を依せる巫女の意。

サクヤビメ⇩コノハナノサクヤビメ

サシクニオホカミ／刺国大神／③4
スサノヲの系譜でアメノフユキヌと結婚するサシクニワカヒメの父。サシ（刺シ）クニ（国）オホカミ（大神）で、土地を占有する大神の意。

サシクニワカヒメ／刺国若比売／③4
スサノヲの系譜でアメノフユキヌと結婚し、オホクニヌシを生む。父はサシクニオホカミ。サシクニ（土地を占有する）ワカ（若々しい）ヒメ（女神）。神話の中にオホナムヂ（オホクニヌシ）の「御祖（母のこと）」は登場するが、その名が明示されることはない。神話と系譜とは別に伝えられていたと考えられる。

＊サジフツ／佐士布都神／中＝神武条
タケミカヅチがもっていた剣の名。サジは刀剣にかかわる語か。フツは、一般的な解釈では物

を断ち切る擬音語とするが、三品彰英《みしなしょうえい》「フツノミタマ考」は、古代朝鮮語の pur（火）・purk（赤・赫）・park（明）などと同系の語で「光るもの、赤きもの—神霊」「神霊の降臨すること」を意味する語という。石上《いそのかみ》神宮の祭神。

サドの島／佐度島／①2

イザナキとイザナミが地上で最初に生んだ八つの大きな島（大八島国）のうち七番目に生んだ島。この島には神の名がない。佐渡島《さどがしま》のことで、古事記に出てくる地名のなかでもっとも北に位置する。

サヒモチの神★／佐比持神／⑦6

ワタツミから帰るホヲリを、「一尋和迩《ひとひろわに》」が背中に乗せて一日で送り届け、ホヲリがお礼に紐《ひも》付きの小刀を与えたところから名付けられたという。サヒ（刃物）モチ（持つ）の神の意である。ワニはサメをいう古代語だが、ワニ一般ではなく、サヒモチと呼ばれる種類のワニがいたのだと思われる。その種類についてはあまり論じられることはないが、頭の先端に翼のような肉をもつシュモクザメ（仏具の撞木《しゅもく》に似ているところからの名付け）のことではないかと思う。撞木ではなく、もらった小刀をもっていると古代の人は考えたのである。ちなみに、ワニなど海獣の背に乗るという話は民間伝承にしばしば見られ、難破した男がサメに送られて家に帰り、それ以来サメの肉を食べないという伝承が沖縄など各地に伝えられている。

サヨリビメ／狭依毘売命／②3

アマテラスとスサノヲとのウケヒによる子生みで、アマテラスがスサノヲの剣を嚙み砕いて吹き出した女神三柱のうちのイチキシマヒメの亦の名。宗像（胸形）氏の祀る宗像大社中津宮の祭神。サ（接頭語）ヨリ（神の寄りつくこと）ヒメ（女神）の意で、神を依せる巫女の通称。

サルタビコ★／猿田毘古神／⑦1・2

伊勢を本拠とする海人系氏族の祖であり、芸能にかかわるか。アメノウズメを祖とする猿女《さるめ》氏と同族とみられる。サル（猿）タ（ツの転か、の）ヒコ（男神）で、猿田を漢字から猿の守る田のように解すのが一般的だが不審。「猿の男」の意で、滑稽《こっけい》な技を演じるさまをいう名か。海で貝に手を挟まれて溺れたさまを演じたことが神話に語られている。日本書紀によれば、この神は口や尻《しり》が赤くて鼻が長いと描写されており、天狗《てんぐ》の前身のような姿でイメージされている。天つ神の降臨を最初に待ち構える国つ神で、そこに対立関係が生じるかと思わせるが、従順な神で拍子抜けするほどである。そうなるのは、アメノウズメの顔面の力がサルタビコを凌《しの》いでいたからだが、このあたりにもウズメとサルタビコに共通する芸能と滑稽性といった問題が谺《こだま》しているようにみえる。

＊サヲネツヒコ／槁根津日子／中＝神武条

カムヤマトイハレビコから与えられた名。東征のなかで、亀の背に乗って羽ばたきしながら出てきて、海の道を知っている国つ神だと告げる。サヲ（舟を操る棹《さお》）ネ（接尾語）ツ（の）ヒコ（男）の意。イハレビコの水先案内をした。倭国造の祖。

【シ】

シギヤマツミ／志藝山津見神／①3

イザナキが切り殺したカグツチの体に成った八神の一で、左の手から生まれた。シギ（重く、しきりなどのシキで茂ることをいうか）ヤマ（山）ツ（の）ミ（神をいう呪的接辞）。

シキヤマヌシ／敷山主神／⑤3

オホクニヌシの系譜でミロナミと結婚したアヲヌマウマヌマオシヒメの父。シキ（重なる）ヤマ（山）ヌシ（神をいう呪的接辞）で、幾重にも重なる山の主の意。

シタデルヒメ☆／下光比売神／下照比売／⑤3、⑥3・4

アヂスキタカヒコネの妹タカヒメの亦の名。オホクニヌシの娘で、高天の原から降りてきたアメノワカヒコと結婚する。その話の途中で、シタデルヒメからタカヒメに名前が変わるのだが、いささか唐突である。シタ（下）テル（照る）ヒメ（女神）で、地上を輝かせる女神をいう。先の系譜によればタカヒメとも言い、オホクニヌシとタキリビメのあいだに生まれた女神。アマテラスが高天の原を照らす神であるのに対して、この女神は葦原の中つ国を輝きわたらせる女神である。

シナツヒコ／志那都比古神／①2
イザナキとイザナミによる神生みで生まれた神。シナ（風）ツ（の）ヒコ（男神）で、神名の前に「風の神」とある。地名シナノ（信濃、科野）のシナも風をいう語。

シホツチ★／塩椎神／⑦6
ホヲリにワタツミの宮への行き方を教える援助者の神。シホ（潮）ツ（の）チ（神をいう呪的接辞）で、潮流を支配する神をいう。

シラヒ／白日神／⑤6
スサノヲの子オホトシとイノヒメとのあいだに生まれた五柱の神の一。シラ（シルシ＝鮮やか）ヒ（神をいう呪的接辞）で、神の意志が鮮やかなさま。⇩オホクニミタマ。⇩カラカミ。⇩ソホリ。⇩ヒジリ

シラヒワケ／白日別／①2
イザナキとイザナミによる国生みから生まれた筑紫国の神。九州は全体もツクシの島といい、四国と同様四つに分かれていたうちの一つ。筑紫国は律令国制では筑前《ちくぜん》国と筑後《ちくご》国に分かれ、現在の福岡県のこと。神名は、太陽をいうヒにほめ言葉シラ（輝く）と男神をいう接辞ワケが付く。

【ス】

スガノヤツミミ／須賀之八耳神／③3
稲田の宮主スガノヤツミミとある。アシナヅチのこと。ヲロチ退治のあと、娘クシナダヒメと結婚して須賀の宮に住んだスサノヲに、宮主に

なれと命じられ与えられた名。スガ（地名）ノ（の）ヤツミミ（たくさんの耳）で、神の声を聴くことができる「耳」をもつ者として、シャーマンのことをいう。

スクナビコナ★／少名毘古那［神］／⑤4

カムムスヒの子で、手の指のあいだから漏れ落ちて見失ってしまったというほど小さな神。オホクニヌシの許《もと》に、ヒムシ（蛾）の皮を衣にし、ガガイモの莢《さや》を船にして海のかなたから寄りついたと語られている。スク（少ない）ナ（大地）ヒコ（男神）ナ（神をいう呪的接辞）で、大きなオホクニヌシ（オホナムヂ）と対になる神。国作りを手伝ったのちに、常世の国に行ってしまう（日本書紀の一書では粟柄《あわがら》に弾《はじ》かれて飛んで行ったという）。出雲国風土記のほか播磨国風土記にも語られており、民間伝承におけるトリックスター的な主人公で、一寸法師の原型。オホナムヂ（オホクニヌシ）とともに、温泉の神や薬・酒の神などとしても語られる。

スサノヲ★／須佐之男命／②1〜5、③1〜4、④3

イザナキが黄泉の国からもどって禊《みそ》ぎをした際に、アマテラス・ツクヨミに続いて鼻を洗うと成り出た神。タケハヤスサノヲ（建速須佐之男命）・ハヤスサノヲ（速須佐［之］男命）とも。タケもハヤも威力のあることをいうほめ言葉。スサノヲは「スサの男」を意味し、スサは、スサブ・ススムなどと同根の語で、制御のきかない状態で前に進んでしまうことをいう。荒ぶる神で、鼻から生まれたというところからみて暴風雨や台風のイメージをもっているらしい。スサを地名（島根県出雲市佐田町《さだちょう》須佐《すさ》）とみなす説も根強いが、古事記に描かれたスサノヲはローカルな地名を背負った神ではなく、国家の最高神アマテラスに対立する荒々しい神として構想されている。スサノヲはイザナキから海原を治めるように命じられ、「妣の国、根の堅州の国」に行きたいといって哭《な》きわめいて父イザナキから追放されるが、最後には行きたいといった根の堅州の国の主になっている。ヲロチを退治して須賀に宮を作ってクシナダヒメと結婚して以降、根の堅州の国に住むまでの消息は何も語られない。全体の流れからみて、スサノヲはもともと根の堅州の国の主とされる神であったと考えられる。その鎮座の次第が古事記の神話を構成していると考えればよい。神話を読むと巨大な姿をもつ人文神で、そうした姿はアイヌのカムイ・ユカㇻ（神謡、オイナなどとも呼ばれる）における、アイヌラックㇽやコタンコㇿカムイと呼ばれる村を守る神を想起させる。また、出雲国風土記の「国引き詞章」（意宇《おう》郡）に登場するヤツカミヅオミヅヌ（八束水臣津野命）も巨大な体軀《たいく》の人文神である。古事記ではスサノヲの六世の孫（スサノヲから数えると七代目）とされている。

スセリビメ☆／須勢（世）理毘売／④3、⑤2
スセリはスサノヲのスサと同様、スサブ・ススムとかかわる語で、制御できない一途さを意味するか。根の堅州の国で暮らすスサノヲの娘で、オホナムヂと出会った途端に結ばれる。父スサノヲがオホナムヂに課す試練に対して援助し、スサノヲの宝を奪って地上に逃げたオホナムヂが地上の主オホクニヌシとなったのちには正妻となる。しかし、その嫉妬《しっと》があまりに激しいために、まわりの女神やオホクニヌシを困らせる。地上での物語は長編歌謡によって語られ、相手の名はヤチホコ（オホクニヌシの別名）になっている。

スヒヂニ／須比智迩神／①1
ヒヂ（泥）とニ（土）か。スはスク（底）か。「妹」スヒヂニとあり、ウヒヂニと対をなす。

＊**スミノエノミマヘノオホカミ**／墨江之三前大神／②3、中＝仲哀条
墨江の大神とも。住吉三神と呼ばれる神で、難波の住吉大社の祭神。津守氏が祀る神で、航海の神。オキナガタラシヒメ（息長帯日売命）の

神懸かりに顕れて西への遠征を託宣する（仲哀天皇条）。⇩ソコツツノヲ。⇩ナカツツノヲ。⇩ウハツツノヲ

【ソ】

ソコツツノヲ／底箇［之］男［命］／①４、中＝仲哀条
イザナキが黄泉の国からもどり水の底に潜って体をすすいだ時に生まれた二神の一。ソコ（底）ツ（の）ツ（津）ノ（の）ヲ（男神）の意で、スミノエノミマヘノオホカミ（住吉大社の三神）の一。ツツは星の意とする説が強いが、津守氏の祀る神で津（湊）の神とみる。いずれにしても航海にかかわる神で、安曇氏の祀るソコツワタツミ（次項）と対になって出てくる。オキナガタラシヒメ（息長帯日売命）の神懸かりに顕れて西への遠征を託宣する（仲哀天皇条）。⇩ナカツツノヲ。⇩ウハツツノヲ

ソコツワタツミ／底津綿津見神／①４
イザナキが黄泉の国からもどり水の底に潜って体をすすいだ時に生まれた二神の一。ソコ（底）ツ（の）ワタ（海）ツ（の）ミ（神をいう呪的接辞）の意で、ワタツミ三神（志賀海神社の祭神）の一。海の神を祀る一族で、宗像氏とともに古代を代表する海の民である安曇氏が祀る神。津守氏の祀るソコツツノヲ（前項）と対のかたちで出てくる。⇩ナカツワタツミ。⇩ウハツワタツミ

ソコドクミタマ／底度久御魂／⑦２
サルタビコがヒラブ貝（二枚貝）に手を挟まれ溺れて海の底まで沈んだ時に生まれた神。ソコ（海の底）ドク（とどくの約音）ミ（御）タマ（神霊）の意。⇩アハサクミタマ。⇩ツブタツミタマ

ソホリ／曾富理神／⑤６
スサノヲの子オホトシとイノヒメとの間に生まれた五柱の神の一。ソホリ（都をいう古代朝鮮語）で、現在のソウルも王都の意。⇩オホクニ

ミタマ。⇩カラカミ。⇩シラヒ。⇩ヒジリ

ソラツヒコ／虚空津日高／⑦6

空の男の意で、ホヲリの愛称。ソラツヒタカとも。⇩アマツヒコ

【タ】

タカギ★／高木［大］神／⑥3・5・6、⑦1・2、中＝神武条

タカミムスヒの亦の名。高い木の神で、神の寄りつく木を意味し、神を祀る者をいう神名か。アメノワカヒコが死ぬ場面（⑥3）から唐突に、アマテラスに並ぶ神がタカミムスヒからタカギとなる。原文では、高天の原にアメノワカヒコが射た矢が飛んできたところに、「この高木神は、高御産巣日神の別名なり（是高木神者、高御産巣日神之別名）」とあってタカギはタカミムスヒのことだと注記される。しかし、それ以前にはタカミムスヒの別名についての記述はなく、なぜここで突然名前が替わるのか、その理由は明らかにされていない。研究者のあいだではさまざまな議論がなされているが、別系統の神話を接続させる過程で生じた不整合とみることができるだろう。

タカヒメ☆／高比売命／⑤3、⑥4

オホクニヌシが胸形の奥津宮にいますタキリビメを妻にして生んだ子の一。アヂスキタカヒコネの妹。亦の名をシタデルヒメという。タカ（ほめ言葉）ヒメ（女神）で、高々と輝く雷神の女神という（集成）。アヂスキタカヒコネが怒って空に飛んだ時、素性を明かす歌をうたった。

タカミムスヒ★／高御産巣日神／①1、②5、⑥2・3

亦の名タカギ。高天の原に最初に顕れる三神の一で、カムムスヒと対のかたちで登場する。ただし、対になるのは冒頭部のみで、以降の神話では単独のかたちでアマテラスを支える神、あるいはアマテラスを凌いで高天の原の主宰神

（最高神）のようにはたらく神として何度も登場する。タカミ（高御）はほめ言葉、ムスヒは「生《む》す」＋「ヒ（神をいう呪的接辞）」で、ものを生み出す力をもつ神の意。後にムスヒは濁音化して「結び」と解されてゆく。ただし、タカミムスヒの場合、ムスヒという神名はもつものの生成や生産といったムス（生）ヒの力を発揮する場面はまったくないうえに、地上制圧神話の途中で、唐突にタカギへと名を替えてしまう。そうしたところからみて、タカミムスヒという神名は、本来的な名ではなく、カムムスヒに引かれてできた対の名かもしれない。とすれば、別名であるタカギが元の名ということになる。日本書紀では高皇産霊尊として、アマテラスを凌いで高天の原の最高神として行動する。

タキツヒメ／多岐都（田寸津）比売命／②3
アマテラスとスサノヲとのウケヒによる子生みで、アマテラスがスサノヲの剣を嚙み砕いて吹き出した女神三柱の一。宗像（胸形）氏の祀る宗像大社辺津宮《へつのみや》の祭神。タキ（滝と同源で激しく流れる意）ツ（の）ヒメ（女神）の意で、流れの激しい海流の女神。古事記では宗像大社辺津宮（福岡県宗像市田島《たしま》）に祀られるとするが、日本書紀や神社の伝えでは、沖ノ島の沖津宮の祭神とする。⇩タキリビメ。⇩イチキシマヒメ

タキリビメ／多紀理毘売命／②3、⑤3
亦の名オキツシマヒメ。アマテラスとスサノヲとのウケヒによる子生みで、アマテラスがスサノヲの剣を嚙み砕いて吹き出した女神三柱の一。宗像（胸形）氏の祀る宗像大社沖津宮《おきつみや》の祭神。タ（接頭語）キリ（霧）ヒメ（女神）の意で、玄界灘の孤島沖ノ島に鎮座するところからの呼称。タキリビメは、オホクニヌシと結婚してアヂスキタカヒコネとタカヒメ（シタデルヒメ）を生んだ。⇩タキツヒメ

タケサハヤヂヌミ⇩ハヤミカノタケサハヤヂヌミ

タケハヤスサノヲ⇩スサノヲ

タケヒカタワケ／建日方別／①2

イザナキとイザナミが大八島国のあとに生んだ六つの島のうちの一番に生んだキビノコの島（吉備児島）の神名。タケ（ほめ言葉）ヒカタ（集成は「東南の風」をいう方言とするも未詳）ワケ（神をいう呪的接辞）。岡山県の児島《こじま》半島という。

タケヒムカヒトヨクジヒネワケ／建日向日豊久士比泥別／①2

イザナキとイザナミによる国生みから生まれた肥《ひ》国の神名。九州は全体をツクシの島といい、四つに分かれていたうちの一つ。肥国は、律令国制では肥前《ひぜん》国と肥後《ひご》国に分かれ、現在の佐賀・長崎県（肥前国）と熊本県（肥後国）のこと。神名は、タケヒ・ムカヒのタケ・ムカがヒ（太陽）のほめ言葉、トヨもクシ（霊妙な）もほめ言葉。ヒ・ネ・ワケはそれぞれ神をいう呪的接辞か。とすれば、ヒだけに意味がある。肥国のヒと神名の日・比のヒは発音が違うので別語。肥国のヒは火をいうか。

タケヒラトリ／建比良鳥命／②3

高天の原でのウケヒによってスサノヲが吹きなしたアメノホヒの子。タケ（ほめ言葉）ヒラ（境界の意か）トリ（鳥）の意で、天空を飛行して地上に降りる神。出雲臣ら多くの地方豪族の祖とされる。日本書紀や出雲国造神賀詞などに、タケヒナテリ（建日照命）・アメノヒナトリ（天夷鳥命）・タケヒナトリ（建夷鳥）などの異伝がある。

タケヒワケ／建日別／①2

イザナキとイザナミによる国生みから生まれた熊曾《くまそ》国の神名。九州は全体をツクシの島といい、四つに分かれていたうちの一つ。熊曾国はヤマト王権の勢力下に入る前の呼称として使われ、のちには日向《ひむか》と呼ばれ、律令制下では日向国と薩摩国・大隅《おおすみ》国に分国された。現在の宮崎県から鹿児島県にかけての南九州をさす呼称。神名は、タケ（勇猛な）ヒ（太陽）ワケ（男神）の意か。

タケフツ／建布都神／①3
タケミカヅチノヲの亦の名。タケはほめ言葉、フツは、古代朝鮮語のpur（火）・purk（赤・赫）・park（明）などと同系の語で「光るもの、赤きもの―神霊」「神霊の降臨すること」を意味する語という（三品彰英「フツノミタマ考」）。一般的な解釈は、物を断ち切る擬音語フツとみて刀剣の切れ味の鋭さをいうとする。トヨフツとも。

タケミカヅチ★／建御雷神［之男神］／①3、⑥5～8、中＝神武条
タケミカヅチノヲとも（①3、⑥5でヲが付く）。イザナミを殺されて怒ったイザナキが、カグツチの首を切った時に刀の元のほうに付いた血が岩に飛んで生まれた神。タケ（ほめ言葉）ミカ（ミ［御］イカ［厳］の約音）ツ（の）チ（神をいう呪的接辞）ノヲ（～の男）の意。威力のある刀剣のことで、ミカハヤヒ・ヒハヤヒとともに出てくる。イツノヲハバリの子。また、アマテラスとタカギに命じられ、三番目の使者として地上に派遣され、ヤヘコトシロヌシ、タケミナカタを倒し、オホクニヌシを屈服させて地上を制圧する。

タケミナカタ★／建御名方神／⑥7・8
諏訪神社に祀られる神。タケはほめ言葉、ミナカタは水潟の意で諏訪湖の神格化とする説が有力だが、あるいはミナカタはムナカタの転で、九州の海の民、宗像（胸形）氏に由来するとも考えられる。安曇氏が日本海から姫川を遡上《そじょう》して安曇野に入ったとされるように、宗像氏にも同様の移動があったかもしれない。古事記に語られる出雲から諏訪に追い詰められて降伏したという神話は日本書紀には伝えがないが、この神話には日本海を通路とした出雲と諏訪とのつながりの深さが暗示されている可能性がある。『先代旧事本紀』によれば、タケミナカタは出雲のオホナムヂと高志のヌナガハヒメとのあいだに生まれた子だと伝えているが、古事記には

オホクニヌシの子とする以外に出生に関する伝えはない。

タケヨリワケ／建依別／①2
イザナキとイザナミによる国生みから生まれた土左国《とさ》（高知県）の神名。四国はイヨノフタナの島と呼ばれ、四つある国の一つ。

タヂカラヲ⇩アメノタヂカラヲ

タニグク★／多迩具久／⑤4
海のかなたから寄り着いた素性のわからない神のことを「山田《やまだ》のソホドなら知っている」とオホクニヌシに教えた。タニ（谷）グク（擬声語）で、谷の奥でグクグクと鳴いているヒキガエルのこと。祝詞によれば、地の果てを治める神。

タヒリキシマルミ／多比理岐志麻流美神／⑤3
オホクニヌシの系譜でミカヌシヒコとヒナラシビメが結婚して生まれた子。タ（田）ヒリキ（開く）シマ（島）ル（の）ミ（神をいう呪的接辞）とでも訳す以外に思いつかない。

タマノオヤ★／玉祖命／②5、⑦1
高天の原で石屋に籠もったアマテラスを引き出す時に、祭祀のための玉を作った神。タマ（玉）オヤ（祖）の意で、玉造氏の祖先神である。ニニギのお伴をして地上に降りたと語られている。

タマヨリビメ☆／玉依毘売命／⑦7・8
ワタツミの娘トヨタマビメの妹で、トヨタマビメが地上に生み置いた子を養育するために訪れ、そのまま育ての子アマツヒコヒコナギサタケウガヤフキアヘズと結婚し、四柱の子を生んだ。⇩イツセ。⇩イナヒ。⇩ミケヌ。⇩ワカミケヌ

【チ】

チカの島⇩アメノオシヲ

チガヘシノオホカミ／道反之大神／①3
チ（道のチ）カヘシ（返し）ノ（の）オホカミ（大神）で、道を引き返させた神の意。追ってきたイザナミを遮った千引《ちびき》の石《いわ》を称えて名付け

た。ヨミドノオホカミとも。

チシキノオホカミ／道敷大神／①3
ヨモツオホカミのことで、チ（道）シキ（シク、追いつく）ノ（の）オホカミ（大神）の意。ただし、イザナミは追い付きはしたが千引の石で阻まれて目的を達していない。

チマタ／道俣神／①4
黄泉の国からもどったイザナキが禊ぎをしようとして投げた袴《はかま》から生まれた神。チ（道）マタ（俣）の意で、袴の形状からの名付け。辻《つじ》には塞《さい》の神がいる。

【ツ】

ツキタツフナト／衝立船戸神／①4
黄泉の国からもどったイザナキが禊ぎをしようとして投げた杖《つえ》から生まれた神。ツキタツは突き立っている杖のこと、フナトはクナト（曲がったところ）の転で分かれ道のこと。辻は境界のことで杖を立てて標《しめ》とした。また、来るな（クナ）の出入り口（ト）とも解釈できる。いずれも、境界を仕切る杖である。

ツクシの島／筑紫島／①2
イザナキとイザナミが地上で最初に生んだ八つの大きな島（大八島国）のうち四番目に生んだ島。九州のことで四柱の神がいる。⇩シラヒワケ。⇩トヨヒワケ。⇩タケヒムカヒトヨクジヒネワケ。⇩タケヒワケ

ツクヨミ／月読命／②1
日本書紀正伝などではイザナキとイザナミの結婚によって生まれるが、古事記ではイザナキが黄泉の国からもどって禊ぎをした際に、アマテラスに続いて右目から成り出たとされる神。ツク（月）ヨミ（読み）で月齢を数える意とも、ツクヨ（月夜で月のこと）ミ（神をいう呪的接辞）ともいうが、前者とみるべきか。日本書紀には五穀起源の神話に出てくるが、古事記ではまったく活躍する場がない。

ツチイカヅチ／土雷／①3

死んで黄泉の国にいるイザナミの腐爛死体に湧いた八柱のイカヅチの一で、右の手から生まれる。ツチ（地面）イカ（威力ある）ツ（の）チ（神をいう呪的接辞）。⇩イカヅチ

ツチノミオヤ／土之御祖神／⑤6
オホツチの亦の名。スサノヲの子オホトシとアメチカルミヅヒメが結婚して生んだ九柱のうちの一。ツチ（土）ノ（の）ミオヤ（母）で、庭の土の神をいう。古事記で「御祖」という用例は、例外なく母神をいうので、ここも母神。生産の基となる大地の神は母でなければならない。

ツノグヒ／角杙神／①1
ツノ（尖《とが》った）＋クヒ（杙）で、泥土（ウヒヂニ・妹スヒヂニ）に立てられた杙、あるいは泥土から芽吹いた木をいい、男根をいうか。妹イクグヒの対で男性性の神だが、本来、対をなすのは次に生じるオホトノヂ・オホトノベではなかったか。

ツの島⇩アメノサデヨリヒメ

ツブタツミタマ／都夫多都御魂／⑦2
サルタビコがヒラブ貝（二枚貝）に手を挟まれ溺れて海に沈んだ時に、立ち上がった泡粒から生まれた神。ツブ（泡粒）タツ（立ち上がる）ミ（御）タマ（神霊）の意。⇩アワサクミタマ。⇩ソコドクミタマ

ツラナギ／頬那藝神／①2
イザナキとイザナミの子であるハヤアキツヒコと妹ハヤアキツヒメが結婚して生まれた子神の一。ツラ（面）ナギ（凪）の意で、凪《な》いだ水面をいう。次項ツラナミと対をなす。

ツラナミ／頬那美神／①2
イザナキとイザナミの子であるハヤアキツヒコと妹ハヤアキツヒメが結婚して生まれた子神の一。ツラ（面）ナミ（波）の意で、波立った水面をいう。前項ツラナギと対をなす。ただし、この女神には「妹」という接辞がなく、兄妹《きょうだい》という認識がない。

【テ】

テナヅチ☆／手名椎／③2
ヤマタノヲロチを退治したスサノヲが結婚したクシナダヒメの母。テ（手）ナ（人をいう愛称の接辞）ツ（の）チ（神をいう呪的接辞）で、手の霊力の意。国つ神で、手を使って働く労働者階級の神である。神にもさまざまな職能や役割があり、この神はアシナヅチと対になる田を耕す夫婦神。

【ト】

トキハカシ／時量師神／①4
黄泉の国からもどったイザナキが禊ぎをしようとして投げた袋から生まれた神。トキ（解き）ハカシ（放）で「物を解き放つ」（集成）がよいか。ハカスはホカス（捨てるの方言）に通じる語か。

トコヨ（常世）のオモヒカネ⇩オモヒカネ

トトリ／鳥取神／⑤3
トリミミとも。オホクニヌシと結婚した女神の一。トリナルミを生んだ。トトリは漢字の通り鳥取の意（鳥耳とする写本もある）。「出雲国造神賀詞」によれば、出雲国造は代替わりごとにオオハクチョウを捕まえて天皇に献上することになっている。その仕事とかかわるか。

トホツマチネ／遠津待根神／⑤3
オホクニヌシの系譜でアメノヒバラオホシナドミと結婚してトホツヤマサキタラシを生んだ。アメノサギリの娘。トホ（遠い）ツ（の）マチ（待つ）ネ（神をいう呪的接辞）で、遠くから訪れを待つ神の意か。

トホツヤマサキタラシ／遠津山岬多良斯神／⑤3
オホクニヌシの系譜でアメノヒバラオホシナドミとトホツマチネの間に生まれた子。トホ（遠い）ツ（の）ヤマ（山）サキ（先端）タラシ（足らす）で、遠い山の先端（神の寄るところ）が満ち足りている状態をいうか。

トヤマツミ／戸山津見神／①3
イザナキが切り殺したカグツチの体に成った八神の一で、右の足から生まれた。ト（外のトで里に近いほうをいう）ヤマ（山）ツ（の）ミ（神をいう呪的接辞）の意。

トユウケの神⇩トヨウケビメ

トヨイハマド／豊石窓神／⑦1
アメノイハトワケの亦の名。トヨ（ほめ言葉）イハ（岩）マ（真の意でほめ言葉）ト（戸）で、アメノタヂカラヲが開けた天の石屋の戸を神格化した門の神。クシイハマドとも。

トヨウケビメ／豊宇気毘売神／①2、⑦1
トユウケとも。イザナミが火の神ヒノヤギハヤヲを生んで病気になって苦しみ、そのユマリ（尿）から生まれた神ワクムスヒの子という。天孫降臨の際にはトユウケの神（登由宇気神）として出てくる。トヨ（ほめ言葉、トユは転）ウケ（穀物のことで、ウカとも）ヒメ（女神）で、豊かな穀物の女神の意。伊勢神宮の外宮《げくう》の祭神である。外宮は、アマテラスを祀る内宮《ないくう》に対して、食べ物などを捧《ささ》げて仕える役割をもち、穀物の女神が祀られる。

トヨクモノ／豊雲野神／①1
豊かな、雲がおおう野の神か。あるいは、ノ（野）は神格をあらわす呪的接辞で、満ちたりた雲を神としていうか。神世七代だけに出てくる神名。

トヨタマビメ☆／豊玉毘売／⑦6・7
ワタツミの娘で、ホヲリと結婚してアマツヒコヒコナギサタケウガヤフキアヘズを生む。トヨ（ほめ言葉）タマ（神霊）ヒメ（女神）で、ホヲリの子を孕み、地上に出てきた時には、海を象徴するワニの姿になって子を生み、夫ホヲリを驚かせる。

トヨヒワケ／豊日別／①2
イザナキとイザナミによる国生みから生まれた豊《とよ》国の神名。九州は全体をツクシの島といい、四国と同様四つに分かれていたうちの一つ。豊国は律令国制では豊前《ぶぜん》国と豊後《ぶんご》国に分かれ、現在の福岡県の一部と大分県のこと。トヨ（ほめ言葉）ヒ（太陽）ワケ（男神）の意か。

トヨフツ／豊布都神／①3
タケミカヅチノヲの亦の名。タケフツとも。トヨ・タケはほめ言葉。フツについてはタケフツの項、参照。

トヨミケヌ／豊御毛沼命／⑦8
ワカミケヌの亦の名。カムヤマトイハレビコとも。

トリナルミ／鳥鳴海神／⑤3
オホクニヌシがヤシマムヂの娘トトリと結婚して生まれた子。トリ（鳥）ナルミ（鳴り響く海）で、鳥が鳴き響かせる海をいうか。集成は霊魂を海上の他界に運ぶことだという。オホクニヌシの子のなかで、この神から続く系譜がオホクニヌシの本系に属す神であり、スサノヲとクシナダヒメとの間に生まれたヤシマジヌミから続く「国つ神」の主流に位置づけられている。アヂスキタカヒコネやコトシロヌシは傍系の神である。

トリノイハクスブネ／鳥之石楠船神／①2
亦の名はアメノトリフネ。イザナキとイザナミによる神生みで生まれた神。トリノ（鳥のように空を飛ぶ）イハ（岩石のように丈夫なことをいうほめ言葉）クス（クスノキ）フネ（船）。鳥のように空を飛ぶことのできる頑丈な楠の船のこと。クスノキは船の材料としてもっともすぐれた木とされる。

トリミミ⇩トトリ

【ナ】

ナカツツノヲ／中箇［之］男［命］／①4、中＝仲哀条
スミノエノミマヘノオホカミ（住吉大社の三神）の一。イザナキが黄泉の国からもどり水の中ほどに潜って体をすすいだ時に生まれた二神の一。ナカ（中）ツ（の）ツ（津）ノ（の）ヲ

（男神）の意で、航海にかかわる神。ツツは星の意とする説が強いが、津守氏の祀る神で津（湊）の神とみる。オキナガタラシヒメ（息長帯日売命）の神懸かりに顕れて西への遠征を託宣する（仲哀天皇条）。安曇氏の祀るナカツワタツミ（次項）と対。⇩ソコツツノヲ。⇩ウハツツノヲ

ナカツワタツミ／中津綿津見神／①4
イザナキが黄泉の国からもどり水の中ほどに潜って体をすすいだ時に生まれた二神の一。ナカ（中）ツ（の）ワタ（海）ツ（の）ミ（神をいう呪的接辞）の意で、ワタツミ三神（志賀海神社の祭神）の一。海の神を祀る一族で、宗像氏とともに古代を代表する海の民である安曇氏が祀る神である。津守氏の祀るナカツツノヲ（前項）と対のかたちで出てくる。⇩ソコツワタツミ。⇩ウハツワタツミ

ナキサハメ／泣沢女神／①3
イザナキが、イザナミの死を悲しみ哭《な》いた時に涙から生まれた神。ナキ（哭き）サハ（沢）メ（女神）で、音をたてて流れる沢の女神。倭の天《あめ》の香《か》具《ぐ》山《やま》の畝《うね》尾《お》にいますという。橿原市木《き》之《の》本町《もとちょう》にある畝《うね》尾《お》都《つ》多《た》本《もと》神社（哭《なき》沢《さわ》の神社《もり》と呼ぶ）の祭神として祀られている。

ナキメ☆／鳴女／⑥3
地上遠征に降りたアメノワカヒコに伝言を伝える使者として高天の原から派遣されたキジ（雉）の名。原文に「鳴女」とある通り、ナキ（鳴き）メ（女）の意で、キジの威力が鳴き声にあるところからの命名。ヤチホコの神語りでも（⑤2）、キジは鳴くことが強調されており、どちらも「鳴く＝哭く」者として語られている。よく知られた人柱伝説「長柄《ながら》の人柱」のなかに、「キジも鳴かずば打たれまい」という諺《ことわざ》が出てくる。

ナツタカツヒ／夏高津日神／⑤6
オオトシ（スサノヲの子）の子ハヤマトとオオホゲツヒメが結婚して生んだ八柱の子の一。ナツ

（夏）タカ（高い）ツ（の）ヒ（日）で、夏に高々と輝き実りをもたらす太陽。

ナツノメ／夏之売神／⑤6
前項ナツタカツヒの亦の名。ナツ（夏）ノ（の）メ（女）で、夏の女神。ということは、ナツタカツヒは太陽の女神ということになる。

ナリイカヅチ／鳴雷／①3
死んで黄泉の国にいるイザナミの腐爛死体に湧いた八柱のイカヅチの一で、左の足から生まれた。ナリ（鳴り）イカ（威力ある）ツ（の）チ（神をいう呪的接辞）。⇩イカヅチ

ナマコ⇩コ

【ニ】

＊ニギハヤヒ／迩藝速日命／中＝神武条
天つ神が天から降りてきたと聞き、天つ瑞《しるし》を持って追いかけて降りてきたという神。ニギ（賑わい）ハヤ（威力のある）ヒ（神をいう呪的接辞）の意。天つ瑞をカムヤマトイハレビコに奉り、トミビコ（登美毘古）の妹トミヤビメ（登美夜毘売）と結婚してウマシマヂ（宇摩志麻遅命）を生む。そのウマシマヂが物部氏らの祖であると伝える。『先代旧事本紀』に詳しい伝えを載せる。

ニニギ⇩アメニキシクニニキシアマツヒコヒコホノニニギ

ニハタカツヒ／庭高津日神／⑤6
スサノヲの子オホトシとアメチカルミヅヒメが結婚して生んだ九柱のうちの一。ニハ（庭）タカ（高い）ツ（の）ヒ（神をいう呪的接辞）で、庭の高くなったところにいる神をいうか。オホトシの子に別にニハツヒ（次項）がいる。

ニハツヒ／庭津日神／⑤6
スサノヲの子オホトシとアメチカルミヅヒメが結婚して生んだ九柱のうちの一。ニハ（庭）ツ（の）ヒ（神をいう呪的接辞）の意で、庭の神をいう。

＊ニヘモツノコ／贄持之子／中＝神武条

阿陀《あだ》の鵜飼の祖で、国つ神。カムヤマトイハレビコに服属した。

【ヌ】

ヌナガハヒメ☆／沼河比売／⑤1
高志国の女神で、ヤチホコの求婚を受け、最初は拒むが次の夜には結ばれた。ヌ（石玉）ナ（の）カハ（川）ヒメ（女神）で、石玉の女神を意味する。そのヌとは、古代の日本列島において唯一、新潟県糸魚川に産した硬玉翡翠《ひすい》をさす。奴奈川と呼ばれるのは現在の姫川のことと考えられる。現在も、姫川の河口近くの河原や海岸で翡翠が採れる。姫川の支流の小滝川上流に原石の産地が見つかっているが、古代の人たちは知らなかったらしく、河原や海岸で流れ出た石を拾っていた。その石は、大珠《たいしゅ》や勾玉《まがたま》に加工され、日本列島の各地に運ばれていた。その翡翠を守る女神がヌナガハヒメであり、その女神に求婚するというのは、出雲と高志との関係をさまざまなかたちで浮き彫りにする。しかし、この石の存在は古墳時代の後期には忘れ去られたらしく、改めて産地として奴奈川の地が確認されたのは一九四〇年代以降のことである。なお、古事記には記されていないが、ヌナガハヒメとオホナムヂとのあいだには、出雲国風土記によればミホススミ（御穂須須美命）が、『先代旧事本紀』によればタケミナカタ（建御名方神）というふたりの子神が生まれたという。そのなかで、出雲国風土記には、「天の下造らしし大神の命、高志の国に坐す神、意支都久辰為《おきつくしゐの》命《みこと》のみ子、俾都久辰為命《へつくしゐのみこと》のみ子、奴奈宜波比賣《ぬながはひめの》命《みこと》に娶《あ》ひて、産みましし神、御穂須須美命《みほすすみのみこと》、是の神坐す」という四代にわたる系譜を伝えており興味深い。

ヌノオシトミトリナルミ／布忍富鳥鳴海神／⑤3
オホクニヌシの系譜でミロナミとアヲヌマウマヌマオシヒメとのあいだに生まれた子。ヌノ（布）オシ（押しなびかす）トミ（ゆたかな）

トリナル（鳥が鳴き声を響かせる）ミ（神をいう呪的接辞）と解したが、未詳。同じ系譜にトリナルミという神がいる。

【ネ】

ネサク／根析神／①3
イザナミを殺されて怒ったイザナキが、カグツチの首を切った時に刀の先に付いた血が岩に飛んで生まれた神。岩根を切り裂く神の意。イハサクと対をなす。

【ノ】

ノツチ／野椎神／①2
イザナキとイザナミによる神生みで生まれた神で、ノ（野）ツ（の）チ（神をいう呪的接辞）の意。古事記ではカヤノヒメの亦の名とするので女神だが、ノツチとカヤノヒメが対となる男女神であったとも考えられる。兄妹とされるオホヤマツミとノツチとのあいだに八柱の子が生まれる。

【ハ】

ハニヤスビコ／波迩夜須毘古神／①2
イザナミが火の神ヒノヤギハヤヲを生んで病気になって苦しみ、その屎《くそ》から生まれた神。ハニ（赤土）ヤス（未詳）ヒコ（男神）の意。ヤスを集成は、こねるという意のネヤスで、ハニヤスとは粘土をこねる意と解する。赤土と屎との連想から出てきた神でハニヤスビメと対をなす。

ハニヤスビメ／波迩夜須毘売神／①2
イザナミが火の神ヒノヤギハヤヲを生んで病気になって苦しみ、その屎から生まれた神。ハニ（赤土）ヤス（未詳）ヒメ（女神）の意。ヤスは、前項ハニヤスビコ参照。

ハヒキ／波比岐神／⑤6
スサノヲの子オホトシとアメチカルミヅヒメが結婚して生んだ九柱のうちの一。アスハと並んで祝詞などに出てきて、屋敷にかかわると思われるが意味のわからない神名。集成は、「端《は》引き」の意で、宅地の境界をつかさどる神という。

ハヤアキツヒコ／速秋津日子神／①2
イザナキとイザナミによる神生みで生まれた神。神名の前に水戸《みなと》の神とある。ハヤ（威力のある）アキ（秋は借訓で開きの意）ツ（の）ヒコ（男神）。河口が水戸（湊）として用いられる、その海に開いている河口をいう。次項ハヤアキツヒメは「妹」とあって対をなす。

ハヤアキツヒメ／速秋津比売神／①2
イザナキとイザナミによる神生みで生まれた神。前項ハヤアキツヒコの「妹」とあって対をなす。水戸（湊）神。ハヤ（威力のある）アキ（開いた）ツ（の）ヒメ（女神）。「大祓《おおはらえ》」祝詞《のりと》によれば、たくさんの潮目がぶつかるところ「荒塩（潮）の塩の八百道《やほぢ》の、八塩道の塩の八百会《やほあひ》」にいます女神とされる。

ハヤスサノヲ⇩スサノヲ

ハヤマツミ／羽山津見神／①3
イザナキが切り殺したカグツチの体に成った八神の一で、右の手から生まれた。ハヤマ（端山）ツ（の）ミ（神をいう呪的接辞）の意。

ハヤマト／羽山戸神／⑤6
スサノヲの子オホトシとアメチカルミヅヒメが結婚して生んだ九柱のうちの一。ハヤマ（端山）ト（ところ）で、連山の端のほうの山、あるいは麓《ふもと》のほうの山をいう。

ハヤミカノタケサハヤヂヌミ／速甕之多気佐波夜遅奴美神／⑤3
オホクニヌシの系譜でクニオシトミとアシナダカのあいだに生まれた子。ハヤ（ほめ言葉）ミカ（酒を入れるかめ）ノ（の）タケ（ほめ言葉）サ（ほめ言葉）ハヤ（威力のある）ヂ（チ、霊力）ヌ（の）ミ（神をいう呪的接辞）で、神を祀る甕《かめ》（酒壺《さかつぼ》）をもって神を祀る人のこと。

ハラヤマツミ／原山津見神／①3
イザナキが切り殺したカグツチの体に成った八神の一で、左の足から生まれた。ハラ（原のように平らな）ヤマ（山）ツ（の）ミ（神をいう呪的接辞）の意。

＊ハルヤマノカスミヲトコ／春山之霞壮夫／中＝応神条

イヅシヲトメの子で、兄アキヤマノシタヒヲトコとの対立葛藤譚において、母の援助を受けて兄を懲らしめる。兄弟譚の常として、成功するのは弟である。

【ヒ】

ヒカハヒメ／日河比売／③4

オカミの娘、スサノヲの系譜でフハノモヂクヌスヌと結婚してフカブチノミヅヤレハナを生む。ヒ（霊力のある）カハ（河）ヒメ（女神）で、川の神。肥《ひ》の河（斐伊《ひい》川）を連想するが、肥と日とでは上代特殊仮名遣い上の発音が違うため、肥の河のことではない。

ヒコホノニニギ⇩アメニキシクニニキシアマツヒコヒコホノニニギ

ヒコホホデミ⇩アマツヒコヒコホホデミ

ヒジリ／聖神／⑤6

スサノヲの子オホトシとイノヒメとのあいだに生まれた五柱の神の一。ヒ（日）シリ（知り）で、暦を読む神の意。⇩オホクニミタマ。⇩カラカミ。⇩ソホリ。⇩シラヒ

＊ヒトコトヌシ／一言主大神／下＝雄略条

葛城山にいます神で、「吾は、悪事《まがこと》なれども一言、善事《よごと》なれども一言、言い離《はな》つ神」とみずから言っている通り、一言で託宣を下す威力のある神。オホハツセワカタケル（大長谷若建命、雄略天皇）が葛城山に登っている時に、谷を挟んだ向かい側の尾根に、天皇一行と同じ姿をして現れる。古事記の下巻で唯一登場する固有名をもつ神。

一尋和迩《ひとひろわに》⇩サヒモチの神

＊ヒナガヒメ／肥長比売／中＝垂仁条

肥の河の中州で籠もっていたホムチワケ（本牟智和気）が、一宿《ひとよ》交わった女性。こっそり覗《のぞ》く

とその姿は蛇で、恐ろしくなって逃げると海原を輝かせて追いかけてきたという。肥の河の女神か。肥の河を象徴するコシノヤマタノヲロチを連想させる。

ヒナテリヌカタビチヲイコチニ／日名照額田毘道男伊許知迩神／⑤3
オホクニヌシの系譜でオホクニヌシの子トリナルミと結婚し、クニオシトミを生む。ヒナ（日の）テリ（照り）ヌカタ（額田）ビ（べ＝部）チ（道＝ミチの約音）ヲ（男）イコ（活き活きした）チニ（チヌ、クロダイのこと）で、火の輝く額田部の道の男、生きのいいチヌの意と解したが、未詳。集成がいうように、ヒナテリヌカタビチヲは父の名で、その娘の名がイコチニか。日向三代の神を除くとこのような長い名はめずらしい。

ヒナラシビメ／比那良志毘売／⑤3
オホクニヌシの娘。オホクニヌシの系譜でミカヌシヒコと結婚してタヒリキシマルミを生む。ヒ（霊力のある）ナラシ（平《な》らすの意で水の性質を平静にする＝集成）ヒメ（女神）というが未詳。

ヒノカガビコ／火之炫毘古神／①2
イザナキとイザナミによる神生みで生まれた神ヒノヤギハヤヲの亦の名で、ヒノ（火の）カガ（輝くのカガ）ヒコ（男神）の意。火が輝き燃えるさまをいい、ヒノカグツチとも。

ヒノカグツチ／火之迦具土神／①2・3
イザナキとイザナミによる神生みで生まれた神ヒノヤギハヤヲの亦の名で、ヒノ（火の）カグ（輝くのカガ）ツ（の）チ（神をいう呪的接辞）の意。火が輝き燃えるさまをいう。このあとはカグツチという呼称で出てくる。

ヒノヤギハヤヲ／火之夜藝速男神／①2
イザナキとイザナミによる神生みで生まれた神。ヒノ（火の）ヤギ（ヤキ（焼）の連濁）ハヤ（勢いのある）ヲ（男）で、火がすさまじく燃えるさまをいう名。別名をヒノカガビコ・ヒノカグツチとも言い、この神を生んだためにイザナミは死ぬ。

ヒハヤヒ／樋速日神／①3
イザナミを殺されて怒ったイザナキが、カグツチの首を切った時に刀の元のほうに付いた血が岩に飛んで生まれた神。ヒ（威力の強いことをいうほめ言葉）ハヤ（すばやい）ヒ（神をいう呪的接辞）の意で、刀剣の鋭い切れ味をいうか。ミカハヤヒと対をなす。

ヒヒラギノソノハナマヅミ／比々羅木之其花麻豆美神／⑤3
オホクニヌシの系譜でタヒリキシマルミと結婚したイクタマサキタマヒメの親（母神か）。ヒラギ（柊）ノ（の）ソノハナ（その花）マ（間）ヅ（の）ミ（神をいう呪的接辞）で、呪力あるヒイラギの花が咲いているあいだの神霊の意。

ヒルコ／水蛭子／①2
原文に「水蛭子」とあり、骨がなく、人や動物の体に吸盤で吸いついて血を吸うヒルのような子をいう。ここで最初の子生みに失敗すると語るのは、文脈的にみれば、女であるイザナミが先に物を言ったことに対する懲罰と読める。しかし、より本質的には、兄と妹とのタブーを犯した交わりに原因があったのであろう（古事記は、兄妹相姦《そうかん》の影を薄めようとしている）。最初の男女が兄妹で、その二人の結婚によって人類が誕生したと語る兄妹始祖神話は世界的に語られるパターンとしてある一方で、その結婚は兄妹婚のタブーを犯した結婚であるという矛盾を抱えているために、懲罰として骨のない子が生まれるという失敗を語っているとみることができる。一方、ヒルコは、もとは骨無しの子というような意味ではなく、「日る（ルは古格の格助詞でノの意）子」で、太陽の子の意であるとする解釈もある。

【フ】

フカブチノミヅヤレハナ／深淵之水夜礼花神／③

4

スサノヲの系譜でフハノモヂクヌスヌとヒカハヒメが結婚して生んだ子。フカブチ（深い淵《ふち》）ノ（の）ミヅ（水）ヤレ（遣《や》る）ハナ（端）の意か。川から水路をとって田畑に送り出すところをいうか。前後に水や灌漑《かんがい》にかかわる名の神が多いようにみえる。

フシイカヅチ／伏雷／①3
死んで黄泉の国にいるイザナミの腐爛死体に湧いた八柱のイカヅチの一で、右の足から生まれた。フシ（伏した）イカ（威力ある）ツ（の）チ（神をいう呪的接辞）。⇩イカヅチ

フタゴの島⇩アメノフタツヤ

＊フツノミタマ／布都御魂／中＝神武条
サジフツの亦の名。タケミカヅチが持っていた刀剣の名。フツ（サジフツの項参照）ノ（の）ミ（御）タマ（神霊）で、石上神宮の祭神である。

フテミミ／布帝耳神／③4
フノヅノの娘。スサノヲの系譜でオミヅヌと結婚してアメノフユキヌを生む。ミミは、神をいう呪的接辞で、神の声を聴くことができる「耳」をもつ者としてシャーマンのことをいう。そこから推測すると、フトミミ（太耳）の転訛か。立派な耳をもつ神。

フトダマ★／布刀玉命／②5、⑦1
高天の原で石屋に籠もったアマテラスを引き出すために、アメノコヤネとともに祭祀を準備し祭りを執り行った神。フト（立派な）タマ（玉）の意で忌部《いんべ》氏の祖先神。玉は神を寄せる呪具。ニニギのお伴をして地上に降りたと語られている。忌部氏は中臣氏と宮廷の祭祀を二分する勢力をもっていたが、中臣氏に圧倒されてしまう。のちには斎部と表記。

フナト⇩ツキタツフナト

フノヅノ／布怒豆怒神／③4
スサノヲの系譜で娘フテミミがオミヅヌと結婚してアメノフユキヌを生む。名義については見

当がつかない。

フハノモヂクヌスヌ／布波能母遅久奴須奴神／③4

スサノヲの系譜でヤシマジヌミとコノハナノチルヒメとのあいだに生まれた子で、ヒカハヒメと結婚してフカブチノミヅヤレハナを生む。義については見当がつかないが、集成は、蕾（ふふむのフハ）の貴人（ムヂがモヂに転）の、国（クニがクヌに転）居住地（巣のス）の主（ヌシのヌ）とする説を提示している。

【へ】

へザカル／辺疎神／①4

黄泉の国からもどったイザナキが禊ぎをしようとして投げた右の手纏《たまき》から生まれた三神の一。へ（辺）サカル（離れる）の意。

ヘツカヒベラ／辺津甲斐弁羅神／①4

黄泉の国からもどったイザナキが禊ぎをしようとして投げた右の手纏《たまき》から生まれた三神の一。へ（辺）ツ（の）カヒ（未詳）ベラ（ヘリ＝縁）の意か。カヒベラはナギサ（渚）と対になる語か。

ヘツナギサビコ／辺津那芸佐毘古神／①4

黄泉の国からもどったイザナキが禊ぎをしようとして投げた右の手纏《たまき》から生まれた三神の一。へ（辺）ツ（の）ナギサ（渚）ヒコ（男神）の意。

【ホ】

ホスセリ／火須勢理命／⑦3

自分の子ではないというニニギの疑いを晴らそうと思ったコノハナノサクヤビメが、戸のない建物に入り火を付けて生んだ三柱の子の一。ホ（火）スセリ（どんどん燃えさかって進む）で、スセリのスセはスサムのスサやススムのススと共通し、どんどん進行する意。三人兄弟の常として、まん中の子は系譜に登場するだけで物語にはまったく顔を出さない。

ホデリ★／火照命／⑦4〜6
自分の子ではないというニニギの疑いを晴らそうと思ったコノハナノサクヤビメが、戸のない建物に入り火を付けて生んだ三柱の子の一。ホ（火）デリ（照りかがやく）で、生まれたさまを名に持つ。ホヲリ（山幸彦）の兄でウミサチビコという愛称をもつホデリは、隼人《はやと》の阿多《あた》の君の祖とされ、ヤマサチビコである弟ホヲリに服属する由来が、隼人舞という儀礼として伝えられている。それは、隼人が天皇の前で演じる服属儀礼に起源を持ち、その由来として語られているのが、古事記の神話である。隼人に限らず、服属した一族は、定期的に大王（天皇）の前で服属のいわれを語ったり演じたり、贄《にえ》を献上したりすることによって、服属を確認し続けなければならない。隼人のヤマト王権への服属は比較的新しかったのではないかと考えられている。

ホノイカヅチ／火雷／①3
死んで黄泉の国にいるイザナミの腐爛死体に湧いた八柱のイカヅチの一で、胸から生まれた。ホ（火）ノ（の）イカ（威力ある）ツ（の）チ（神をいう呪的接辞）。⇩イカヅチ

ホヲリ★／火遠理命／⑦3〜5
亦の名はアマツヒコヒコホホデミ。腹に宿った子を自分の子ではないというニニギの疑いを晴らそうと思ったコノハナノサクヤビメが、戸のない建物に入り火を付けて生んだ三柱の子の一。ホ（火）ヲリ（弱まる）で、ヤマサチビコのこと。三柱のなかではもっとも弱そうな名をもつ末弟だが、神話や昔話では、下の子が成功するというのがパターンとしてあり、この話もその強固な様式に守られて、ホヲリが天つ神の跡継ぎとして天皇の血統につながっていく。

【マ】

マサカツアカツカチハヤヒアメノオシホミミ★／正勝吾勝々速日天［之］忍穂耳命／②3、⑥1、⑦1

高天の原におけるスサノヲとアマテラスとのウケヒの際に、アマテラスの玉を嚙んでスサノヲが吹きなした五柱の神の一。その最初に吹きなされ、アマテラスの「詔り別け」によってアマテラスの子とされた。のちに地上に降りるニニギの父。長い名は、生まれた経緯を語る神話を背負っており、マサカツ（まさに勝った）アカツ（私が勝った）カチハヤヒ（するどい威力をもつ）アメノ（天空の）オシ（力強く押しなびかす）ホ（稲穂）ミミ（神をいう呪的接辞）と解釈できる。アマテラスを継ぐ存在となり、地上に降りるはずだったが、嫌がって降りなかった。この神が、アマテラスの子かスサノヲの子かという点は、天皇家の血統を考えていく上で重要な意味をもつだろう。

マサカヤマツミ／正鹿山津見神／①3

イザナキが切り殺したカグツチの体に成った八神の一で、頭から生まれた。マサカ（まことの）ヤマ（山）ツ（の）ミ（神をいう呪的接辞）の意。

【ミ】

ミカヌシヒコ／甕主日子神／⑤3

オホクニヌシの系譜でハヤミカノタケサハヤヂヌミがサキタマヒメと結婚して生まれた子。ミカ（酒を入れる瓶）ヌシ（あるじ）ヒコ（男神）の意で、神を祀る者の意。

ミカハヤヒ／甕速日神／①3

イザナミを殺されて怒ったイザナキがカグツチの首を切った時に、刀の元のほうに付いた血が岩に飛んで生まれた神。ミカ（ミイカ［御厳］の約、厳めしい）ハヤ（すばやい）ヒ（神をいう呪的接辞）で、刀剣の鋭い切れ味をいう。ヒハヤヒと対をなす。

＊ミカフツ／甕布都神／中＝神武条
サジフツの亦の名。タケミカヅチがもっていた刀剣の名。ミカ（ミイカ［御厳］の約、厳めしい）フツ（サジフツの項参照）の意で、石上神宮の祭神である。

ミクラタナ／御倉板挙之神／②1
イザナキがアマテラスに、ことばとともに首に巻いた玉飾りを与えながら高天の原を治めるようにと託宣した時の首飾りの名。ミ（接頭語）クラタナ（神を祭る倉の棚）で、大切に祀られるさまを神格化した名。

＊ミケツオホカミ／御食津大神／中＝仲哀条
ミ（接頭語）ケ（食べ物）ツ（の）オホカミ（大神）の意で、食べ物をつかさどる神。若狭国の角鹿《つぬが》にいますイザサワケを称える呼称。⇩ケヒの大神

ミケヌ／御毛沼命／⑦8
ウガヤフキアヘズと叔母タマヨリビメとのあいだに生まれた四柱の子の第三子。ミ（尊称）ケ（食べ物）ヌ（主）で、食べ物をつかさどる神。波の穂を踏んで常世の国に渡ったという。四柱のうちの半分が異界（神の世界）に行き、半分が地上に残るという語り方。

ミチノナガチハ／道之長乳歯神／①4
黄泉の国からもどったイザナキが禊ぎをしようとして投げた帯から生まれた神。ミチ（道）ノ（の）ナガチ（長い道）ハ（端か）の意で、長い道の終点をいうか。ハはイハ（岩）とするのが通説だが、ナガチとつながらない。長い帯の端と旅の終わりを重ねる。

ミツハノメ／弥都波能売神／①2
イザナミが火の神ヒノヤギハヤヲを生んで病気になって苦しみ、そのユマリ（尿）から生まれた神。ミ（水）ツ（の）ハ（端）ノ（の）メ（女）の意で、水が水源から流れだすことをいうか。ワクムスヒとともに生まれる。

ミヅマキ／弥豆麻岐神／⑤6
オホトシ（スサノヲの子）の子ハヤマトとオホゲツヒメが結婚して生んだ八柱の子の一。ミヅ（水）マキ（撒《ま》きで、運ぶこと）の神をいうか。

ミトシ／御年神／⑤6
スサノヲの子オホトシとカグヨヒメとのあいだに生まれた二柱の神の一。ミ（接頭語）トシ（実り）で、穀物の神。⇩オホカグヤマトオミ

御《み》諸山《もろやま》にいます神／坐御諸山之上神／⑤5
海のかなたからオホクニヌシの前に顕れ、御諸山（奈良県桜井市の三輪山）の上に祀れというが、名を明かさない神。中巻ではオホモノヌシと呼ばれる。

ミロナミ／美呂浪神／⑤3
オホクニヌシの系譜でタヒリキシマルミがヒヒラギノソノハナマヅミの娘イクタマサキタマヒメと結婚して生まれた子。ミロ（不明）ナ（の）ミ（神をいう呪的接辞）であろうか。

ミヰの神／御井神／④4
オホクニヌシと結婚したヤガミヒメが生んだ子で、キノマタの亦の名。木の俣に挟んで里に帰ったという伝えがあり、木と井（泉）がかかわるところからの名か。

【メ】

メの島⇩アメノヒトツネ

【ヤ】

ヤガハエヒメ／八河江比売／⑤3
オホクニヌシの系譜でクニオシトミと結婚したアシナダカの亦の名。ヤガハ（大きな河）エ（河口の入り江）ヒメ（女神）で、葦の繁茂する河口の女神をいう。

ヤガミヒメ☆／八上比売／④1・4
稲羽国の地名（八上《やかみ》郡）を名に負う女神。地名を名に負う男神や女神は、その土地を守護し支配する存在であることを表す。稲羽のシロウサギ神話のヒロインで、この女神を求めて兄ヤソ

ガミは求婚に出かけるが果たせず、オホクニヌシと結婚してキノマタを生む。しかし、その結婚はあまり幸せとは言えなかったようだ。

ヤシマジヌミ／八島士奴美神／③4
スサノヲとクシナダヒメとのあいだに生まれた神。ヤシマはたくさんの島、ミは神をいう呪的接辞だが、ジヌが未詳。集成は「領有する主」（シ＝知る、ヌ＝主）とする。

ヤシマムヂ／八島牟遅能神／⑤3
オホクニヌシと結婚したトトリの父。ヤシマ（たくさんの島）ムヂ（神をいう呪的接辞）。ムヂはオホナムヂなどのムヂに同じ。

ヤソガミ★／八十神／④1～4
オホナムヂの兄弟たちで葛藤対立譚《たん》の相手。固有名詞ではなく、たくさんの兄弟をいう呼称。

ヤソマガツヒ／八十禍津日神／①4
イザナキが黄泉の国からもどり中つ瀬に潜って体をすすいだ時に生まれた二神の一。ヤソ（たくさんの）マガ（禍）ツ（の）ヒ（神をいう呪的接辞）の意。マガは曲がると同源の語で禍々しいことをいう。ナオ（直）の対。⇩オホマガツヒ

＊ヤタガラス／八咫烏／中＝神武条
大きなカラス。高天の原のタカギによってカムヤマトイハレビコの許に遣わされ、吉野の山中を越える道案内をした。中国の太陽神信仰における三本足のカラスとかかわるとされるが、古事記にはそのような記述はない。熊野本宮大社の神紋として有名。

ヤチホコ★／八千矛神／③4、⑤1・2
オホクニヌシの四つある亦の名の一つ。ヤチ（たくさんの、立派な）ホコ（矛）で、武神を賛美した神名。神話の内容からみると、立派なホコというのは男性自身を指し、滑稽《こっけい》な物語の主人公の呼称ともみられる。オホナムヂとともに単独の物語の主人公として存在し、ヤチホコの場合は芸能者が伝えたと考えられる歌物語の主人公の名として、他の亦の名とは性格が異な

る。⇩アシハラノシコヲ。⇩オホナムヂ。⇩ウツシクニタマ

ヤヘコトシロヌシ★／八重事代主神／⑤3、⑥6〜8

コトシロヌシとも。ヤヘ（ほめ言葉）コト（言）シロ（代わりでありそれ自体であるもの）ヌシ（神をいう呪的接辞）で、ことばによって託宣する神の意。タケミカヅチが地上制圧に来た時、オホクニヌシの跡継ぎ（長男）として遇される神。島根半島の先端にある美保と縁が深いが美保神社の祭神とされたのは、近世になってかららしい。「出雲国造神賀詞」によれば、宇奈提《うなで》（雲梯）の神奈備《かむなび》（奈良県橿原市にある河俣神社）に祀ったという。

ヤマサチビコ★／山佐知毘古／⑦5

ニニギとコノハナノサクヤビメのあいだに生まれた三柱の子のうちのホヲリの愛称。亦の名ではなく、一度だけ出てくる呼び名。獲物も、獲る道具も、獲る人も「サチ」という語で呼ぶ。ヤマサチビコとは、山の獲物（サチ）をサツ矢（霊力のある道具）を用いて獲る人（サツ男）である。⇩ホヲリ。⇩ウミサチビコ

ヤマスヱノオホヌシ／山末之大主神／⑤6

ヤマスヱ（山頂）ノ（の）オホ（偉大な）ヌシ（神をいう呪的接辞）で、オホトシの子オホヤマクヒの亦の名。磐座のことか。

山田のソホド／山田之曾富騰／⑤4

クエビコの別名。ヤマダ（山の田）ノ（の）ソホ（濡《ぬ》れそぼつなどのソボと同じ）ド（ヒト＝人の約）で、山の田で濡れそぼった男の意。案山子《かかし》をいう。

ヤマタノヲロチ⇩コシノヤマタノヲロチ

【ヨ】

ヨミドノオホカミ／黄泉戸大神／①3

ヨミドはヨミ（黄泉）ト（戸）で黄泉の国への出入り口。そこに鎮座する大神の意で、イザナキが黄泉の国から逃げてきて、その出口に置い

て往き来を遮断した千引の石の神格化。チガヘシノオホカミの別名。

ヨモツオホカミ／黄泉津大神／①3
黄泉の国の主となったイザナミを称える黄泉の国での呼び名。ヨモ（黄泉）ツ（の）オホカミ（大神）の意で、黄泉の国を支配する偉大な神。

ヨモツ神／黄泉神／①3
イザナキが黄泉の国にイザナミを迎えに行った時、イザナミはヨモツ神に相談すると言ったが、実際に姿は見せていない。固有の神か一般的な呼称かも不明。のちには、イザナミ自身がヨモツオホカミ（前項、参照）となる。

ヨモツシコメ☆／予母都志許売／①3
黄泉の国でイザナミにつき従っている女たち。ヨモ（黄泉）ツ（の）シコ（醜）メ（女）の意。シコメ（シコヲ／醜男）のシコは、醜いというより威力があることをいうのが原義。相撲の「しこ（四股）」も威力を示すことをいう語でシコ（醜）が語源。

ヨロヅハタトヨアキヅシヒメ／万幡豊秋津師比売命／⑦1
タカギ（タカミムスヒ）の娘で、アマテラスの子マサカツアカツカチハヤヒアメノオシホミミと結婚して二柱の子を生む。ヨロヅ（たくさんの）ハタ（織物）トヨ（ほめ言葉）アキヅ（蜻蛉）シ（未詳）ヒメ（女神）の意。⇩アメノホアカリ。⇩アメニキシクニニキシアマツヒコヒコホノニニギ

【ワ】

ワカイカヅチ／若雷／①3
死んで黄泉の国にいるイザナミの腐爛死体に湧いた八柱のイカヅチの一で、左の手から生まれた。ワカ（若々しい）イカ（威力ある）ツ（の）チ（神をいう呪的接辞）。⇩イカヅチ

ワカサナメ／若沙那売神／⑤6
オホトシ（スサノヲの子）の子ハヤマトとオホゲツヒメが結婚して生んだ八柱の子の一。ワカ

（若々しい）サナ（サナヘ＝早苗の約）メ（女）の意か。

ワカツクシメ／若尽女神／⑤3
オホクニヌシの系譜でヌノオシトミトリナルミと結婚してアメノヒバラオホシナドミを生む。ワカ（ほめ言葉）ツクシ（尽くす）メ（女神）で、若々しく尽くす女神の意。ツクシを出雲と関係の深い筑紫という地名をさすとみる説もある。

ワカトシ／若年神／⑤6
オホトシ（スサノヲの子）の子ハヤマトとオホゲツヒメが結婚して生んだ八柱の子の一。ワカ（若々しい）トシ（実り）の神。

ワカミケヌ／若御毛沼命／⑦8
トヨミケヌ・カムヤマトイハレビコとも。ウガヤフキアヘズと叔母タマヨリビメとのあいだに生まれた四柱の子の第四子。ワカ（ほめ言葉）ミ（尊称）ケ（食べ物）ヌ（主）で、若々しい食べ物の神。すぐ上の兄ミケヌは常世の国に行ったが、若いほうのミケヌは地上に残った。亦の名トヨミケヌはワカミケヌの言い換えに過ぎない。トヨはほめ言葉。もう一つの亦の名カムヤマトイハレビコは倭の地に入ってからの名である。

ワカムロツナネ⇩ククキワカムロツナネ

ワカヤマクヒ／若山咋神／⑤6
オホトシ（スサノヲの子）の子ハヤマトとオホゲツヒメが結婚して生んだ八柱の子の一。ワカ（若々しい）ヤマ（山）クヒ（杭）で、山の頂にある磐座《いわくら》をいう。

ワクムスヒ／和久産巣日神／①2
イザナミが火の神ヒノヤギハヤヲを生んで病気になって苦しみ、そのユマリ（尿）から生まれた神。ワク（湧く）ムス（生す）ヒ（神をいう呪的接辞）の意で、生命力の涌《わ》き出ることをいうか。ムスヒはカムムスヒのムスヒと同じ。ワクは若々しいとも。この神の子がトヨウケビメと伝えられる。

ワタツミ（安曇氏の祀る神）／綿津見神／②3
阿曇（安曇）氏は、博多《はかた》湾の志賀島あたりを本拠地とし、ワタツミ（海の神）を祀る海人系の一族で、日本海沿岸の各地に勢力を築いていた。ワタ（海）ツ（の）ミ（神をいう呪的接辞）で、ワタツミという語だけで「海の神」の意となる。そのワタツミの住む宮殿がワタツミの宮。根の堅州の国、常世の国に対して、ワタツミの国という呼び方はしない。国＝クニは大地という意が第一義的にあり、ワタツミと高天の原はクニ（国）とは呼べないからである。

ワタツミ（ワタツミの宮の主）★／綿津見［大］神／⑦6
前項と同じくワタ（海）ツ（の）ミ（神をいう呪的接辞）で海の神をいうが、前者は安曇氏の斎《いつ》く神なのに対して、このワタツミは広く海を支配する神を言い、オホヤマツミの対となる。釣り針を探しにきたホヲリ（ヤマサチビコ）に娘を与え、兄ホデリ（ウミサチビコ）を懲らしめるために援助する。海の神を祀るホデリを懲らしめ、ホヲリに力を貸すというのは、考えてみれば不思議な話ではある。

ワヅラヒノウシ／和豆良比能宇斯能神／①4
黄泉の国からもどったイザナキが禊ぎをしようとして投げた衣から生まれた神。ワヅラヒ（患ヒ）ノ（の）ウシ（大人）の意。衣は穢《けが》れがもっとも付きやすいからか。

【ヰ】

＊ヰヒカ／井氷鹿／中＝神武条
吉野首《おびと》らの祖で、国つ神。カムヤマトイハレビコに服属した。

【ヲ】

ヲロチ⇩コシノヤマタノヲロチ

初出について

本書は、二〇一六年七月に株式会社KADOKAWAより刊行した『古事記・再発見。』を増補・改稿した文庫版である。新たに加えた原稿は左記の通りである（いずれも大幅に書き換えている）。

「笑われるアマテラス、援助するネズミ」（原題同じ。『熱風（GHIBLI）』第七巻第十二号、通巻八四号、株式会社スタジオジブリ、二〇〇九年十二月）

「ウミサチビコとヤマサチビコ」（原題「ウミサチビコ・ヤマサチビコ――若者の冒険譚にこめられた天皇家の正統性」『AERA Mook日本神話がわかる。』朝日新聞社、二〇〇一年八月）

「山の神」（原題「記紀神話のなかの山の神」『東北学』VOL.10、東北芸術工科大学東北文化研究センター／作品社、二〇〇四年四月）

「古事記神名辞典」（新稿）

古事記《こじき》の神々《かみがみ》
付古事記神名辞典《ふこじきしんめいじてん》

三浦佑之《みうらすけゆき》

令和2年 8月25日 初版発行
令和6年 10月10日 10版発行

発行者●山下直久

発行●株式会社KADOKAWA
〒102-8177 東京都千代田区富士見2-13-3
電話 0570-002-301(ナビダイヤル)

角川文庫 22305

印刷所●株式会社KADOKAWA
製本所●株式会社KADOKAWA

表紙画●和田三造

●お問い合わせ
https://www.kadokawa.co.jp/（「お問い合わせ」へお進みください）
※内容によっては、お答えできない場合があります。
※サポートは日本国内のみとさせていただきます。
※Japanese text only

ISBN 978-4-04-400582-5 C0195

◆◇◇

角川文庫発刊に際して

角川源義

第二次世界大戦の敗北は、軍事力の敗北であった以上に、私たちの若い文化力の敗退であった。私たちの文化が戦争に対して如何に無力であり、単なるあだ花に過ぎなかったかを、私たちは身を以て体験し痛感した。西洋近代文化の摂取にとって、明治以後八十年の歳月は決して短かすぎたとは言えない。にもかかわらず、近代文化の伝統を確立し、自由な批判と柔軟な良識に富む文化層として自らを形成することに私たちは失敗して来た。そしてこれは、各層への文化の普及滲透を任務とする出版人の責任でもあった。

一九四五年以来、私たちは再び振出しに戻り、第一歩から踏み出すことを余儀なくされた。これは大きな不幸ではあるが、反面、これまでの混沌・未熟・歪曲の中にあった我が国の文化に秩序と確たる基礎を齎らすためには絶好の機会でもある。角川書店は、このような祖国の文化的危機にあたり、微力をも顧みず再建の礎石たるべき抱負と決意とをもって出発したが、ここに創立以来の念願を果すべく角川文庫を発刊する。これまで刊行されたあらゆる全集叢書文庫類の長所と短所とを検討し、古今東西の不朽の典籍を、良心的編集のもとに、廉価に、そして書架にふさわしい美本として、多くのひとびとに提供しようとする。しかし私たちは徒らに百科全書的な知識のジレッタントを作ることを目的とせず、あくまで祖国の文化に秩序と再建への道を示し、この文庫を角川書店の栄ある事業として、今後永久に継続発展せしめ、学芸と教養との殿堂として大成せんことを期したい。多くの読書子の愛情ある忠言と支持とによって、この希望と抱負とを完遂せしめられんことを願う。

一九四九年五月三日

角川ソフィア文庫ベストセラー

平城京の家族たち
ゆらぐ親子の絆

三浦佑之

八世紀に成立した律令制が、「子を育ていつくしむ母」を「子を省みない母」に変えた――。今から一三〇〇年前に生まれた家族関係のゆがみを、『日本霊異記』を中心にした文学の中に読み解く画期的な試み。

新版 古事記
現代語訳付き

訳注／中村啓信

天地創成から推古天皇につながる天皇家の系譜と王権の由来書。厳密な史料研究成果に拠る読み下し文、平易な現代語訳、漢字本文（原文）、便利な全歌謡各句索引と主要語句索引を完備した決定版！

風土記（上）
現代語訳付き

監修・訳注／中村啓信

風土記は、八世紀、元明天皇の詔により諸国の産物、伝説、地名の由来などを撰進させた地誌。現存する資料を網羅し新たに全訳注。漢文体の本文も掲載する。上巻には、常陸国、出雲国、播磨国風土記を収録。

風土記（下）
現代語訳付き

監修・訳注／中村啓信

報告書という性格から、編纂当時の生きた伝承・社会・風俗を知ることができる貴重な資料。下巻には、現存する五か国の中で、豊後国、肥前国と後世の諸文献から集められた各国の逸文をまとめて収録。

古事記
ビギナーズ・クラシックス　日本の古典

編／角川書店

天皇家の系譜と王権の由来を記した、我が国最古の歴史書。国生み神話や倭建命の英雄譚ほか著名なシーンが、ふりがな付きの原文と現代語訳で味わえる。図版やコラムも豊富に収録。初心者にも最適な入門書。

角川ソフィア文庫ベストセラー

万葉集
ビギナーズ・クラシックス 日本の古典
編／角川書店

日本最古の歌集から名歌約一四〇首を厳選。恋の歌、家族や友人を想う歌、死を悼む歌。天皇や宮廷歌人をはじめ、名もなき多くの人々が詠んだ素朴で力強い歌の数々を丁寧に解説。万葉人の喜怒哀楽を味わう。

竹取物語（全）
ビギナーズ・クラシックス 日本の古典
編／角川書店

五人の求婚者に難題を出して破滅させ、天皇の求婚にも応じない。月の世界から来た美しいかぐや姫は、じつは悪女だった？ 誰もが読んだことのある日本最古の物語の全貌が、わかりやすく手軽に楽しめる！

蜻蛉日記
ビギナーズ・クラシックス 日本の古典
右大将道綱母
編／角川書店

美貌と和歌の才能に恵まれ、藤原兼家という出世街道まっしぐらな夫をもちながら、蜻蛉のようにはかない自らの身の上を嘆く、二一年間の記録。有名章段を味わいながら、真摯に生きた一女性の真情に迫る。

枕草子
ビギナーズ・クラシックス 日本の古典
清少納言
編／角川書店

一条天皇の中宮定子の後宮を中心とした華やかな宮廷生活の体験を生き生きと綴った王朝文学を代表する珠玉の随筆集から、有名章段をピックアップ。優れた感性と機知に富んだ文章が平易に味わえる一冊。

源氏物語
ビギナーズ・クラシックス 日本の古典
紫式部
編／角川書店

日本古典文学の最高傑作である世界第一級の恋愛大長編『源氏物語』全五四巻が、古文初心者でもまるごとわかる！ 巻毎のあらすじと、名場面はふりがな付きの原文と現代語訳両方で楽しめるダイジェスト版。

角川ソフィア文庫ベストセラー

今昔物語集
ビギナーズ・クラシックス　日本の古典
編／角川書店

インド・中国から日本各地に至る、広大な世界のあらゆる階層の人々のバラエティーに富んだ日本最大の説話集。特に著名な話を選りすぐり、現実的で躍動感あふれる古文が現代語訳とともに楽しめる！

平家物語
ビギナーズ・クラシックス　日本の古典
編／角川書店

一二世紀末、貴族社会から武家社会へと歴史が大転換する中で、運命に翻弄される平家一門の盛衰を、叙事詩的に描いた一大戦記。源平争乱における事件や時間の流れが簡潔に把握できるダイジェスト版。

徒然草
ビギナーズ・クラシックス　日本の古典
吉田兼好
編／角川書店

日本の中世を代表する知の巨人・吉田兼好。その無常観とたゆみない求道精神に貫かれた名随筆集から、兼好の人となりや当時の人々のエピソードが味わえる代表的な章段を選び抜いた最良の徒然草入門。

おくのほそ道（全）
ビギナーズ・クラシックス　日本の古典
松尾芭蕉
編／角川書店

俳聖芭蕉の最も著名な紀行文、奥羽・北陸の旅日記を全文掲載。ふりがな付きの現代語訳と原文で朗読にも最適。コラムや地図・写真も豊富で携帯にも便利。風雅の誠を求める旅と昇華された俳句の世界への招待。

古今和歌集
ビギナーズ・クラシックス　日本の古典
編／中島輝賢

春夏秋冬や恋など、自然や人事を詠んだ歌を中心に編まれた、第一番目の勅撰和歌集。総歌数約一一〇〇首から七〇首を厳選。春といえば桜といった、日本的美意識に多大な影響を与えた平安時代の名歌集を味わう。

角川ソフィア文庫ベストセラー

新版 万葉集（一〜四） 現代語訳付き
訳注／伊藤 博

古の人々は、どんな恋に身を焦がし、誰の死を悼み、そしてどんな植物や動物、自然現象に心を奪われたのか――。全四五〇〇余首を鑑賞に適した歌群ごとに分類。天皇から庶民にいたる万葉人の想いが今に蘇る！

新版 古事記物語
鈴木三重吉

大正に創刊され、児童文学運動の魁となった児童雑誌「赤い鳥」に掲載された歴史童話。愛する妻イザナミを探すイザナギの物語「女神の死」をはじめ、日本の神話世界や天皇の事績をわかりやすい文体で紹介。

釈迢空全歌集
折口信夫
編／岡野弘彦

短歌滅亡論を唱えながらも心は再生を願い、日本語の多彩な表現を駆使して短歌の未来と格闘し続けた折口。私家版を含む全ての歌集に、関東大震災の体験を詠んだ詩や拾遺を収録する決定版。岡野弘彦編・解説。

はじめて楽しむ万葉集
上野 誠

万葉集は楽しんで読むのが一番！ 定番歌からあまり知られていない歌まで、84首をわかりやすく解説。万葉びとの恋心や親子の情愛など、瑞々しい情感を湛えた和歌の世界を旅し、万葉集の新しい魅力に触れる。

万葉集の心を読む
上野 誠

今を生きる私たちにとって、万葉集の魅力とは。最新の万葉研究を背景に信仰・都市・女性・家族など古代と現代を繋ぐ13の視点から有名な万葉歌を読解。読んで学び、感じて味わう、現代人のための万葉集入門！

角川ソフィア文庫ベストセラー

万葉集で親しむ大和ごころ　上野　誠

嫉妬と裏切り、ユーモア、別れの悲しみ、怒り……現代にも通じる喜怒哀楽を詠んだ万葉歌からは、日本人らしい自然で素直な心の綾を感じることができる。歌を通じて、万葉びとの豊かな感情の動きを読み解く。

新版　日本神話　上田正昭

古事記や日本書紀に書かれた神話以前から、日本人の心の中には素朴な神話が息づいていたのではないか。古代史研究の第一人者が、考古学や民俗学の成果を取り入れながら神話を再検討。新たな成果を加えた新版。

折口信夫　魂の古代学　上野　誠

マレビト、依代、常世など数々の創造的概念によって独自の学問を切り拓いた折口信夫。その論争的な日本文化論の核心を、万葉に日本人の根を求める「魂の古代学」として読み解く。第7回角川財団学芸賞受賞作。

日本の民俗　祭りと芸能　芳賀日出男

写真家として、日本のみならず世界の祭りや民俗芸能の取材を続ける第一人者、芳賀日出男。昭和から平成へと変貌する日本の姿を民俗学的視点で捉えた、貴重な写真と伝承の数々。記念碑的大作を初文庫化！

日本の民俗　暮らしと生業　芳賀日出男

日本という国と文化をかたち作ってきた、様々な生業と暮らしの人生儀礼。折口信夫に学び、宮本常一と旅した眼と耳で、全国を巡り失われゆく伝統を捉えた、民俗写真家・芳賀日出男のフィールドワークの結晶。

角川ソフィア文庫ベストセラー

古代研究Ⅲ 民俗学篇3　折口信夫

「鬼の話」「はちまきの話」「ごろつきの話」という折口学のアウトラインを概観できる三篇から始まる第三巻。柳田民俗学と一線を画す論も興味深い。天皇の即位儀礼に関する画期的論考「大嘗祭の本義」所収。

古代研究Ⅳ 民俗学篇4　折口信夫

霊魂、そして神について考察した「霊魂の話」や「河童の話」、折口古代学の核心に迫る「古代人の思考の基礎」など十三篇を収録。「折口学」の論理的根拠と手法について自ら分析・批判した追い書きも掲載。

古代研究Ⅴ 国文学篇1　折口信夫

決まった時期に来臨するまれびと（神）の言葉、「呪言」に国文学の発生をみた折口は、「民俗学的国文学研究」として国文学研究史上に新たな道を切り開いた。その核とも言える論文「国文学の発生」四篇を収録。

古代研究Ⅵ 国文学篇2　折口信夫

〈発生とその展開〉に関する、和歌史を主題とした具体論。「女房文学から隠者文学へ」「万葉びとの生活」など13篇を収録。貴重な全巻総索引付き最終巻。解説・折口信夫研究／長谷川政春、新版解説／安藤礼二

日本文学の発生 序説　折口信夫

古代人が諺や枕詞、呪詞に顕した神意と神への信頼を折口は「生命の指標（らいふ・いんできす）」と名づけ、詩歌や物語の変遷を辿りながら、古来脈打つ日本文学の精神を追究する。生涯書き改め続けた貴重な論考。

角川ソフィア文庫ベストセラー

死者の書　折口信夫

「した　した　した」水の音と共に闇の中で目覚めた死者・大津皇子と、藤原南家豊成の娘・郎女の神秘的な交感を描く折口の代表的小説。詳細かつ徹底的な注釈と、『山越阿弥陀図』をカラー口絵で収録する決定版！

悲劇文学の発生・まぼろしの豪族和邇氏　角川源義

処女作「悲劇文学の発生」をはじめ、語りと伝承者、悲劇文学の流通を論じる4篇を収録。伝承を語り伝え運搬する者の謎にせまる、国文学者・角川源義の原点をさぐる珠玉の論考集。解説・三浦佑之

花祭　早川孝太郎

神人和合や五穀豊穣・無病息災のため鎌倉時代末に始まった花祭は、天竜川水系に伝わる神事芸能。滋味深い挿絵と平易な文章で花祭の全てを伝える、柳田国男・折口信夫にも衝撃を与えた民俗芸能の代表的古典。

猪・鹿・狸　早川孝太郎

九十貫超の巨猪を撃った狩人の話。仕留めた親鹿を担ぐ後をついてきた子鹿の話。妖しい出来事はいつも狸の仕業とされた話。暮らしの表情を鮮やかにすくい取る感性と直観力から生まれた、民俗学の古典的名著。

初めて読む古事記　神様と神社がわかる本　武光　誠

「イザナギ・イザナミの神話」「ヤマタノオロチ退治」「ヤマトタケルの伝説」など、有名な場面のあらすじと登場する神様を紹介。神々に縁のある神社の由来や成り立ちをたどりながら、古事記の世界を読み解く。